本书受2010年教育部人文社会科学研究青年基金项目资助

三四十年代
上海现代市民小说价值重构

张 娟/著

博学文库
BOXUE WENKU

北京师范大学出版集团
BEIJING NORMAL UNIVERSITY PUBLISHING GROUP
安徽大学出版社

图书在版编目(CIP)数据

三四十年代上海现代市民小说价值重构/张娟著.
—合肥:安徽大学出版社,2013.6
ISBN 978-7-5664-0205-9

Ⅰ.①三… Ⅱ.①张… Ⅲ.①小说研究—中国—民国
Ⅳ.①I207.42

中国版本图书馆CIP数据核字(2012)第302845号

本书受2010年教育部人文社会科学研究青年基金项目资助

三四十年代上海现代市民小说价值重构 张娟 著
Sansishi Niandai Shanghai Xiandai Shimin Xiaoshuo Jiazhi Chonggou

出版发行：北京师范大学出版集团
　　　　　安 徽 大 学 出 版 社
　　　　　(安徽省合肥市肥西路3号 邮编230039)
　　　　　www.bnupg.com.cn
　　　　　www.ahupress.com.cn
经　销：全国新华书店
印　刷：合肥远东印务有限责任公司
开　本：152mm×228mm
印　张：17.5
字　数：208千字
版　次：2013年6月第1版
印　次：2013年6月第1次印刷
定　价：35.00元
ISBN 978-7-5664-0205-9

策划编辑：王娟娟　马晓波　　　装帧设计：张同龙
责任编辑：王娟娟　马晓波　　　美术编辑：李　军
责任校对：程中业　　　　　　　责任印制：陈　如

版权所有　侵权必究

反盗版、侵权举报电话：0551-65106311
外埠邮购电话：0551-65107716
本书如有印装质量问题，请与印制管理部联系调换。
印制管理部电话：0551-65106311

目 录

导 论 ……………………………………………〔001〕

　　第一节　三四十年代"上海现代市民小说"概念界定
　　　　　………………………………………〔001〕
　　第二节　三四十年代上海现代市民价值观内涵 …〔014〕
　　第三节　三四十年代上海现代市民小说价值重构的
　　　　　内涵 …………………………………〔033〕

第一章　三四十年代上海现代市民小说的物质语境
　　　　………………………………………………〔037〕

　　第一节　三四十年代上海现代市民宏观物质语境
　　　　　………………………………………〔038〕
　　第二节　三四十年代上海现代市民城市公共空间
　　　　　与日常生活空间 ……………………〔044〕
　　第三节　三四十年代上海现代市民传媒空间 ……〔057〕

第二章　市民想象：三四十年代上海现代市民小说
　　　　的内容构型…………………………………〔077〕

　　第一节　三四十年代上海现代市民生活的平面想象
　　　　　………………………………………〔078〕
　　第二节　三四十年代上海现代市民灵魂的深度想象
　　　　　………………………………………〔088〕
　　第三节　三四十年代上海现代市民精神的超越想象
　　　　　………………………………………〔100〕

第三章　物质修辞：三四十年代上海现代市民小说的
　　　　形式新变……………………………………〔120〕

　　第一节　三四十年代上海现代市民小说的空间修辞
　　　　　………………………………………〔121〕

第二节　三四十年代上海现代市民小说的恋物特征 ………………………………………………〔136〕

第四章　性别特质：三四十年代上海现代市民小说的女性风格 …………………………〔152〕

　　第一节　三四十年代上海现代市民小说女性气质的文本表现 …………………………………〔152〕

　　第二节　三四十年代上海现代市民小说性别特征的形成原因 …………………………………〔163〕

第五章　都市漫游者：三四十年代上海现代市民小说的主题研究 …………………………〔174〕

　　第一节　都市漫游者的理论谱系 ………………〔175〕

　　第二节　作为文学主题：三四十年代上海现代市民小说中的都市漫游者形象 ………〔178〕

　　第三节　作为写作方式：以都市漫游者为中心的叙事方式 ……………………………………〔203〕

　　第四节　都市漫游者与现代市民价值观 ………〔219〕

第六章　三四十年代上海现代市民小说的文学史意义 ………………………………………〔228〕

　　第一节　文学定位：三四十年代上海现代市民小说的独立品格 ………………………………〔228〕

　　第二节　雅俗互渗：三四十年代上海现代市民小说的美学追求 ………………………………〔245〕

　　第三节　道德反思：三四十年代上海现代市民小说的当代意义 ………………………………〔257〕

结　语 ……………………………………………………〔261〕

主要参考文献 ……………………………………………〔264〕

后　记 ……………………………………………………〔273〕

导　论

第一节　三四十年代"上海现代市民小说"概念界定

　　中国市民小说研究一直是学界之重要课题，前人研究的丰硕成果，为我们后续研究打下了坚实基础。伴随经济的快速发展，中国市民的性质、内涵特别是价值观念产生巨变，传统研究亟待跟进，本书旨在关注由传统"市井"发展而来的现代市民，从价值观转型角度对三四十年代上海现代市民小说进行深入探析，并在此基础上重构其文学价值。在传统的左翼的意识形态视角、救亡文学的社会视角、自由主义的精英视角之外开辟一个全新的经济视角，通过经济发展基础上"人"的变动，揭示三四十年代上海文学在展示真实人性、世俗价值上取得的独特成就。

　　本书导论部分试图构筑以现代市民价值观为中心的"现代市民小说"概念，认为以现代市民为描写对象，在评判标准上反映并且肯定现代市民价值观的小说创作就是现代市民小说。并对本书的研究对象给予时间和地域上的规定，将探讨的主要范围集中于三四十年代的上海现代市民小说。尝试建立以经济视角为基础的市民文学史观，并借助在现代市民价值观下全新叙事方式的构建，探索书写惯常"大历史"之外另一种书写方式的可能性。

要界定"现代市民小说",首先要厘定的是"市民"概念。何谓"市民"?"市民"是伴随着城市的出现而出现的,因而,"市民"也就是"城市之民"。"城"最初仅指旧时都邑四周用作防御的墙垣,后来则发展成为一种居地概念,《说文解字》中就有"城,以盛民也"的解释。"市"的原初意义是指交易或集中做买卖的地方。如《易·系辞·下》曰:"日中为市,致天下之民,聚天下之货,交易而退,各得其所。"《盐铁论·本议》中又有:"市朝以一其求,致士民,聚万货,农商工师,各得所欲,交易而退。"故"市"在一开始就有集民、聚货的含义。所谓"市民",也就是以商业交换为生的一个社会阶层的总称,是指随着城市的发展形成的以交换为谋生手段,以工业生产提供的商品为生活资料的社会阶层。他们代表先进的生产力,形成了新的市民价值观。

首先,我们习惯上对市民的认识,往往混淆了"市民"与"市井"的概念,忽视了"市民"内涵的精神性。"市井细民"也就是"小市民",是中国特有的称谓,是由于中国特殊的社会历史状况形成的。"市井细民"居住在城市,但不是市民,而是具有传统乡土观念的由乡向城转变的具有过渡性质的社会阶层。他们一般处于社会中下层,是所谓的从事小手工业的"引车卖浆之流"。中国传统文学史中的"市民"概念其实就是宋元以来的市井之民。它"并不等于现代西方学者用以定义市民社会(civil society)的市民。19 世纪初期欧洲主要国家(如英、法等国)的市民生活已经建筑于资本主义的基础之上,据此马克思称近代以来的欧洲市民社会为资产阶级市民社会。比较之下中国前近代以来的市民尚未获得充分的资本主义生活经验,因此 20 世纪初期中国的市民和农民都还未最终突破传统四民(士农工商)的历史范畴,也就是说前近代以来的中国市民仍可以生活于市井中的农民视之"。① 但在我们约定俗成的概念中，市民往往被简单等同于城市居民，他们的精神属性和道德观念被忽视了。事实上，只有具有市民精神的市民才能叫作真正的市民。"中国的市民都是由乡民转化而来，他们是带着传统的文化观念来到快速扩张的城市中的城市人"。② 这里所讲的市民就是"小市民"，也就是生活在市井社会之中、具有传统道德观念的"市井细民"。他们基本上是从乡民转化而来的，虽然居住在城市，从事小手工业，但精神上还是传统的、乡土的。由于中国市民文化的不发达，造成了"在中国城市史中，占据主体地位的是宫殿和城市的工商业产生、发展史，民居、市民的生存空间和生活状况、精神状态很少受到学者的关注，即使他们被谈到，也是在与经济商业活动的关系中才被提及，市民生活被市井生活所代替，无形中，市民也被市井所取代"。③

其次，缩小了"市民"外延。以往一些学者把"市民"看作社会的中下层，过分强调市民的低俗性。事实上，真正的"市民"是建立在现代工商业文明之上的，必然具有较高素质。由于我国城市发展缓慢，市民阶层一直处于弱势地位，导致人们习惯上认为市民是处于城市社会底层的、低俗的、具有传统价值观的一个阶层。但是，随着城市工商业的发展，新型劳动力的生成和新式教育的不断推广，市民大众在 20 年代末 30 年代初已成长为重要的社会力量和消费主体，以商品交换与市场运作为生存手段的具有市民精神的市民越来越多。市民主体逐渐从"引车卖浆之流"转化为老板、会计师、经理、秘书、工程师、教师、编辑等新型市民，他们在现代工商业的经济关系中，逐渐形

---

① 吕微：《现代性论争中的民间文学》，载《文史评论》，2000 年第 2 期，第 125 页。
② 汤哲声：《流行百年》，北京：文化艺术出版社，2004 年版，第 14 页。
③ 陈晓兰：《文学中的巴黎与上海》，桂林：广西师范大学出版社，2006 年版，第 31 页。

成了重视自我、物质理性、开拓进取、趋时求新的现代价值观念。他们的出现意味着市民整体素质的提高。

现代市民价值观是市民概念的核心。现代市民价值观是市民的精神立场,也是区别传统"乡民"和现代"市民"的重要标志。它包括以人为本、物质理性、生本位三方面的内容。其中,以人为本是市民精神的核心。它不同于"五四"时期以思想启蒙为目的的自觉性的人本追求,也不同于新式文人以反封建为旨归的个性解放,而是建立在工商业文明基础之上的,由经济关系的改变带来生产生活方式的改变,进而促使人们在精神上追求个体独立性的一种自发的人性革命。同时,它基于经济基础的转变,更为深入、缓慢与深远。"物质理性"是由市民的经济属性决定的。在工商业生产关系中,个体行为更多受到意识形态以外的物质世界的制约,从而形成物质至上、趋时求新等经济型人格。"生本位"是由市民的政治属性决定的。市场经济本质要求国家政治的干预减少,西方市民概念中对于市民自主政治权力的强调,就是基于国家政治权力的削弱。在中国,市民主要产生于官方政治势力相对薄弱的上海,普通市民摆脱了国家意识形态影响之后,更加专注于个体生活,以寻求俗世乐趣与关注日常生活为己任,从而形成了"生本位"的价值观念,解构家族和宗教权威,推崇现世的享乐主义,承认世俗生活的合法性。

为了进一步确定上海现代市民价值观的意义,我们对上海现代市民价值观、传统乡土价值观和上海传统市民价值观作一比较。

上海现代市民价值观与传统乡土价值观是相对应存在的概念。现代市民,是随着城市的出现而出现的,是城市中具有现代市民精神的居民。它不同于乡民,乡民是在农业文明的基础上产生的,以土地为生产资料,具有传统农业道德的村民。乡土价值观是现代市民价值观的重要参照系,它产生于小农经济的基础之上,被制约在封建统治者的经济政策与价值体系之中。现代市民价值观具有工商业文明背景的物质理性特征,乡民价值观则在经济属性上表现出经验主义特征;现代市民价值观在政治属性上由于统治阶级意识形态相对薄弱,表现出关注日常生活的"生本位"特征,乡民价值观则表现出"义理"观念;市民价值观的核心是确认个体力量的"人本位"精神,乡民价值观的核心则是关注外界力量的"神本位"精神。

需要特别指出的是,上海现代市民价值观还有一个相对的概念,就是上海传统市民价值观。上海传统市民价值观特指明末清初通俗小说、鸳鸯蝴蝶派文学等以现代市民生活为描写对象的作品中呈现出来的传统乡民的旧观念、旧道德。上海传统市民价值观实质上也就是乡民价值观。首先,这是由我国的特殊国情决定的。我国市民发展历程与西方迥然不同,西方很早便有城市的传统,市民价值观发展也比较充分,而我国的市民是从传统乡民演变过来的。很多市民虽然身在城市,但心还在农村。他们过着现代化的都市生活,却无法摆脱几千年因袭的传统重负,依然秉承传统的旧观念、旧道德。在文学中,他们的价值立场表现出浓厚的乡土气息和传统的士大夫情怀。其次,由于我国乡土社会与传统道德观的势力强大,具有传统市民价值观的小市民文学也拥有广阔的市场,甚至于挤压了一部分现代市民文学的生存空间。从明末清初的通俗小说,到鸳鸯蝴蝶派,再到40年代秦瘦鸥等人的通俗小说,这些都是市民文学的代表。而这些小说形式上的通俗性与道德上的陈旧性,也影响了文学史对于市民文学的价值判断。

现代市民小说就是把以交换为谋生手段、以工业生产提供的商品为生活资料的现代市民作为描写对象,在评判标准上反映并肯定现代市民价值观的一种小说创作。现代市民小说在内容、形式和风格上都有自己的特征,但将现代市民小说区别于其他小说流派最核心的标志是:这一小说是否表现出现代市民的生活与情感,是否揭示现代市民价值观。另外需要注意的是,"现代市民小说"概念中的"现代"并非处于"现代/当代"二元对立的框架中,而是处于"传统/现代"的框架中。后者的提出,意在表明本书所讲的市民小说是与传统市民小说相对应的是一种新质的、先进的、具有新的特点与内涵的、具有某种现代性的小说。

茅盾的《论如何学习文学的民族形式——在延安各文艺小组会上的演说》一文中也提出了相似的看法。文中,茅盾认为"所谓市民,指城市商业手工业的小有产者",①即是与农耕文化相对立的都市工商文化的市民。曹万生认为:"城市商业手工业的小有产者"有三重含义,一是城市、二是工商、三是有产,②即在城市从事工商业的有产者。茅盾认为的市民概念和我们在前文中界定的"市民"是比较接近的。他对市民文学的定义是"为市民阶级的无名作者所创作,代表了市民的思想意识,并且为市民阶级所享用欣赏,其文字是'语体',其形式是全新的、创造的,其传播方法则为口述"。这个定义中讲到市民文学的作者是无名氏,传播方式为口述,带有明显的局限性。这些特征只是一些表象,反映了市场经济没有充分发展,农民生活方式还占统治地位的市民文学状况。但定义中强调市民文学是表现市民的思想意识并且为市民阶级所欣赏的叙事文学,即使放到今天来看,也是符合市民文学的基本内涵的。茅盾还指出了市民文学大体是一种叙事性文学,也就是以小说为主体。

结合茅盾的论述,我们可以看到:判断是否是"现代市民小说",有一个重要的标准,就是看文学是否反映了现代市民精神,是否流露了现代市民的思想感情与价值观念。紧扣这个内

---

① 茅盾:《论如何学习文学的民族形式——在延安各文艺小组会上的演说》,《茅盾文艺杂论集》,上海:上海文艺出版社,1981年版,第848页。
② 曹万生:《茅盾的市民研究与〈子夜〉的思想资源》,载《西南民族大学学报》,2006年第9期,第119页。

涵,我们就会发现,传统上认为市民文学是一种文学水平低下的文学、是反映小市民情感与生活的文学,实质上表述的是市场经济发展不够充分的城乡转型阶段的小市民文学状况。我们传统的市民文学概念往往受这些表象的影响,而形成一些固定的习惯性认识,影响了我们对现代市民文学的接受与评价。

现代市民小说是从经济角度切入的一种叙事形态。从现代市民小说的实际形成和发展来看,经济因素在其中起到了决定性的作用,甚至包括现代市民小说的文体都受到以经济为基础的物质层面的影响。现代市民是随着城市经济的发展形成的以工商业生产活动为基础的市民阶层,反映现代市民的小说在价值观念和想象方式、叙事策略和风格特征上都深受经济影响,表现出与传统政治意识形态影响下的左翼小说、追求精神高蹈的自由主义小说等其他小说形式所反映的不同的物质特征。经济方式不仅影响了现代市民小说的产生与接受,还影响了现代市民小说的内容与形式。所以,从经济的角度去规定现代市民小说重点论述的时间与地域,是相对合理的。本书将从经济的角度,分析随着经济的发展现代市民小说价值体系的转变。

随着经济的发展和城市化进程的加快,中国现代文学的语境发生了质的转变。物质生产与消费的关系日益紧密、都市社会的建构都使得现代文学具有一种经济的眼光。左翼文学是用一种思想的启蒙、精神的批判进行革命呼吁,而现代市民小说则用一种物质的力量描写农业王国的摧毁和工商业经济王国的建构。此前中国现代文学一直在个性主义、人道主义的起点上进行思想启蒙,在国家民族的建构下进行政治的革命叙述。而现代市民小说的出现,使得物质成为文学的一个新的关键词。

茅盾对市民文学的定义就是缘由经济学的眼光。茅盾认为中国始终有一个与封建文学相对应的市民文学,这是由中国的农耕文化以外的另一种文化即小生产小工商文化决定的,是与农耕经济相对应的意识形态产物。虽然市民文学只占"百分之一",而历史上各类封建文学占到"百分之九十九",但是他认为"剩下来的百分之一,才是我们民族货真价实的文学遗产,才是我们值得去向它们学习的材料;也就是说,这百分之一中间,才有我们的文学形式,或文学的民族形式"。① 这个结论当然有武断的成分,但是体现了茅盾的一种学术价值取向,他将封建文学与市民文学对立,采取了以经济基础切入角度的方式,而非列宁和毛泽东的意识形态。这种研究思路是符合马克思主义的历史唯物主义内涵的。

确定了现代市民价值观的内涵,我们可以就是否反映了现代市民价值观为标准,对中国现代文学史进行梳理,从而剥离出上海现代市民小说的发展线索。从19世纪末开始,现代市民小说初具雏形,发展到三四十年代,进入鼎盛时期。解放后,随着政治意识形态占据压倒性地位,现代市民小说的发展形成一股潜流,直到新时期才随着中国经济的发展重新获得生存的合理性。因篇幅所限,本书所讲的现代市民小说具有时间与地域上的局限性。我们将要着重论述的是三四十年代上海产生的现代市民小说。

首先,本书所讲的现代市民小说主要集中于上海。这一方面是由于上海这座城市的特殊性,另一方面,则是由于上海现代市民小说的特殊性。上海具有经济政治文化发展的特殊性。正如李欧梵所说:"中国现代文学中如果有城乡对比的话,乡村所代表的是整个的'乡土中国'——一个传统的、朴实的、却又落后的世界,而现代化的大城市却只有一个上海。"② 从经济上

---

① 茅盾:《论如何学习文学的民族形式——在延安各文艺小组会上的演说》,《茅盾文艺杂论集》,上海:上海文艺出版社,1981年版,第845页。
② 李欧梵:《中国现代小说的先驱者——施蛰存、穆时英、刘呐鸥》,《现代性的追求》,上海:生活·读书·新知三联书店,2000年版,第111页。

讲,上海是以工商业发展为经济基础的现代化大都市。从事商业活动、以交换为谋生手段,以工业商品为主要生活资料的市民占人口的绝大多数。这种脱离土地的工业生产与商业交流,形成了一种与传统乡村不同质的现代都市生存方式。基于这种全新的生产方式,形成了大批具有现代价值观念的、具有新型人格范式的新型市民。从政治角度看,上海的特殊性一方面在于中央政府对其控制力较为薄弱,另一方面受租界影响。当时南京国民政府的经济主要依赖于上海和长江三角洲,这使得上海受中央政府控制较小,无论在经济运行,还是思想文化方面都具有自由开放的特征;同时,对于备受争议的上海的租界制度,很多研究者都注意到了它的正面意义。白鲁恂认为,通商口岸制度完全不同于殖民地制度,租界的最高行政权力虽由外国人掌握,但日常事务的实际管理权大半还在中国人手里。中国人自己在通商口岸环境中建设了"最成功的中国现代化社区"。和当时凋敝动荡的内陆农村相比,它更为充裕和进步。①租界制度提供了较为宽松自由的话语空间、生活空间、伦理空间和政治空间,也给市民精神的形成提供了必不可少的条件。从文化上讲,上海移民都市的品格、宽容的文化环境,促使市民价值观快速转型。19世纪中期的上海只被称为"小苏州",明末清初的上海县城仅有10条小巷。然而到1930年上海已经是一个拥有中西移民,吸纳了明末清初士大夫文化与现代西方市民意识的新型现代化大都市。由于上海的移民性质,它不会如同"乡土中国"一样受到几千年封建文化的负累,而是在一开始就显示出一种全新的文化品格:兼容并蓄、海纳百川。在这样的社会氛围中,具有鲜明商业文明色彩的以人为本、重义求利、物质理性、享乐主义等在传统价值观中被认为是负面的文化因素得以生存,而不是像在"乡土中国"那样受到无形的贬抑

---

① 白鲁恂:《中国民族主义与现代化》,载《二十一世纪》,1992年第2期。

与挤压。

　　由于上海在经济、政治、文化等方面以工商业文明为核心的特殊物质文化语境,上海的市民小说从一开始就显示出和内陆市民小说不同的现代特征。擅长描写北京市民生活的老舍、张恨水维持着传统的道德感性,他们笔下的市民更像生活在都市里的乡村;而上海的市民小说从一开始就具有全新的道德立场,从19世纪末的《海上花列传》开始,日常叙事就开始被关注,而物质理性、注重生存、个性独立的市民价值观也初露端倪;张资平张扬肉欲的趣味享乐型小说一方面迎合市场,一方面巧妙转化"五四"提倡的以人为本观念,显示出现代市民物质自觉的商业观念与个体独立意识;叶灵凤的现代市民叙事则在唯美之中具有本能至上的享乐主义特征。他们的物质追求与日常生活追求预示着一种新质文学的生成。

　　其次,本书所讲的现代市民小说主要产生于三四十年代。经过一段时期的孕育与转型,三四十年代的上海,以经济发展为基础,逐步形成了一种迥异于传统乡民价值观的现代市民价值观,并深刻影响到了当时的文学秩序,出现了具有商业特征、迎合现代市民审美情趣、反映现代市民价值观念的现代市民小说。穆时英等人结合现代城市生存经验开创了以物质理性为中心的都市公共空间叙事。40年代的张爱玲等人又从30年代令人目醉神迷的城市外部叙事回归,埋头于世俗生活,沉湎于凡人世界,形成了新的城市平民叙事方式,强调现代市民价值观的世俗层面。现代市民小说三四十年代发展到鼎盛时期,与当时的左翼小说、自由主义小说分庭抗礼,形成了一种独立的文学形态。但是1945年以后,随着政治形势的变化,上海经济上的优势与政治上的独立地位逐渐丧失,现代市民小说随之失去了赖以生存的物质基础而走向衰落。主要的现代市民小说作家逐步流失,现代市民小说进入了潜隐状态。直到新时期上海等城市又重新在经济和政治上获得类似于20世纪三四十年代的历史条件,现代市民小说才又重新出现,再获新生。

上海现代市民小说早在19世纪末就开始萌芽,一直绵延发展到当代文学,从中我们可以依稀辨认出一条或清晰或潜隐的文学发展线索。在这个过程中,20世纪三四十年代的上海现代市民小说较为典型地表现了现代市民小说的叙事形态与文体特征,形成了一种具有独立文学价值的叙事文学。但要注意的是,这只是特定历史时期的特定现象,随着城市发展水平的提高、工商业生产关系的发展,具有现代市民精神的文学必将日益增多,狭隘的地域性状况也会有所改善。

本书试图通过比较的方法探讨"上海现代市民小说"这一概念的文学史意义。现代市民小说与鸳鸯蝴蝶派小说、左翼小说、自由主义小说等叙事流派的区别,是相对并立的关系,也是确立现代市民小说文学史意义的一个重要途径,对此本书将在后面的章节重点论述。本章重点对现代市民小说、海派小说和都市小说几个类似的概念进行辨析。

现代市民小说与海派小说、都市小说涵盖了相似的地域、时段和文学现象,具有某种重合性。但是三者的出发点和角度不同。海派小说从地域的角度表现发生在上海的特定的文学现象的特殊性;都市小说从都市文化的角度表现都市的发展对文学的影响;现代市民小说则从经济发展中"人"的变动表现这种文学现象的普遍性。海派小说强调的是地域性、特殊性,现代市民小说强调的是非地域性、普遍性;都市小说采取的是文化视角,现代市民小说采取的是"人"的视角。

三种小说概念所属的坐标体系和解释框架也各有不同。海派小说与京派小说形成一个二元对立的文学诠释框架,都市小说与农村小说形成一个二元对立的文学诠释框架,现代市民小说则从"人"的角度与传统乡民小说构成二元对立。在我国,几乎没有乡民小说这个概念。但是,由于我国历史发展的特殊情况,形成了介于乡民与市民之间的"小市民"阶层,因此以鸳鸳蝴蝶派等为代表的小市民小说得到了充分的发展。我们在讲到现代市民小说时,重要的坐标参照系就是小市民小说。

都市小说和现代市民小说的相似之处在于它们研究文学都是建立在经济发展的基础上。都市小说是随着经济的发展、城市的兴盛而形成的一种文学类型,现代市民小说则是侧重于描写随着经济的发展、城市的兴盛,市民的价值观念发生改变而形成的文学图景。相比较而言,都市文学包含的内容更为广泛,除了都市中的市民以外,还包括都市建筑、文化、传媒等多方面的景观。且都市小说和现代市民小说关注的对象、研究角度都各不相同。都市小说的研究对象是都市。都市的发展,带来了现代城市景观的改变、自由话语空间的形成、民主意识的兴盛、制度的改革、经济力量的渗透、市民理性的形成、工业文明与后工业文明的发展,这些城市文化的特征影响到文学的特征,都市小说关注的就是在都市文明的影响下文学状况的改变;现代市民小说关注的只是生活在现代都市中的市民,研究他们在经济的变动中价值观念的改变,和这种观念转换对文学的生产与消费的影响。都市小说以文化作为切入角度,现代市民小说则以"人"作为观察对象。李俊国的《中国现代都市小说研究》就是从都市角度切入,探讨都市文学经验和都市言说方式,从都市角度对中国现代小说进行梳理。

海派小说与现代市民小说的区别也是一个重点。什么是海派,可谓众说纷纭,到现在没有定论。其中对海派研究比较深入的吴福辉先生曾经下过两个定义,广为流传。他认为"取上海市民的眼光来打量上海这个当时的东方大都会,来写这个中国本土边缘上的'孤岛'"是海派的共同特征。[1] 随后,他又在专著《都市漩流中的海派小说》中指出:"所谓海派文学,第一,它应当最多地'转运'新的外来的文化,而在20世纪之初,它特

---

[1] 吴福辉:《老中国土地上的新兴神话》,载《文学评论》,1994年第1期,第5页。

别是把上一世纪末与本世纪初之交的世界最近代的文学,吸摄进来,在文学上具有某种前卫的先锋性质。第二,迎合读书市场,是现代商业文化的产物。第三,它是站在现代都市工业文明的立场上来看待中国的现实生活与文化的。第四,所以,它是新文学,而非充满遗老遗少气味的旧文学。这四个方面合在一起,就是海派的现代质。"①这两个定义相辅相成,前一个指出了海派的地域性,第二个指出了海派的创新精神。

海派小说与现代市民小说的相似之处在于研究对象一致。从海派小说与市民小说的外延来看,不具有现代特质的前洋场文学——也就是鸳鸯蝴蝶派小说应该排除在外。真正符合海派品格,或者说市民精神的小说,应该是20年代末期以后,叶灵凤、刘呐鸥、穆时英、施蛰存、张爱玲、苏青、予且、徐讦、无名氏等人的小说。

虽然表面看来,两个文学概念的外延有一定程度的重合,但它们的出发点、角度和解决的问题是截然不同的。从现代市民价值观角度来理解,海派的先锋性,其实是由市民趋时求新的特性带来的;海派的商业性,是由市民的经济属性决定的;海派的都市性,就是市民都市价值观的转变;海派的新文学性,表明了市民文学与市井文学的区别。

海派小说从地域文化的角度介入,认为上海出现这样一种新质的文学是由上海这个特殊地域所决定的,在整个乡土大陆中,强调上海作为"飞地"的特殊性;现代市民小说从经济的角度切入,认为随着城市的发展,现代工商业的不断进步促使了市民生产生活方式的改变,必然会形成新的现代市民价值观,这是世界性的发展趋势。虽然由于中国的特殊国情,这种价值观还不能为广大地区的人们所接受、认可,但是随着时代的进步,从传统价值观转换到现代工商业文明价值观是必然的结

---

① 吴福辉:《都市漩流中的海派小说》,长沙:湖南教育出版社,1995年版,第3页。

果。而上海,由于其特殊的城市状况,就是先行者。海派小说强调上海这一城市的特殊性,现代市民小说则坚持文学即是人学的普遍性立场,从市民价值观的角度认识这一时期的文学,探求经济的发展对于市民个体与文学的影响。

从现代市民价值观的角度去理解海派文学,可以把文学从狭隘的地域视野扩展到宽广的历史视野,从一种特殊的文学形态扩展到随着经济的发展必将日益具有普遍性的文学形态。这有助于将海派文学研究推向深入。

在现有的对三四十年代的上海文学的研究成果中,吴福辉的《都市漩流中的海派小说》和李今的《海派小说与现代都市文化》都是把海派小说与都市文化联系在一起,把都市文化作为海派文化的核心因素。需要指出的是,这里使用的海派小说这一概念,在内涵和外延上都具有一定的含混性,从而也受到了某些研究者的质疑。李天纲的《海派文化和都市文化》[①]、李永东的《租界文化与三十年代文学》[②]中都认为海派是一个含糊不清、充满历史不确定因素的文化概念,不管是《都市漩流中的海派小说》以海派作为研究视野,还是《海派小说与现代都市文化》中把海派小说作为研究对象,都难以摆脱地域性的局限,甚至使得海派小说通过都市文化这一角度得到了泛化,使得海派小说的边界更加模糊。现代市民小说这一概念则摆脱了地域的限制,从市民角度解释上海文学,在"人"的意义上给三四十年代的上海小说注入了更为深远的内涵。

第二节 三四十年代上海现代市民价值观内涵

物质环境的改变是现代市民小说形成的社会生态,价值秩

[①] 李天纲:《海派文化和都市文化》,《文化上海》,上海:上海教育出版社,1998年版,第345页。

[②] 李永东:《租界文化与30年代文学》,上海:生活·读书·新知三联书店,2006年版,第56页。

序的转变是现代市民小说形成的思维生态,也是从现代市民角度诠释三四十年代上海文学的一个重要出发点。上海现代市民价值观是在三四十年代上海现代市民小说中呈现出来的一种在经济发展基础上自发形成的全新的价值观念。它既是标志现代市民身份的重要概念,又具有方法论的意义。现代市民价值观是现代市民小说的核心,只有在现代市民价值观指导下进行创作,同时又在作品中反映出现代市民价值导向的叙事作品才是现代市民小说。现代市民价值观是现代市民小说获得独立存在价值的根本原因。本章将对现代市民价值观的概念进行分析和界定,现代市民价值观是与传统乡民价值观相对应的概念,包括物质理性、生本位和以人为本三方面的内容。物质理性是从经济的角度考量;生本位是从政治的角度描述;以人为本是前两者形成的基础,也是现代市民价值观的核心。

一、上海现代市民价值观与传统乡民价值观

拉康认为,自我身份的形成必然依赖于对他者的参照,只有以他者形象作为媒介,主动的自我形象建构才可能完成。现代市民自我身份的确认只有在与传统乡民这个他者的不断冲突与比较、承继与抛弃的过程中才能逐渐形成。上海现代市民价值观是与传统乡土价值观相对应存在的概念。现代市民,是随着城市的出现而出现的,是城市中具有现代市民精神的居民。它不同于乡民,乡民是在农业文明的基础上产生的,以土地为生产资料,具有传统农业道德的村民;也不同于小市民,小市民是生活在城市,但骨子里还具有传统乡民价值观的转型期中的城市居民。乡土价值观是现代市民价值观的重要参照系,它产生于小农经济的基础之上,被制约在封建统治者的经济政策与价值体系之中。

冯友兰曾经对现代世界作了"城市/乡村"的二元对立的比喻,而中国就被认定为乡村。费孝通曾讲道:"从基层上看去,

中国社会是乡土性的。"① 精辟概括了中国社会的乡村性。早在公元 7 世纪的唐代,中国人均粮食拥有量就达到 500 多斤,而到了 1000 多年后的晚清和民初时代,始终没有超过这个水平。费孝通描述过这种故步自封、凝滞不动的状态。他认为:"中国的乡土社会是不流动的。""直接靠农业来谋生的人是粘着在土地上的",他们"世代定居是常态,迁移是变态"。② 空间的广阔性与时间的漫长性,使乡民逐步形成具有鲜明农业色彩的价值观,并且经过一代代传承与巩固,变得相对稳定、难以动摇。

首先,从乡民的经济属性来看,以土地为生产资料的、集体性的、主要依赖自然条件的农耕文明使传统乡民形成了因循守旧、故步自封的经验主义思维模式。而近现代大工业生产中个人的力量得到前所未有的强调。在传统农业文明中"人们对世界的看法则受到自然力量——季节、暴风雨、土壤的肥瘠、雨量的多少、矿层的深浅、旱涝变化等因素——的制约。生活的节奏是由这些偶然事件造成的。时间感就是一种期限感,工作的进度因季节和天气而变化"。③ 对于自然条件的过度依赖,使乡民感受到个体的软弱与渺小,从而更加依赖集体与权威,相信前人的经验。对前人经验的依赖使他们形成经验主义的处世模式,缺乏创新与进取精神。乡村生活的封闭内敛与经验主义和城市生活的瞬息万变形成了鲜明对比。乡村生活试图把人纳入整体,城市生活总是把人撕成碎片。在乡村,绝对不会出现"人群中的人",人面对的是邻人和家族权威。而现代性的都市动荡,必将使得乡村那些固定的东西——固定的价值观、固定的生活方式、固定的时空安排、固定的心理和经验、固定的社

---

① 费孝通:《乡土中国生育制度》,北京:北京大学出版社,1998 年版,第 6 页。
② 费孝通:《乡土中国》,上海:生活·读书·新知三联书店,1985 年版,第 2~3 页。
③ [美]丹尼尔·贝尔著:《资本主义文化矛盾》,赵一凡等译,上海:生活·读书·新知三联书店,1992 年版,第 198 页。

会关系——都烟消云散。

其次,从乡民的政治属性来看,集体性、自然化的农业生产模式使得乡民对个体力量缺乏自信,几千年的封建统治者利用乡民的"愚忠"心理推广儒家文化,以"义理"观念束缚人心,从而使乡民变成顺民。从孔子的"君子喻以义,小人喻以利"开始,"义"成为中国传统文化所推崇的一个重要的道德规范。提倡"居仁由义"的重义追求,奉扬"重义轻利"、"见利思义"、"以义取利"、"舍生取义"等重义轻利的人生价值观。这种道德至上的泛伦理主义观实际是一个匮乏型、守成型的农业社会自我麻痹的精神安慰剂。儒家的这种"安贫乐道"的价值观不仅"被涵化为知识者的一种人格修养准则,亦被要求通过'士'的示范作用,普泛化为对全社会的一种内在道德要求"。这种价值甄别模式,"甚至一直影响到近代都市上海那些已经开始进入市场的文化人的心理"。[①] 君子耻于言利、无商不奸等价值观念一直紧紧束缚着人们的心灵。

在此基础上,乡民价值观呈现出"神本位"的价值取向。这里的"神"不仅仅指神灵,而是指一种个体力量之外的权威力量,在中国表现为自然、神、集体、权威、统治者等种种外在于个体的左右人心的力量。这种价值取向的形成,一方面是由于传统农业生产方式使乡民个体无法掌握自身命运,从而将希望寄托在更有权威的力量之上;另一方面是由于封建专制统治以及在此基础上生发出来的传统儒家道德束缚了他们的思想,使乡民安于被主宰的命运。经过几千年的封建传统道德的积淀,中国的"乡民"逐渐失去了个体的独立性。在传统道德观中,个人私欲是要被批判的,家国集体永远大于个人,个性是对集体生活的背叛,仁义道德永远大于物质需求。

和丧失自我的乡土价值观相反,现代市民价值观的核心是

---

① 叶中强:《从想象到现场——都市文化的社会生态研究》,上海:学林出版社,2005年版,第20页。

以"自我"为中心。"如果说,乡村生活主要被家族权威和宗教品质所铭刻的话,我们也可以说,都市生活主要是世俗性的物质主义生活,是充满激情的旨在放纵的声色犬马生活"。① 这种世俗性的物质生活,基础在于个体自由的确认。城市生活中,个人从权威与宗教的束缚下解脱出来,获得追逐自由与快乐的权利。个体只需为自己负责,而不需要背负家族、宗教、历史、传统的责任,这是人性的巨大解放。

如果从农业文明的传统价值观角度来看,这种传统道德形成了人与人、人与自然的和谐共处,人性的纯朴与价值观念的稳定。假使我们的社会一直处于传统的农业生产体系中,以土地为基本生产资料,人胶着于乡土,依赖自然与神灵的力量,顺应天意,人与人和谐相处,这样的价值观不会有问题。但随着时代的发展,"农业革命使城市诞生于世界,工业革命则使城市主宰了世界"。② 现代工业文明要求的价值观念是理性的、重视法规的、科学的、重效率的、强调自我的。这种价值观在传统的、直觉的、人文主义的、以农业为主的、效率低的、故步自封的乡民价值观的视角下看来,简直是一无是处、大逆不道。虽然说,在中国,作为乡村社会对立物的近代城市的出现只是近百年来的事,但现代都市的理念内涵——"以城市工商业为经济发展的基础而形成的一套现代文明价值体系,其中包括民主、科学精神,也包括人权、平等、自由等思想"③已经逐步形成,并对传统农业道德产生了巨大的冲击。"在当代中国的现实情境下,现代性的改革,以现代文明来取代农业文明是历史大势,是时代和民族发展所必然。在当代世界竞争中,中华民族欲生

---

① 汪民安:《都市与现代性碎片》,《身体、空间与后现代性》,南京:江苏人民出版社,2006年版,第124页。
② 杨东平:《城市季风——北京和上海的文化精神》,上海:东方出版社,1994年版,第60页。
③ 李俊国:《中国现代都市小说研究》,北京:中国社会科学出版社,2004年版,第1页。

存、欲发展,走出传统农业文明走向现代文明是必由之路"。"对于乡村来说,抛弃旧的生产方式和文化观念、迎应现代文明是它的唯一前途和必然选择。在这里,任何对其温情脉脉的留恋和回归都是滞后的"。①

二、上海现代市民价值观的内涵

现代市民价值观是"市民"概念的核心,也是判断是否具有市民精神的重要标准。在中国,只有资本主义经济充分发展的上海,才具有较为典型的市民阶层。所以,我们这里所讲的市民价值观,在20世纪三四十年代的上海,其实也就是上海市民价值观。相对于传统的乡民价值观,乡民价值观在经济属性上表现出经验主义特征,市民价值观则具有工商业文明背景的物质理性特征;乡民价值观在政治属性上表现出"义理"观念,市民价值观则具有统治阶级意识形态相对薄弱,关注日常生活的"生本位"特征;乡民价值观的核心是关注外界力量的"神本位"特征,而市民价值观的核心则是确认个体力量的"人本位"精神。

(一)物质理性

从经济属性来讲,以现代工商业为基础的经济关系使现代市民形成了物质理性的价值观。它包含两方面的内容,一是物质至上,一是趋时求新。古希腊哲学中把物质理性又叫作被动理性,它不能离开感性而自存。个体的道德、感情、意识依赖物质而存在,也就是"物质至上",另一方面,当物质改变时,个体的道德、感情、意识也随之发生改变,这就是"趋时求新"。

物质理性的价值观第一个含义是物质至上。物质至上就是用物质的标准取代道德和情感的标准,并且导向实用主义。伊恩·P·瓦特《小说的兴起》中说:"这种物理距离的接近和社

---

① 贺仲明:《中国心像——20世纪末作家文化心态考察》,北京:中央编译出版社,2002年版,第160页。

会距离的疏远相结合,正是都市化的一个典型特征。其后果之一,就是特别强调城市居民生活态度的外部的和物质方面的价值。"①现代城市生活使得广大市民聚居在同一城市,具有物理距离的接近。但与此同时,没有家族情感的维系,人与人之间各自为政,社会距离日渐疏远。为了确认自身价值,在丧失了情感标准的同时,现代市民不得不以物质作为为人处世、价值衡量的标准。这是现代社会的必然产物。

物质至上的价值观具体表现在现代上海市民小说中,就是物质的标准取代了道德和情感的标准。马克思在《哲学的贫困》(1847)中说:"人们一向认为不能出让的一切东西,这时都成了交换和买卖的对象,都能出让了。这个时期,甚至像德行、爱情、信仰、知识和良心等最后也成了买卖的对象,而在以前,这些东西是只传授不交换,只赠送不出卖,只取得不收买的。这是一个普遍贿赂、普遍买卖的时期,或者用政治经济学的术语来说,是一切精神的或物质的东西都变成交换价值并到市场上去寻找最符合它的真正价值的评价的时期。"②上海现代市民小说普遍反映了这一物质至上的价值观。一方面,用物质的标准代替道德的标准。传统价值观把义利对立起来,重义轻利,认为追求金钱、热爱物质享受是一种道德败坏的表现;现代市民小说则开始坦言自己对金钱、物质的热爱,并将其作为现代社会的必然产物。传统儒家道德把伦理德行看作立身之本;物质理性从根本上否定了传统的社会理念,企图通过丰富的物质供应去谋求社会安定、人际和谐,从而用物质的标准代替了道德的标准。另一方面,在传统价值观中,感情是圣洁的、至高无上的,是无法用金钱或者物质来衡量的。但是在现代市民小

---

① 伊恩·P·瓦特著:《小说的兴起——笛福、理查逊、菲尔丁研究》,高原、董钧译,上海:生活·读书·新知三联书店,1992年版,第200页。
② 马克思:《哲学的贫困》,《马克思恩格斯全集》,第4卷,北京:人民出版社,1965年版,第25页。

说中,我们会发现感情不再神圣。物质不但是感情的衡量标准,在一些情况下,甚至可以买卖感情。现代市民小说叙述了用物质换得感情慰藉的大量故事,感情成为和金钱等量齐观的东西,可以随意买卖。

实利主义是物质至上价值观的必然产物。阿格妮丝在考察了日常生活的行为模式和认知模式后断言:"我们的日常思维和日常行为基本上是实用主义的。"[1]其直接后果就是日常生活中的一切行为都指向现实的物质利益。现代市民小说表现出对精神恋爱的远离与对世俗权衡的认同。男才女貌、门当户对,这是传统的婚恋观念,也是"五四"婚恋观的批评对象,却被现代市民视为真理。苏青就表现出对婚姻的实利主义看法,她认为,结婚的目的是为了保障儿女,而不是保障爱情,爱情的本身是性的本能与美的幻想的结合物,是不能靠结婚来保障的。这种实利主义不仅表现在婚恋关系中,同时还表现在社会生活的方方面面。正如苏青在《牺牲论——俗人哲学之二》讲道:"我们人类之所以能成为地球上的霸王,并不是由于恻隐之心发达,乐于为他人牺牲自己之故,相反地而正是由于自利心重,善于利用他人来为自己牺牲之故。"[2]在这段话里苏青宣扬了现代市民的实利主义哲学,并把这种人与人之间的利益关系当作一种商业交换,体现了这种价值观在现代市民社会中的普遍性。

物质理性同时又是一个被动理性,必然受到外在物质世界的牵制,而外部物质世界是变幻多端的。所以,形成了市民趋时求新的特征。随着外部物质世界的变化,市民的生活方式、思维状况也随之不断发生变化。变化,既是表象,又是实质,变

---

[1] 阿格妮丝·赫勒著:《日常生活》,衣俊卿译,重庆:重庆出版社,1990年版,178页。
[2] 苏青:《牺牲论——俗人哲学之二》,《苏青文集》(下册),上海:上海书店出版社,1994年版,第107~111页。

化就是恒定的本质。趋时求新表现在现代市民小说上，是从写作对象到叙事策略都不断求新求异；表现在文学生产过程上，就是商业化追求。

现代市民小说从写作对象到叙事策略上都呈现出显著的趋时求新的特征。一方面是描写对象的求新。现代市民小说文本中充斥着种种刺激眼球的都市意象。和关注乡土大众的左翼小说与关注恒久人性的自由主义小说相比，现代市民小说就如同热烈讴歌都市的"暴发户"，不断炫耀着一切新奇可变的东西。另一方面是价值观念的趋时求新。现代市民小说能够以最快的速度捕捉到都市道德心态，对于张扬欲望、追逐金钱、个人奋斗、实利主义等与传统乡土观念相违背的现代道德观念采取了认同态度。从刘呐鸥的《热情之骨》到张爱玲的《倾城之恋》，都表现出一种宽容的城市道德观。再一方面是叙事策略的趋时求新。市民小说作家在写作技巧上不断求新，呈现开放观念，吸收各种时尚流行元素和全新的文学观念，形成了前所未见的文体形式。刘呐鸥和穆时英等作家从市民的物质观出发，不断追求新奇的文学形式以表现新奇的时代。施蛰存晚年作《浮生杂咏》诗，第50首回忆刘呐鸥："蓬岛归来呐呐鸥，论文谈艺薄前修。不随时变非高手，能跻尖端是一流。"即道出了他们当时对于时变的敏感和对于新奇的崇尚。现代市民小说还善于从各种艺术形式中汲取营养，从画报到电影，种种有利于表现现代市民生活的元素都被吸收并发扬光大。从穆时英到张爱玲，他们都是非常善于融会贯通各种叙事技巧的作家。

另外，现代市民小说的商业性，也是由趋时求新的市民价值观引起的。现代市民作家一不遵从政治的原则，二不认同精神的原则，他们的写作更多倾向于遵守商业原则，不断根据受众的口味改变自己的写作风格，同时又用新奇特异的东西来吸引读者注意。这既是对现代市民审美趣味的迎合，又是实现自身物质利益的途径。和启蒙主义知识分子相比，现代市民作家更为物质化。"五四"时期的知识分子,大部分并没有进入切实的生活轨道,其生存物质资本的获得,全靠国家教育体制和公务员津贴制度的补贴,对社会的实际参与明显偏弱。他们是"思想存在物",其精神特征是以批判为主。市民作家则大多是职业性作家和编辑,其创作与文学生产有明显的养家糊口的动机。他们没有"五四"时期文人的固定生活来源。苏青初始时期的创作是为了谋生,施蛰存也说他写作是为了"讨生活",是"为生活之故而小心翼翼地捧住职业",①他们不再是"五四"时期的启蒙思想者,而是存活于世俗中的都市中产阶级大众。他们写作的目的也不再是布道或启蒙,而是"为稻粱谋"。

这种物质理性的价值观是如何形成的呢?

首先,以商业为中心的经济关系带来了对物质的重视。当时有文人讲:"我觉悟我所处的这一个社会,是商业重心的社会,畸形的商业重心的社会,商人固然是商人,无一而不是商人。"②虽然言语有偏激之处,但如实揭示了30年代上海浓厚的商业气息,已经浸润到社会生活的方方面面。现代都市的发展带来了商品的充分发展,商业的发展又带来了以商业为中心的生存方式的改变。齐美尔认为,都市一方面提供了广泛的社会舞台,使个人有了许多成长空间;但另一方面都市强调效率、理性与自我利益,不仅淡化了人与人之间的亲密性,而且将所有人格品质都简化成一个问题:"这值多少钱?"③上海现代市民作家正是消解了附加于日常生活上的理想主义和政治意识形态,直面日常生活的物质化情态。

其次,当时的上海现代市民具有接受这种物质理性价值观的心理基础。30年代前后的上海显示出类似于巴黎或伦敦等

---

① 施蛰存:《新年的梦想笔谈》,载《东方》,第30卷,第1号。
② 藏邨:《文明社会与滑头报馆》,载《上海报》,1934年1月16日。
③ 包亚明主编:《现代性与空间生产》,上海:上海教育出版社,2003年版,第3页。

工业化都市的气象,形成了一个巨大的消费型市场。人工景观场所的大量出现,是现代工商业文化带来的巨大物质改变,这一切构成了一个高度人工化、物质化的空间。这种对人的感官形成震惊眩晕效果的空间景观改变了市民的生存环境,也改变了身处其中的市民的生活方式,进而逐步渗透到市民的思维方式和价值观念中。同时,商业文明本身的自由与开放特征使得现代市民能够毫无障碍地接受这种价值观。现代工商业社会从根本上要求宽容开放的观念与海纳百川的气度,现代市民正是具有这种开放的心态,从而能够迅速建立起物质理性的市民价值观。熊月之《海派散论》提出上海城市具有"宽容"的特性:"凡异质性高的文化必然同时也是宽容性大的文化,因为多种文化共处一隅,就其相互比较而言,表现为异质性高;就文化整体而言,则为宽容性大。"①正是在这种宽容开放的社会氛围中,上海市民逐步培养起适应这种经济生活的心理机制,改变了自身的道德观与价值观,在心理机制中建立起了对物质的膜拜与依赖。

(二)生本位

从政治属性来讲,市民社会国家意识形态的控制减弱,更易形成"生本位"价值观。一定意义上,"以生为本"就是生存的世俗化倾向,它主要具有两大内涵:一是消解宗教政治的神圣性,二是肯定市民大众的世俗欲求。

"生本位"消解了宗教政治的神圣性,认同世俗社会,关注小人物的凡俗人生。现代市民小说把那些被神化的英雄人物拉下了祭台,表现了市民价值观平民本位的立场。三四十年代的现代市民小说往往热衷于解构神圣,对传统中不可动摇的道德典范和主流价值都表现出戏谑和嘲讽的态度。传说中的那些英雄人物,在他们的笔下,都失去了泥塑的金身。如施蛰存

---

① 熊月之:《海派散论》,马逢洋主编:《上海:记忆与想象》,上海:文汇出版社,1996年版,第182页。

对鸠摩罗什这位"出世英雄"的重写,张爱玲对圣人、观音和圣母的戏谑,都表现出一种典型的"俗人"视角。尽管结论有点武断,但张扬普通人性的努力已经充分展现。相对于神圣的消解,现代市民作家表现出对小人物凡俗人生的关注。这些小说致力于表现普通人的喜怒哀乐,关注小人物的凡俗人生,尊重个体欲望。把普通人的日常生活利益摆在与国家利益、民族利益同等的位置上,并给以充分地尊重和肯定。在现代市民小说中,传统小说里的英雄将士、才子佳人逐步让位给生活中的具有平凡喜怒哀乐的小人物。30年代穆时英等人的市民小说作品里没有左翼式的热血革命者,也没有《子夜》式的工商业英雄,他们笔下消费社会的宠儿也只是些软弱的、物质的、多愁善感的男子,具有浅薄的欲望和肤浅的叹息。他们笔下的爱情故事也不再是才子佳人式的美满,而是充满了不确定与反讽。40年代的现代市民小说更是以凡俗小人物作为叙事的主角,在《天地·发刊词》中苏青提倡"以凡人的眼光去写普通人的日常生活"。她希望"能够让达官显宦,贵妇名媛,文人学士,下而至于引车卖浆者流都打成一片,消除身份地位观念,以人对人的资格来畅谈社会人生"。①

"生本位"肯定市民大众的日常生活欲求,认同世俗欲望,推崇现世享乐。30年代穆时英等人的欲望叙事就开始呈现回归世俗的迹象。他们不再相信革命、救国、启蒙、口号这些神圣的义务,而是把个体的欲望放在首位,写作了大量都市男女情欲的故事,表现出一种回归日常的倾向。这一时期,予且在《良友》杂志上发表了系列文章,如《司饭之神》、《福禄寿财喜》、《龙凤思想》、《酒色财气》、《天地君亲师》等,一看题目就非常入世。他把自己也放在一个普通民众的位置,去体会民众的欲望和感情。张爱玲、苏青更是把"生存"放在第一位的作家,总体上表

---

① 苏青:《天地·发刊词》,载《天地》,1943年10月号,第2页。

现出一种回归日常生活的格调。同时,三四十年代的上海现代市民小说鲜明地表现出认同世俗欲望,推崇现世享乐的倾向。茅盾曾说过上海的特点便是"消费膨胀","消费和享乐是我们都市文学的主要色调"。① 吴福辉也认为"现世的享乐主义是市民阶层的信仰,也是生活目标"。② 在消费社会里,消费欲望与享乐态度被反复书写,也暗示着认同世俗欲望、推崇现世享乐已经逐步成为时代的主流价值观。穆时英的《骆驼·尼采主义者与女人》便是用讽刺的态度描写了享乐主义人生观对理智的胜利。享乐主义的人生态度不只包含了奢侈的追求,更指在现世人生中挖掘乐趣、有限度地改造自己的人生。现代市民价值观是一种保守的、对现实秩序具有认同倾向的价值观,它改造现实的努力就表现在大人生中寻找小乐趣。予且、张爱玲等都是这样的作家。他们善于在生活中发掘小情调,获得小安慰。这正是有限度的享乐主义的一种表现。

"生本位"的市民价值观体现出一种世俗化倾向,它和"五四"启蒙运动一起,成为现代化进程的一部分。"生本位"的重要特点就是世俗性的回归。"世俗"这个概念来自于基督教。世俗主义(secularism)标志着人类对神的信仰的破灭,和对世俗人生的独特信念。中国人不相信上帝,但一样曾经被"神本位"的价值观所笼罩。现代工商业文明打碎了对神的权威的盲目崇拜和传统义理观念的束缚,而都市的产生则导致世俗化在日常生活中全面展开。传统乡民的生活主要被血统身份、家族权威以及宗教信仰所笼罩,而现代市民生活则表现为注重日常生活和世俗精神的建立。随着传统的影响力和意识形态的一元性日益减弱,日常生活的重要性得到提升,个人的追求、利益、情感和经验得到肯定,消费主义、物质主义和享乐主义也都

---

① 茅盾:《都市文学》,载《申报月刊》,第2卷第5期,1933年5月15日。
② 吴福辉:《都市漩流中的海派小说》,长沙:湖南教育出版社,1997年版,第153页。

得到了滋长。马克思就把世俗生活放在一切哲学问题的首位。他指出:"人们为了能够'创造历史',必须能够生活,但是为了生活,首先就需要衣、食、住以及其他东西,因此第一个历史活动就是生产满足这些需要的资料,即生产物质生活本身。"① 马克思视"生活"为人类的"第一个历史活动",并进而指出:"现代历史著述方面的一切真正进步,都是当历史学家从政治形式的外表深入到社会生活深处时才取得的。"② 现代市民小说"生本位"的价值观,从世俗化角度,成为现代性进程的重要部分。

马克斯·韦伯认为,现代化运动是社会的启蒙和世俗化过程。现代市民价值观与"五四"启蒙价值观截然对立。"五四"启蒙小说被赋予鼓励人生、指导人生、改造人生的启蒙重任,呈现出理想主义和英雄主义的审美基调。"五四"新文学的兴起,更多被看成知识分子救国启蒙热情的产物,而非文学直接酝酿下的结果。受中国传统道德理想主义对个人生活和利益轻视的影响,"五四"精英知识分子的思维模式往往是轻物质、重道德,忽视日常生活,关注精神立场。这很容易导致他们对个体凡俗人生与日常经验的忽视和拒绝,把"个人"人为地象征化、符号化和工具化,造成文学性的偏离和萎缩。并且由于中国的特殊国情,"五四"的启蒙任务还没有完成,就被救亡运动所取代。世俗化的任务正好交由现代市民小说来完成。

(三) 以人为本

回到根本上讲,现代市民价值观的核心就是"以人为本"。物质理性和"生本位"的价值观形成都是在以人为本的基础上。由于现代市民对个体的强调,对自身欲望的尊重,才会敏感体验到经济的发展带来的物质欲求的冲击。出于对自身经济欲

---

① 马克思,恩格斯:《马克思恩格斯全集》,第1卷,北京:人民出版社,1965年版,第32页。

② 马克思,恩格斯:《马克思恩格斯全集》,第1卷,北京:人民出版社,1965年版,第501页。

望的尊重,才产生了物质至上与趋时求新的价值观;也正是由于现代市民对自我的尊重与对生存本质的洞察,才会形成"生本位"的价值观,而没有一味地坚持传统的"神本位",被传统重义轻利、重文轻商的价值观束缚住手脚。

以人为本是一个宽泛的概念,并非现代市民价值观所独有。但是随着经济条件的改变,在以工商业文明为基础的现代都市中,在以人为本基础上形成的物质理性和"生本位"的价值观却是独特的。它不同于"五四"基于功利性目的的"个性解放"观念,而是在实际的文学进程中自发形成的一种表明市民世俗观念的价值观。它是建立在市民经济基础上利己不损人的个人主义,同时,也是基于世俗认同之上的对人类个体的深切关怀。

首先,现代市民价值观的以人为本是建立在市民经济基础上的资产阶级的个人主义。同时,这种以人为本是一种利己不损人的理性的个人主义。黑格尔在《法哲学原理》中,最早对国家和市民社会作了明确划分,他认为"市民社会是在现代世界中形成的",[①]这个现代世界是相对于农业文明的古代世界而言的,现代世界的工业文明形成了受市场规律调整的经济领域,使得每个个体都成为利益主体,并不可避免地与他人发生联系。正如黑格尔所说:"作为这种国家的市民来说,就是私人,他们都把本身利益作为自己的目的。"[②]但在保障个人利益的同时也要满足他人利益,这样才能实现相互的需求。"在市民社会中,每个人都以自身为目的,其他一切在他看来都是虚无。但是,如果他不同别人发生关系,他就不能达到他的全部目的,因此,其他人便成为特殊的人达到目的的手段。但是特

---

① 黑格尔著:《法哲学原理》,范扬、张企泰译,北京:商务印书馆,1995年版,第197页。
② 黑格尔著:《法哲学原理》,范扬、张企泰译,北京:商务印书馆,1995年版,第201页。

殊目的通过他人的关系就取得了普遍的形式,并且在满足他人福利的同时,满足自己"。① 黑格尔认为市民社会是私利的领域,但是这一私利是针对每个个体而言的。所以个体相互之间要最大限度实现自己目的,同时达成他人目的,这样才能和谐双赢。这一点和国家的本质是不同的,国家的目的是普遍利益,在必要时,要以牺牲个人利益为基础。这种价值观关注个体、尊重个性,是建立在双赢基础上的利己不损人的人本思想。从这点来讲,市民精神实质是建立在双赢基础上的个体尊重,而非传统理解的资产阶级价值观的损人利己的个人主义。

其次,这种个体尊重也是由世俗的层面而来的。既非人文关怀,也非国家意识形态要求,而是一种市民的生存哲学,是基于世俗认同的对个体人类的一种真切关怀。很多现代市民作家表达了这种个体尊重与个体关怀,而他们的观点都是出自于人道情怀的,是一种现实的生存哲学。比如苏青就坚持利己的同时应该兼利他人。她在《道德论——俗人哲学之一》中提及"人类是利己的"。② 苏青认为个人是道德的根本。但在同时,她指出"人类是利己的,但利己不足为道德之累,一个真正知道利己的人往往也能兼利他人"。她认为爱迪生、但丁、孔子等这些为人类文明作出巨大贡献的伟人,当初在研究时,最初的出发点也是利己的,并没有把道德大义放在首位,反而最后造福人类。如果一开始就为了整个人类发愤图强,如此好心也未必能做成好事。她认为"人的利他是要索代价的,因为不兼利他便无以更多利己,利了他即所以同时利己也"。③

再次,市民价值观的以人为本和"五四"时期富有启蒙意味

---

① 黑格尔著:《法哲学原理》,范扬、张企泰译,北京:商务印书馆,1995年版,第197页。
② 苏青:《苏青文集》(下册),上海:上海书店出版社,1994年版,第101~106页。
③ 苏青:《苏青文集》(下册),上海:上海书店出版社,1994年版,第105页。

的个性解放是有区别的。二者产生原因不同,基础也不同。"五四"时期提倡个性解放是源于启蒙要求,而现代市民价值观的以人为本,是基于经济基础的,在工商业文明进步的基础上,由于经济发展而形成的对个体的重视与对凡俗人生的重新认识。"五四"知识精英提倡"人的觉醒"是建立在对封建专制和封建传统文化的反思与批判之上的,对"人"个体的发现,是从"五四"开始就有的道德取向。20年代初期的新文学代表作家所提倡的是"人的发现",它对旧道德的解构和批判是自觉的,往往带有启蒙的道德批判的意味。而现代市民价值观中对人本性的张扬、对欲望的肯定是成熟的市民社会所带来的不可避免的"人"的自觉,是经济发展到一定程度后对个体的尊重。前者是在传统社会内部生发的,为了革命而有意识提倡的个体尊严,具有意识形态解放的意味;后者是在新的经济关系、社会秩序形成的同时,不自觉形成的商业文明对人的关系的异化。

概而言之,"五四"时期的"个性解放"和现代市民价值观都肯定人的感情欲求与自然本性的合理。只不过"五四"时期对"个性解放"的宣传是通过文学作品的教化力量而实现的,是自上而下的。现代市民小说则是在物质条件改变的基础下,忠实反映了整个社会价值秩序的重新整合,是迎合整个社会价值观的逐渐改变,是自下而上呈现的。两者各有弊端又互为补充。"五四"时期,一方面群众基础比较薄弱,中国社会还处在乡土中国的传统势力下,启蒙运动无法引起被启蒙者的了解与共鸣,成为孤掌难鸣的一场运动;另一方面,个性启蒙者自身内部缺乏现代性基因和现代化资源,很多精神资源来自外国,与实际的人民生活隔绝,无法带动被启蒙者的内心体验。而我们所讲的现代市民价值观与"五四"基本精神是不冲突的,它彰显了"五四"文学的另一面,即关注日常生活的传统。它在充分肯定世俗生活的前提下,借助日常生活本身的开放性,为日常生活打开了一个错综复杂的意义空间。它与"五四"文学的大传统所形成的现代性成互补形态,相得益彰,共同推进"五四"文学的向前延伸。

这种以"人"为本的思想形成基于客观经济基础的改变。

一方面,商业发展改变了人的存在形态。传统中国经济是以农业为基础的,正如费孝通所言"乡土中国"。中国作为一个农业大国,在几千年的封建统治下,中国人逐步形成了以土地为中心的生存状态,以前人的经验作为现世生活的法则,不需要改变也不需要创新。由于生产资料的固定性,人群聚集方式也受到土地限制,血缘关系成为人与人之间最重要的纽带。人们一辈子都与固定的群体生活在一起,必然受到他人制约。国家大于集体,集体大于个人,形成超稳定的民族心理结构。但是,在以工商业为主导的城市社会中,人们的日常生活脱离了土地,需要在流动中寻找机会和可能性。"由于都市人来源广泛,背景复杂,兴趣殊异,流动频繁,因此,主宰着民俗社会的血缘纽带、邻里关系和世袭生活等传统情感不复存在。都市人需要同大量的他人打交道,但是这种接触是功能主义的,表面性的,浅尝辄止的,非个性化的"。① 变幻莫测的市场使得前人的经验已经失去效应,要想获得成功必须不断创新,勇于改变。同时,商业是不需要集体劳作的一项活动,虽然同样需要合作意识与团队精神,但这种团队是自由组合的,必须依靠自身的实力才能保证拥有更多机会。在这种情况下,依靠家族或者世袭的权力地位已经不可能,要想生存,必须依靠自己的力量,以人为本,坚持个人奋斗,才是真正可以立足的武器。

另一方面,商业发展带来了工作方式和生活方式的改变。从工作方式上讲,"技术主义的疯狂增长,以及由此而形成的不断专业化和自律化的生存方式,又进一步加剧了人们在生存空

---

① 汪民安:《都市与现代性碎片》,《身体、空间与后现代性》,南京:江苏人民出版社,2006年版,第118页。

间上的萎缩,阻碍了个人交流空间的拓展"。① 现代精神越来越精于算计。"这些敏于算计的都市人,越来越表现出克制、冷漠、千篇一律的退隐状态"。② "而且,都市中物质文化的主宰,都市中压倒性的劳动分工使个人越来越孤立。劳动分工要求个人只能专注于某一方面",③从而使得个体的自我意识越来越强烈,形成深度的自我关怀。同时,现代市民的生活方式决定了他们拥有更多自主权。这是现代市民形成"人"本位思想的物质条件。在这种以经济关系为中心的市民生活中,生活日益丰富且具有挑战性,市民作为个体在复杂的社会生活中生存,必然需要更好地认识自我,确认自我力量。同时,现代城市逐渐形成了以城市公共空间与日常生活空间为主体的两个市民生活的重要空间。市民生活不再像传统中国人那样以血缘关系为中心,以家族制方式联系在一起,城市生活使得家庭结构日益缩小,传统的深宅大院不复存在,市民开始习惯于在城市的公共空间中打发自己的闲暇时光。这也使得百货商场、舞厅、咖啡厅、跑马厅、街道、公园等地方成为市民日常生活的另一重要空间。这种公共空间的真正意义在于使得人们摆脱了家族和他人的束缚,可以自主选择自己的生活。"人"摆脱了旁人的目光,才能在不受干扰的情况下真正面对自己内心,获得自己的身份确认。

---

① 洪治纲:《缝隙中的呓语——20世纪70年代出生女作家群的当代都市书写》,载《文艺研究》,2006年第1期,第28页。
② 西美尔著:《金钱、性别、现代生活风格》,顾仁明译,上海:学林出版社,2000年版,第6页。
③ 汪民安:《都市与现代性碎片》,《身体、空间与后现代性》,南京:江苏人民出版社,2006年版,第117页。

第三节　三四十年代上海现代市民小说价值重构的内涵

本书要重点解决的问题是三四十年代上海现代市民小说的价值重构，需要指出的是，本书涉及两个相似的概念：一是价值观重构，一是价值重构。价值观重构是价值重构的前提和基础。正是由于现代市民价值观的重构，我们才能在这一视角调整的基础上对整个三四十年代的上海现代市民小说进行价值重构。而这一价值重构，又包括两个层次：一是在现代市民的视角下，对三四十年代的上海文学重新梳理，辨识出符合现代市民价值观的小说创作，从内容、形式和风格三个方面揭示出现代市民小说区别于其他小说流派的重要特征，对这些在文学史上被遮蔽、或被忽视的小说进行价值重构；二是在现代市民价值观视角下对一些具体的文学史现象进行价值重构。例如建立现代市民小说这一文学流派的独特文学史价值，运用现代市民的观点重新评估市民小说的雅俗属性问题，以及从价值观重构的角度看当代文学中城乡价值判断问题。

首先，确立现代市民小说叙事系统的价值重构。三四十年代上海现代市民小说是一种迥异于"五四"小说、左翼小说与自由主义小说等的基于物质基础的改变而形成的叙事系统。这种物质基础的改变包括三方面的内容：一是现代工商业文明逐步取代传统农业文明；二是城市逐步成熟，公共空间与日常空间逐步成型；三是城市传媒空间发达。三四十年代是上海经济发展的黄金时代之一。随着经济发展，上海市民的生活方式、精神状态都发生了巨大改变，形成了具有现代市民价值观的"现代市民"。

上海现代市民价值观是市民概念的核心，也是判断是否具有市民精神的重要标准，既是概念的重要组成部分，又具有方法论的意义。在市民的价值选择上,物质理性价值观表现出物质至上和趋时求新两方面的特征;"生本位"的价值观表现出消解宗教、政治的神圣性,肯定市民大众的日常生活欲求的特征;以人为本的价值观是现代市民价值观的核心。可以说,这种以人为本是建立在市民经济基础上的资产阶级的个人主义,是一种利己不损人的理性的个人主义。这种个体尊重是由世俗层面而来的,是一种市民的生存哲学。这种市民价值观的以人为本和"五四"时期富有启蒙意味的"个性解放"是有区别的,以人为本的思想形成源自于客观经济基础的改变。

　　随着现代市民价值观的改变,现代市民小说也随之发生改变,三四十年代上海现代市民小说呈现出与以往和同时期其他类型的文学截然不同的叙事风貌与审美特征。

　　三四十年代上海现代市民小说的叙事新变包括三方面的内容,这也是将现代市民小说与其他小说流派区分开来的重要标志。

　　在内容构型上,三四十年代上海现代市民小说在现代市民价值观发生改变的基础上,形成了不同类型的市民想象。从现代市民作家对现代市民的观察角度来讲,市民想象分为三种不同类型:现代市民生活的平面想象、现代市民灵魂的深度想象和现代市民精神的超越想象。虽然由于社会境遇与作家自身特性的差异,形成了不同的角度和不同类型的市民想象,但这些不同角度的市民想象都体现了现代市民价值观的存在。同时,他们的市民想象中反映的现代市民价值观的倾向性也不一致。有的作家侧重于反映"生本位"的价值观,有的作家则偏重于物质理性,但这只是侧重点的差别。从根本上讲,这些市民想象都是在现代市民价值观的作用下形成的,同时也反映了现代市民价值观。

　　在叙事策略上,由于现代市民价值观的作用,三四十年代上海现代市民小说呈现出一种独特的叙事图景,即公共空间与物质细节等城市符号在现代市民小说文本中频繁出现,并起到了重要的叙事功能。具体来讲,公共空间符号起到了推动叙事进程、改变叙事视角、形成意象化修辞、形成"封闭/开放"的叙事结构等特征,物质细节符号则起到了修辞表意、增强叙事效果、改造意象系统等叙事功能。这种独特的叙事策略和现代市民价值观的影响有不可分割的关系,它源自于现代市民价值观,同时又体现了现代市民价值观。

在性别特征上,三四十年代上海现代市民小说形成了阴柔的女性气质。三四十年代上海现代市民小说的女性特征表现在女性与城市的关系、"女强男弱"的叙事模式与一些男性作家写作中的女性思维特征。本书从性别层面、现实层面与文学史层面分析了现代市民小说呈现出女性气质的必然性。并指出相对于左翼小说、自由主义小说等具有男性气质的家国叙事系统来讲,三四十年代上海现代市民小说的女性气质是标志它文化身份的一个重要特征。

最后,本书对一些文学史的具体问题进行价值重构。三四十年代的上海现代市民小说构建了一个全新的以现代市民价值观为核心的"现代市民小说"概念,从"现代市民"的角度看三四十年代的上海文学。一种新的视角往往内含一种新的价值评价尺度,能够开拓新的意义空间。从"现代市民"角度审视三四十年代的上海文学,其文学构型、叙事策略、审美风格等都会呈现出新的样态,有助于我们对这一时期的文学有更为深入的认识。

总体而言,三四十年代上海现代市民小说呈现出一种独立的文学风貌。和前时期的鸳鸯蝴蝶派通俗市民小说相比,它在叙事技巧上具有先锋性,在观念上具有现代性;与同时期的左翼小说相比,它在观念上具有世俗性、物质性;和左翼小说的启蒙现代性相比,它彰显了日常现代性。在内容上,关注现代市民凡俗人生,填补了左翼视域中的空白。与同时期的自由主义小说相比，它在观念上的世俗性消解了自由主义小说的精神追求，提升了广大市民的平凡人生的生存价值。现代市民小说表现出一种与惯常的"大历史"叙事之间存在的某种偏向，以及通过日常生活、世俗人生书写另外一种历史潜流的可能性。

  从雅俗问题来讲，传统上认为市民小说就是通俗小说，事实上，市民小说这个名称只是表明了文学的描写对象，与雅俗无关。随着市民阅读与欣赏水平的提高，市民小说中也可以有雅文学。市民小说从不同层次上满足了不同读者的需求。新感觉派小说满足了中产阶级读者的需求，现代市民小说满足了下层市民的阅读需求。同时，读者群体还有交叉，比如张爱玲、苏青、予且在不同层次的读者中都有良好声誉，说明了雅俗合流的问题。随着大众文化的发展与阅读口味的复杂化，对市民小说从雅俗方面界定，已经日益显示出局限性。

  研究现代市民小说对于我国当代文学的发展也具有现实意义。由于我国长期的农业文明传统，乡土价值观一直占统治地位，甚至影响了我们对城市文学、市民文学的正确认识与评价。随着经济的发展和城市的繁荣，新时期以来的中国当代文学，呈现出现代市民叙事的上升姿态。但是由于缺乏对现代市民价值观和乡土价值观的澄清与梳理，对这些文学现象的评价与判断往往呈现出混乱和滞后的状况。重新回顾三四十年代的上海小说，我们会发现现代市民价值观早已被广大上海现代市民作家所认可，并呈现在自己的小说创作中。这种传统在1949年后被迫中断，但是依然以曲折的方式发展，到了新时期获得了全新的生命力。在新时期的王安忆、卫慧、棉棉身上，我们也可以看到这种现代市民价值观的呈现。将三四十年代的现代市民小说作为一个镜像研究，对于当代市民小说的认识与发展具有深远的意义。

第一章　三四十年代上海现代市民小说的物质语境

"我们更应该特别去建立一种观察'文学'的比较开阔的视野,不再将文学仅仅理解为创作和批评的文字文本,而将它看作是一个包括了其他各种因素的社会复合体,或者说,一个各种因素在其中交互作用的不断变化的社会空间"。[①] 王晓明的这个观点提示我们把文学放在一个大的社会复合体中去考察。现代市民小说是一种迥异于"五四"启蒙小说、左翼小说与自由主义小说等的基于物质基础的改变而形成的叙事系统。这种物质基础的改变主要包括三方面的内容:一是上海工商业经济的发展,形成了适合现代市民小说出现的宏观物质语境;二是城市的逐步成熟,公共空间与日常空间逐步成形,现代市民的生存空间主要有公共生活空间与日常生活空间两大系统,它们是现代市民生活的两副面孔,同时并存,反映了市民小说的两种倾向;三是城市传媒空间发达,电影、期刊、杂志等潜移默化地改变了现代市民的深层价值秩序,从而改变了现代市民小说的整体风貌。

本章主要从现实层面和思维层面两个向度揭示现代市民小说的形成背景与理论基础。上海特定的城市物质环境是现代市民小说形成的现实语境,现代市民价值观是现代市民小说

[①] 王晓明:《面对新的文学生产机制》,载《文艺理论研究》,2003年第3期,第10页。

形成的思维动力。这种物质语境促进了现代市民价值秩序的转型和现代市民小说的形成。现代市民价值观是现代市民小说的核心,现代市民小说又反映了现代市民价值观,并成为定位它文化身份的重要标志。

第一节 三四十年代上海现代市民宏观物质语境

首先,30年代的上海在某种意义上具备了市民社会的雏形,这是现代市民价值观形成的必要条件。市民社会(civil society)是个西方概念,是研究前工业、前资本主义时期的学说理论。马克思、恩格斯《德意志意识形态》中认为市民社会这一用语是在18世纪产生的。韦伯在《新教伦理与资本主义精神》中亦有提及。"市民社会"是一个充满现代意义的概念,关于它的界定很多,其中以黑格尔、马克思、哈贝马斯的学说最有说服力,但由于历史原因,他们只是各自强调了一个侧面,如果将他们三者的理论综合起来,市民社会的含义就完整了。市民社会是市场经济的产物,独立的个人之间相互承认和自主交往是市民社会的基本关系,家庭、经济领域、公共领域构成了市民社会的三个层级,是独立于政治意识形态的私人活动领域。在这个定义里,经济上强调市场经济基础,政治上强调独立于政治意识形态的个体自由,社会关系上强调相互承认与自主交往。这几个条件,当时的上海都基本符合。

关于上海是否存在较为成熟的市民社会,近几年有相当深入的讨论。白吉尔在《中国资产阶级的黄金时代(1911—1937)》中认为中国资产阶级"在革命的历史进程中,以最接近于一个市民社会的面貌降临于世"。[①] 他认为上海社会在三四

---

① 白吉尔著:《中国资产阶级的黄金时代(1911—1937)》,张富强、许世芬译,上海:上海人民出版社,1994年版,第261页。

十年代已经形成具有一定规模的市民社会,市民阶层也发生了巨大的变化。朱寿桐也指出:"(上海)自从变为洋场之后,各种近代产业发展迅速,催生并培育了由工人、职员为主体的市民社会。"①李欧梵在《人文上海——市民的空间》一书的序中,指出上海曾经有过一个不错的市民社会和公共空间。邱明正主编的《上海文学通史》中指出"开埠以来率先进入近代化的上海拥有最为庞大也最为典型的近代市民社会,上海之于全国经济的领先地位,决定了处在商业化、市民化运行模式中的现代中国文学在这里找到了最合适的滋生地"。②并认为近代以来,上海市民社会逐渐形成、壮大,中国市民文化也有了很大发展。

三四十年代的上海既有一个相对成熟的市民社会,也出现了较为成熟的中产阶层。忻平《从上海发现历史》中,以茅盾的收入为例说明当时有稳定职业的知识阶层的经济状况和社会地位。他根据上海二三十年代市民整体收入和生活水平状况,把上海市民分为三个阶层,其间的收入与生活水平差距很大:"社会上层的买办、官僚、资本家们一般都有丰厚的工资、佣金、红利、股息、利润等多种渠道的收入,使之得以过着豪华奢侈、锦衣玉食的生活。……其生活方式虽不具有普遍意义,但对上海人的影响甚大,有领先与示范的作用。社会中层主要是以职员、知识阶层为主的白领阶层,这是一个凭借自己知识与专业技术服务于社会而获取报酬的群体,虽然转型期因个人职业、机遇、能力、学历与环境而工资收入差异较大,但他们既因不处商海市场第一线而无需如资本家那样直接承担社会风险,又因有一技之长也无需如工人那样为衣食奔走操劳,相对而言,职

---

① 朱寿桐:《论作为中国现代文学中心的上海》,载《学术月刊》,2004年第6期,第73页。
② 邱明正主编:《上海文学通史》,上海:复旦大学出版社,2005年版,第603页。

业较为稳定,工资逐年递增,生活水平也稳中有升。"① 当时的大部分作家既不属于社会的中流砥柱,也不属于在贫困边缘上挣扎的下层。按照英国历史学家和诗人韦尔斯的说法,这样处于富豪与贫穷之间的经济状态正好适宜于造就伟大的艺术家。

从经济上看,30年代上海具有工商业文明的代表性语境。资本主义工商业是上海的经济基础和经济命脉。商业化、商品化是上海社会最基本的特征。"上海的经济在开埠以后是由转口贸易、对外贸易和金融业构成并启动的。商业始终是上海最传统、最发达、最深入人心的行业。据1935年调查,上海公共租界就业人口的职业构成如下:工业人口18.28%,商业占16.36%,银行、金融和保险业占0.95%"。② 作为上海文化中心的四马路同时也是商业繁华区。在上海建立的资本主义社会经济系统,已经具备了资本主义最本质的一些特征。它的资本主义生产方式"牵涉着一套独特的文化和一种品格构造"。上海比中国其他城市更快进入了以西方资本主义为模式的现代城市建设,并在20世纪"二三十年代'依靠引进现代要素'的积累","商业化、工业化、现代化的水平都达到了它的鼎盛时期"③,"成为全国经济最繁荣的城市,成为全国的金融中心、商贸中心、交通通讯中心、工业中心,并一跃而成为远东第一大都市、东方第一大港"。④ "到三四十年代,上海已以其400万的人口成为全世界最前列的五大或六大都市之一"⑤,"上海已和世

---

① 忻平:《从上海发现历史——现代化进程中的上海人及其社会生活》,上海:上海人民出版社,1996年版,第320页。
② 邹依仁:《旧上海人口变迁的研究》,上海:上海人民出版社,1980年版,第35页。
③ 李今:《海派小说与现代都市文化》,合肥:安徽教育出版社,2000年版,第14页。
④ 王文英主编:《上海现代文学史》,上海:上海人民出版社,1999年版,第2～3页。
⑤ 李今:《海派小说与现代都市文化》,合肥:安徽教育出版社,2000年版,第15页。

界最先进的都市同步了"。①

从政治空间来看,上海由于中央政府控制薄弱和特别的租界制度,形成了宽松的政治环境。一方面,使政治意识形态的控制对市民生活影响减弱;另一方面,市民获得一定程度的自治可能性,并且这种自治是建立在经济运行基础上的自发的参政形式,从而使得市民更加确信个体的力量、具有以人为本的精神,他们敢于创新、善于开拓,关注日常生活。1930年的上海,已经如同"万国建筑博览会",具有纵横交错的便利的马路交通,采取欧洲联排式格局沿街建造的廉价而实惠的里弄住宅。在广场、俱乐部、公园、游乐场、工厂、商店、马路、里弄等场所,人们在密集的交通和沟通中,形成了统一的生活方式、行为准则、价值观念和审美趣味。在这些共同作用下,市民价值观逐步形成,并在更大范围上得到整个社会的认可。

从文化层面讲,有资料表明,1931年的上海人口已经达到330万,在世界各大都市中名列第四。它的经济活力,大都市的物质文明使得"十里洋场"变成了"东方巴黎",西方的那些精神文化和生活方式,在这里与中国固有的文化相交接,形成了一个独特的文化存在。在文化上,它的特征是自我实现,即把个人从传统束缚和归属纽带(家庭或血统)中解脱出来,以便他按主观意愿造就自我。在品格结构上,它确立了自我控制规范和延期报偿原则,培养出为追求既定目的所需的严肃意向行为方式。正是这种经济系统与文化、品格构造的交融关系组成了资产阶级文明。② 这种资产阶级文明实质也就是工商业文化。

其次,上海在时间与空间上与传统的双重距离,是现代市民价值观一直被忽视的重要原因。1930年的上海被誉为是

---

① 李欧梵:《上海摩登——一种新都市文化在中国》,北京:北京大学出版社,2001年版,第7页。
② [美]丹尼尔·贝尔:《资本主义文化矛盾》,上海:生活·新知·读书三联书店,1989年版,第25页。

"远东第一大都市"、"东方的巴黎",她在当时中国的政治、经济、文化生活中具有举足轻重的作用。上海在这段经济高速增长期发生了巨变,它和整个乡土中国渐行渐远,制造出了堪称"异数"的上海文学景观。

从时间上讲,30 年代以前的上海,还处于早期的物质扩张和文化筹备阶段。虽然工商业的影响越来越大,但是受明清江南市民文化的影响,传统文明的色彩依然浓厚。二三十年代现代商业在上海崛起,都市化进程十分迅速。《海关中外贸易统计年刊》显示 1933 年和 1936 年上海直接对外贸易总值分别占全国外贸总值的 53.37% 和 55.56%,国内贸易更是遥遥领先。韩启桐《中国埠际贸易统计(1936—1940)》中记载,1936 年,上海贸易总值占全国的比例为 75.2%,到 1940 年,上海的贸易总值占全国总额已达到 88%。① 对外和国内埠际贸易有力推动了上海中小型工业(主要是轻纺工业、农副产品加工业和船舶机器修理业等)进一步发展,而且为上海都市的商业发展、市政建设与文化传播奠定了坚实的物质基础。在这一基础上,上海资本家群体阵容可观,职业群体迅速壮大。30 年代以后,随着工商业文明向市民生活的渗透,中外交流的增多,留学人数的增长,市民素质的提高,一种新的市民文化和市民道德逐步形成。从线性的时间发展角度来看,1930 年的上海经历了由量变到质变的一个飞跃。

从空间上讲,30 年代的上海凭借港口城市的优势,借助国外资本与租界势力,一举发展成为半殖民地中国的一块资本主义试验田。从上海金融业来看,30 年代中期,设在上海外滩的金融机构就有 180 余家,整个上海的金融机构达 300 家左右。②

---

① 陈立仪、钱小明:《建国前上海在全国经济中的地位》,《上海地方史资料》(三),上海:上海社会科学院出版社,1984 年版,第 16 页。
② 上海通社:《上海研究资料》,上海:上海书店出版社,1984 年版,第 243~245 页。

这些金融机构中大部分是外国银行。"它们同工业垄断资本融合在一起,成为金融资本统治的总枢纽,掌握中国政府的借款,控制财政;投资各项企业,吸收存款,发行纸币,操纵金银,独占外汇,控制中国的贸易和金融。"①外国金融资本带来了上海工商业的西方资本主义运作模式,同时也带来了上海经济体制的现代性质。城市近代化的要素之一,是居民与城市的关系。租界是按西方模式兴建起来的城市,西方已成习惯的市民意识也被带了进来。在租界的刺激和影响下,市政设施不断改进,市政管理不断完善,上海人近代市民意识也不断增强。而同时期,在上海背后的整个内地,依然持续着农业文明的传统,进行着缓慢的革新与发展。传统的中国城市,老百姓不问政事,而居住在城里的人,不具备近代市民意识,只是居民,不能算市民。上海以异质于传统文明的思路,凭借其宽松的政治环境与强大的消化能力,吸纳了国内大量的人才与财富。1930年的上海,以"飞地"的姿态与它背后的整个"乡土中国"遥遥相望。

虽然以上海为代表的现代工商业文明飞速发展,但由于"乡土中国"在时间空间上占有绝对优势。在中国,即使是领受近代城市训练的市民,也大多来自乡村社会(包括知识者本身),带着深厚的中国乡土文明经验,从而在上海构成了如罗兹·墨菲所描述的,一种奇特的亦新亦旧的"都市乡村"的文化景观。他们身在都市,但"真正的生活和真正的生命总是存在于城墙之外的"。②"中国传统文化的本质是农本文化,市民文化始终受到乡村文化的包围和制约。即使是倡扬理性原则和人文精神的新文化精英们,对都市文化和市民文化也多半是厌恶鄙夷的"。他们以传统的乡民价值观审视现代文明,看到的都市必

---

① 《上海地方史资料》(三),上海:上海社会科学院出版社,1984年版,第9页。
② 李欧梵:《论中国现代小说》,载《中国现代文学研究丛刊》,1985年第3期,第52页。

然是糜烂的、快速的、孤独的、冷酷的、物质的、功利的、充满道德批判意味的。这种感情是真实的,但是用传统的道德情怀来审视现代市民,是不公平的。要真正理解现代市民生产生活状态,就要回到市民价值观去。

第二节 三四十年代上海现代市民城市公共空间与日常生活空间

本节将主要从上海市民生活的两个层面:城市公共空间与日常生活空间两个微观层次来考察现代市民小说形成的物质基础。资本主义上升时期经济的繁荣体验把读者与作者的眼光都吸引到城市公共空间中去,形成了物质理性为基调的市民价值观。40年代战争的到来,使得30年代被公共生活空间的狂热掩盖的日常生活重新成为生存主题。

早在19世纪20世纪之交,就有社会学家西美尔等人对村落与城市进行比较,指出村落的社群里人与人直接交往,对彼此的工作、历史和性格都十分熟悉,他们的世界相对来说是可以预知的。反之现代城市则是陌生人的世界,人与人互不相识、互不相知,乡村的宁静平和为都市的喧嚣骚动所取代。城市公共生活空间和日常生活空间是市民有切肤之感的真实的生存环境。现代都市社会的空间职能日益分工明确。和传统的乡土社会娱乐休闲与日常生活混杂在一起不同,现代市民在舞厅、百货公司、跑马场等公共生活空间交往、娱乐、休闲、消费;在弄堂、石库门、公寓、洋房等日常生活空间过日子。它们是现代市民生活的两副面孔,以同等的重要性潜移默化地改变着现代市民价值观。在文学中,30年代的市民叙事可能倾向于表现公共生活空间,而40年代的市民叙事则把视线更多聚焦在日常生活空间上。但事实上,两者是同时存在、不可分割的,这种文学上的分野有客观社会原因。

首先，资本主义上升时期经济的繁荣体验把读者与作者的眼光都吸引到城市公共空间中去，形成了物质理性为基调的市民价值观。

30年代的城市公共空间形成一种以消费娱乐为导向的市民文化空间。30年代初到30年代末，随着上海现代贸易、航运、金融中心地位的日益显现和世界市场的逐渐形成，上海市民文化消费空间的结构发生了质的变化。建立在现代资本运作及其市场经营手段之上的、综合性、大型化、集约式的休闲娱乐场所出现了。最鲜明的体现是1915年"新世界"的建成开张，这种来自西方的大众休闲娱乐形式在上海的定位，被濡染上了中国乡村大型庙会的文化色彩。而百货公司，作为一种与近代大工业、大商业紧密结合的复合型消费空间，则把人们的文化体验引向了一种全新的关于"现代性"的体验。南京路又叫"大马路"，是旧上海的商业中心。位于上海南京路的先施、永安、新新、大新四大百货公司，作为中国近现代商业中枢，率先把西方资本主义的大型百货零售业与休闲娱乐业相结合，以现代商业为强大支柱构成了全新的消费文化社区，并且将现代商业与现代娱乐消费紧密结合在一起。先施百货公司屋顶花园里的饭店、酒吧、咖啡馆、旅馆，永安百货公司附设的大东旅社、天韵楼、游乐场，大新百货公司5楼的交谊舞厅，与商场内的BVD内衣、HOUBIGANT香水、FLORSHEIM鞋、FAB洗衣粉、康克令水笔、相机、留声机、录音机、自动汽炉等现代产品，以及象征着现代科技进步的自动电梯、冷暖空调等基础设施，共同构成了一个庞大、精致、新潮的消费环境和自足性的生活社区。1932年开办的百乐门舞厅，以当时国际最流行的美国ART DECO（阿黛可）建筑风格、考究的巴洛克式内部装潢和以现代科技为支撑的"弹簧地板"、"玻璃舞池"，成为当时男女"社交公开化"的重要载体。1933年，耗资百万金，配有美国RCA最新实音式有声电影放映机和最先进的冷气设施，2000个沙发座的大光明电影院落成。由著名捷克设计师邬达克设计的室内环境有"宽敞的艺饰风格的大堂,三座喷泉,霓虹闪烁的巨幅遮幕以及淡绿色的盥洗室"①。大光明以及奥登、卡尔登、恩派亚、夏令配克、中央、维多利亚、巴黎、上海、美琪、兰心等这些设施先进、风格各异的电影院或影戏院,成为当时上海"每日百万人消纳之所"。

大型购物中心、大型游艺场、现代影戏院、回力球场、跑马厅、跑狗场、舞厅,以及散落在南京路上的酒吧,与霓虹灯闪烁的楼景、街景,奔驰在大街上的新款劳斯莱斯汽车,构成了一种新型都市文化景观。在20世纪30年代,南京路与法租界的霞飞路、虹口的北四川路一起"组成了中国商业文化与娱乐文化的宏大图景,与大陆本土比较,它所包含的某种超前性是不言而喻的"。②可以说,"消费和娱乐是我们的都市文学的主要色调。大多数的人物是有闲阶级的消费者,阔少爷,大学生,以至流浪的知识分子;大多数人物活动的场所是咖啡店,电影院,公园;跳舞场的爵士音乐代替了工场中机械的喧闹,霞飞路上的彳亍代替了码头上的忙碌"。③1928年9月,刘呐鸥、戴望舒和施蛰存等人出版了《无轨列车》,在《无轨列车》的第3期《列车餐室》里说:"新闻纸说柏林、北平、上海间将有航空路了。地球上的一切是从有轨变为无轨的时间中。"现代化在加速摧毁传统的边界,在有力地改变着人们的时空感觉和生活态度以及审美方式。

30年代现代市民叙事中表现出对公共生活空间的极大关注。现代市民的公共空间叙事中,主要强调了公共空间的消费

---

① 李欧梵:《上海摩登——一种新都市文化在中国(1930—1945)》,第99~100页。
② 吴福辉:《都市漩流中的海派小说》,长沙:湖南教育出版社,1995年版,第14页。
③ 茅盾:《茅盾全集》,第19卷,北京:人民文学出版社,1991年版。

娱乐功能：交际、邂逅、恋爱、自我展示、情欲的温床。如刘呐鸥翻译横光利一在《七楼的运动》里描写的百货公司：百货店业主的放荡子久慈把七层百货店中的女店员看作自己的恋人。竞子是胴体，能子是头，容子、鸟子、丹子、桃子和郁子分别是他的肩膀和左右手足，他的"永远的女性"就是由他们聚集而成的。他每天的工作就是在这七层楼上下运动着，"一张张分着钞票"，所以他说"结婚我是不用的"①。在《都市风景线》中他多次描写行走在街道上的感受："我觉得这个都市的一切都死掉了。塞满街路上的汽车，轨道上的电车，从我的身边，摩着肩，走过前面去的人们，广告的招牌，玻璃，乱七八糟的店头装饰，都从我的眼界消失了。我的眼前有的只是一片大沙漠，像太古一样地沉默。"②"将近黄昏的时候，都会的人们常受妄念的引诱。都会人的莫欲使根街灯的灯光一块儿开花的。"③舞厅也是现代市民叙事关注的重点："忽然空气动摇，一阵乐声，警醒地鸣起来。正中乐队里一个乐手，把一枝JAZZ的妖精一样的Saxophone朝着人们乱吹。继而锣、鼓、琴、弦发抖地乱叫起来。这是阿弗利加黑人的回想，是出猎前的祭祀，是血脉的跃动，是原始性的发现。"④

纵观现代市民叙事，我们会发现在现代市民叙事的典型文本中出现的公共空间都集中在跳舞场、百货公司、宾馆、公园等娱乐场所，文本中的主人公也总是在谈情说爱。事实上，公共空间多种多样，其功能也多种多样，除了上面提到的以外，还有咖啡厅、茶馆等，而这些公共空间的功能，除了享乐、恋爱之外，还可以谈论国家大事、议论朝政、集会游行、赏文会友等。如果是后者，可能我们讲到的"公共空间"会更接近于哈贝马斯的提

---

① 刘呐鸥译：《色情文化》，上海：上海第一线书店，1928年版，第37～53页。
② 刘呐鸥：《都市风景线》，上海：上海书店出版社，1988年版，第4页。
③ 刘呐鸥：《都市风景线》，上海：上海书店出版社，1988年版，第172页。
④ 刘呐鸥：《都市风景线)，上海：上海书店出版社，1988年版，第6页。

法。但事实上,我们会发现,现代市民叙事对后者表现出一种疏离态度,总是把关注点放在这些消费娱乐空间上。这一方面表现了现代市民价值观对于物质的极度强调,另一方面也透露出现代市民更加注重以"生存"为本位,而缺乏关注国家民族的社会责任感与提升个人品位的精神需求。

现代市民叙事热衷描写的公共空间集中在歌舞厅、跑马场、电影院等缺少文化内涵的娱乐场所,却很少注意到咖啡馆、茶馆。即使在文中提到,也只是一个活动的背景,而不会像舞厅、跑马场等城市公共空间一样起到结构全文、塑造人物的作用。咖啡馆、茶馆可以说是更富有文人趣味与哈贝马斯所谓的"公共空间"雏形的文化场所,却不被现代市民叙事注意,从这也可以看出现代市民叙事的平面性质。现代市民叙事只是直观反映现代市民生活,缺少价值提升与哲理思考。它不受任何意识形态的控制,是一种商业性质的文学。

事实上,30年代的上海现实公共空间中,咖啡馆、茶馆是不可或缺的一部分。其中茶馆主要是传统的社交场所,[①]咖啡馆则和跳舞场一样,是城市现代化的产物,也是作家和艺术家经常光顾的地方。从作家的回忆录与一些相关记载来看,上海作家往往把咖啡馆当作朋友聚会的场所。张若谷、徐迟、鲁迅、郁达夫、田汉等人都是咖啡馆的常客。张若谷还专门撰文写道,咖啡馆是"现代城市生活的点缀"和"一个很好的约会地点",他把它和电影、汽车一起看成现代性的重要标志,认为它比后两者对现代文学的冲击还要大。[②] 鲁迅经常去著名的内山书店里屋和公共咖啡馆喝咖啡,会见年轻的崇拜者。田汉写

[①] 熊家良在《茶馆酒店:中国现代小城叙事的核心化意象》,《东南大学学报》(哲学社会科学版)2006年第5期,文中指出茶馆是小城文学的核心意象)。

[②] 张若谷:《现代都会生活象征》,《咖啡座谈》,上海:上海真善美书店,1929年版,第8页。

过戏剧《咖啡店之一夜》,此诗剧就是位于虹口的"公咖"。他为他的新书店"南国剧社"登广告时,宣称里面有一家咖啡馆,"女侍者的文学素养好,可以让顾客在喝咖啡的时候领略好的文学作品,享受交谈的快乐"。① 他在1926年编导的无声电影《到民间去》则以霞飞路上的DDS咖啡店为空间场景。田汉和夏衍、阳翰笙等在20世纪60年代还以怀旧的心情说起老上海的咖啡店是他们的时常光顾之地。② 但是这样一个适合文人清谈的地方却引不起穆时英等人的兴趣。不但在史料中很少有他们来此地消遣的记载,他们在自己的文本中对咖啡馆的兴趣也远远没有其他娱乐场所那么大。这其实就是现代市民的价值观在起作用。同样是城市公共空间,咖啡馆就承载了一定的文化内涵。在咖啡馆里,消费功能是次要的,精神交流是主要的。所以,现代文学中的咖啡馆往往出现在左翼与自由主义文学作品中。而舞厅、跑马场、宾馆等场所是纯娱乐消费的,不需要太高的文化涵养,任何市民都可以亲身一试。这些城市公共空间对意义的消解和普通市民的迎合,正契合了现代市民价值观的"生本位"思想。而现代市民叙事文本中咖啡馆这一公共空间的缺席,也从反面证明了现代市民叙事是在现代市民价值观指导下的、消解政治意识形态、拒绝精神高度的文学。

其次,40年代战争的到来,使得30年代被公共生活空间的狂热关注掩盖的日常生活重新成为生存主题。"如果把都市分为外在和内部两个区域,那么都市环境都是外部世界,而日常生活则是都市的内部肌理"。③ 日常生活空间成为文学的主要内容标志了都市空间从公共空间向私人空间的转移。它不仅是建筑和经济的移位,同样也是城市经验的移位。

---

① 张若谷:《咖啡座谈》,上海:上海真善美书店,1929年版,第24页。
② 海音:《现代文人与老上海的咖啡店》,《纵横》,1999年版,第11页。
③ 李楠:《晚清、民国时期上海小报研究——一种综合的文化、文学考察》,北京:人民文学出版社,2005年版,第192页。

1937年8月13日至11月12日,国民党军队与日本侵略者展开了激烈的淞沪会战,结果上海除租界之外全部落入敌手,租界史称"孤岛"。1941年前,上海租界的繁荣尚可维持,但已呈萧条势头,大批工商业者携带机器、资金进入汉口、重庆。1941年,日本向西方国家宣战后,日军进入租界,英美文化受到排斥,而上海经济也因割断了和欧美的联系,并被纳入日伪经济轨道而一蹶不振,使国际性大都市的地位岌岌可危。广大市民也把自己的注意力从喧闹奢华的城市公共空间转回到弄堂中的柴米油盐,市民生活的日常主题得以凸现。

　　上海市民的主要日常生活空间就是弄堂。在长达百年的岁月中,上海逐渐形成花园洋房(独立住宅)、公寓住宅、里弄住宅和简易棚户四类民居建筑。里弄住宅是最大多数普通市民的居所,是城市建筑的主体和上海市民文化的主要载体。弄堂由石库门房子组成,石库门是上海最典型的居民生活空间的建筑样式,源自19世纪末外国人为避战乱而涌入租界内的老百姓设计的房屋,后石库门房子成为上海近代史上一个独特时代的产物。其结构样式是把许多差不多一样的单体民宅连成一片,再纵横排列,然后按照总弄和支弄作行列式的毗邻布置,从而形成一个个社区。① "据估算,30年代上海约有20万栋石库门房子,至今仍有52%的市区人口居住其中"。② 可以说,弄堂是伴随着上海早期都市化进程而步入上海人社会生活中的主要居住样式与生活空间。建筑外部采取欧洲联排的形式,内部脱胎于中国传统的四合院。弄堂不仅是一种建筑样式,而且是时代和环境造就的人化空间和上海人生存环境的代名词。其

---

① 孙逊主编:《都市文化史:回顾与展望》,上海:生活・新知・读书三联书店,2005年版,第238页。
② 忻平:《从上海发现历史》,上海:上海人民出版社,1996年版,第418页。

建筑形式"中西合璧、土洋结合、实惠、功利、精细狭窄"。① 弄堂生活对居住者价值观有着潜移默化的影响。多年之后,王安忆充分肯定了弄堂生活对整个城市居民的精神构成的影响。她说:"站一个制高点看上海,上海的弄堂是比较壮观的景象。它是这城市背景一样的东西。"②

首先,弄堂生活是与舞厅、百货公司等公共城市空间截然不同的一种日常生活状态。它是浮华大街背后的平实生活、精心装扮的大街人生之外的私人空间,是都市人真实生活情态的展示舞台。现代都市的虚荣、多变、喧嚣等外在特质不得不让位于市井人生自在运行的节奏。张爱玲的现代市民叙事中,无数次描写过这作为都市居民生存背景的弄堂。都市无论多么大,但只有这些普通人的足迹所到之处才是属于他们的生活空间,否则就是"完全不相干",他们"不朝左看,也不朝右看","生命自顾自走过去了",他们看到什么,什么就活了。"只活那么一刹那",然后"一个一个的死去了"。弯弯扭扭阴暗狭小的弄堂,挨挨挤挤晾满衣服的阳台,拥挤着各色人等的小诊所。现代都市更是由无数的后院子、后窗、后巷堂连成的"无面目的阴阴的一片","整个世界像是潮抹布擦过的"。"街道两旁,阴翠的树,静静的一棵一棵,电线杆一样,没有一点胡思乱想。每一株树下团团围着一小摊绿色的树叶,乍一看如同倒影"。苏青《结婚十年》中的女主人公,刚来到上海,也没有如同30年代穆时英等人那般的震撼与热血沸腾,而是米面煤球,生火过日子。张爱玲笔下的都市代表不再是举止奔放、衣着时髦的现代都市女郎,而是踏实过日子的帮佣阿小。

其次,弄堂典型生活使得"浮华"让位于"生存",后者成为最重要的日常主题。"北京的胡同,上海的弄堂",弄堂是上海

---

① 高蕾:《旧情石库门》,葛红兵主编:《城市批评·上海卷》,北京:文化艺术出版社,2002年版,第203页。
② 王安忆:《长恨歌》,北京:作家出版社,1996年版,第3页。

以及上海文化的标志物,具有"浓厚的氛围气息"和"典型的地方色彩"。这里"住着典型的说'阿拉'话的人家,在过着典型的地道生活"。① 弄堂这个公共空间展示了大街风情之外的另外一种真实生活,"上海的弄堂是上海最真实和开放的空间,人们在这里是实实在在地生活着","这里像世故老人,中庸,世故,遵循着市井的道德观,不喜欢任何激进,可也并不把自己的意见强加于人,只是中规中矩地过自己的日子"②。弄堂空间本来是宽敞的,但是在历史与社会变迁中,原本安静的空间仿佛一夜之间就变得拥挤、嘈杂,常常一套公寓房子挤进三四家。为了在有限的空间里维持并获得可能的外延空间,争夺空间资源的使用权是弄堂里最常见的"权力争夺"。在张爱玲、予且、苏青等人的小说里,人们为了争夺生活空间和权力空间不断斗争,斤斤计较于几根萝卜几斤蔬菜,为娘姨烦恼为服饰伤心,正是这种日常生活情态的真实表现。弄堂多在上海人口密度最高的中心路段,因而上海人的文化性格,自然与其密切相关。这种建筑结构所体现的一种上海城市的文化模式是:个体直接而不是通过圈子与社区认同,个人在保存自己私有空间的同时必须面对一个敞开的公共空间。

同时,弄堂的日常生活空间连接着都市公共生活空间与外地移民,是催生现代市民与现代市民价值观的中转站。作为一个移民城市,上海人是由外国人、内地人等各方移民构成的一个多元共存的群体。不管来自何处,他们都会逐渐被上海现代市民价值观所同化,形成独特的上海现代市民的生存方式。要想在上海这个现代都市存活下来,就必须具有高度的宽容与认同性。弄堂、石库门、亭子间是传统的老上海建筑。"弄堂",曾经是上海各阶层人士、南北各方移民高度密集、混合居住的特

---

① 穆木天:《弄堂》,马逢洋主编:《上海:记忆与想象》,上海:文汇出版社,1996年版,第103~104页。
② 陈丹燕:《弄堂里的春光》,载《上海文学》,1997年3月号,第11页。

殊社区。一方面,它是移民文化的总汇,同时又是一个文化的交汇点。① 充满活性的上海社会结构体的细胞,弄堂社区的亚文化就好比集体电路块,既繁星般地点缀着各色文化元件,又将五光十色的都市移民熔焊成整块板块,从而催生出作为都市社会中介的广大市民群。② 里弄居民的流行文化——海派京剧、江南戏曲、广告喜报、通俗小说、流行小调、社会新闻——都是市民小说取之不尽的艺术营养。

上海还有一类型文学不得不提,那就是亭子间文学。需要指出的是,不是所有的亭子间文学都是具有现代市民价值观的文学。亭子间里居住的人其实大部分是这个都市的"寻梦者",他们的生活与文学、与真正的上海现代市民价值观还是存在一定的距离。一旦这些人融入了上海市民的生活,认同了他们的价值观,就远离了亭子间所代表的文化立场。亭子间是上海石库门住宅中最差的房间,位于灶间之上、晒台之下,高度一般不超过2米,面积在6～10平方米,租金便宜,环境逼仄。1938年,毛泽东在演讲中对延安作家进行了区分:"亭子间的人弄出来的东西不大好吃,山顶上的人弄出来的东西有时不大好看。有些亭子间的人以为'老子是天下第一;至少天下第二。'"从此"亭子间的人"和"山顶上的人"分别称为来自上海和苏区的文艺工作者的代称。李欧梵先生在《上海摩登——一种新都市文化在中国1930－1945》中分析了亭子间文学,认为"一个典型上海作家生活和工作的地方是所谓的'亭子间'""他们的住所不仅集中说明了上海作家的社会经济状况,而且也表明了他们的生活方式"③。但事实上,张爱玲先后住过淮安路(金康定东

---

① 孙逊主编:《都市文化史:回顾与展望》,上海:生活·新知·读书三联书店,2005年版,第238页。
② 孙逊主编:《都市文化史:回顾与展望》,上海:生活·新知·读书三联书店,2005年版,第238页。
③ 李欧梵:《上海摩登——一种新都市文化在中国1930－1945》,北京:北京大学出版社,2001年版,第40～41页。

路)上的旧洋房、凯纳路(今武定西路)上的凯纳公寓、赫德路(今常德路)上的爱丁顿公寓、派克路(今黄河路)上的卡尔登公寓(今长江公寓)。她的一篇散文《公寓生活记趣》刊登在1943年12月的《天地》月刊第3期,描述了她的日常居住环境。① 30年代的刘呐鸥是富家子弟,不但写作大量描写奢华都市生活的作品,而且据作家黑婴回忆,穆时英曾住过的北四川路(今四川北路)尽头幽静的花园坊的房子,还是刘呐鸥的房产。在黑婴的回忆中,穆时英曾经住在七浦路的一幢石库门楼房里,家有客厅;后居住在北四川路的虹口公寓,"这座公寓在30年代的上海,也数得上是较高级的了"②,所以,"20世纪20～40年代,在上海亭子间里居住的作家大多数是外来的寻梦者,无论从他们的生活方式抑或精神归属来看,与这座城市的'中心区域'距离甚远"。③ 但同时,亭子间作为上海市民日常生活空间的重要组成部分,它逼仄的生存环境与斤斤计较的生活空间也造就了很多表现上海市民生活情态与价值取向的文学,比如予且的《如意珠》、周天籁的《亭子间嫂嫂》等。

　　城市空间会影响到市民价值观的生成。空间"看起来好似均质的,看起来其纯粹形式好似完全客观的……它其实是一个社会产物",它"一向是被各种历史的、自然的元素模塑铸造,但这个过程是一个政治过程","真正是一种充斥着各种意识形态的产物"。④ 喧嚣开放的城市公共空间之于趋时求新的市民价值取向,逼仄狭小的日常生活空间之于"生本位"的市民价值选择,正是空间的意识形态性质的表现。空间环境结构,从建筑

---

① 叶中强:《从想像到现场——都市文化的社会生态研究》,上海:学林出版社,2005年版,第145页。
② 黑婴:《我见到的穆时英》,载《新文学史料》,1989年第3期,第143页。
③ 叶中强:《从想像到现场——都市文化的社会生态研究》,上海:学林出版社,2005年版,第145页。
④ 亨利·列斐伏尔:《空间政治学的反思》,包亚明主编:《现代性与空间的生产》,上海:上海教育出版社,2003年版,第62页。

学的角度而言,是城市的基本构成要素。传统的乡村是时间性的,它的变化来自于时间的腐蚀,而非空间的变迁。很多老人可能一辈子都没有看过山那边的天空,他们的生存只有时间的意义。而现代都市则是空间性的,在城市生活中,时间变得无足轻重,空间却显得至为重要。在市民生活的文化语境中,空间是既具有建筑学意义上的外在实体意义,又是现代市民价值观形成的重要的物质原因。

城市公共空间和日常生活空间是现代市民生活的两大空间,也是现代市民叙事的两大面孔。一个向外,一个向内;一个开放,一个私密;一个高蹈,一个平实。但是它们同时存在,不可分割。

首先,城市公共空间叙事和日常生活叙事是现代市民叙事的两副面孔,代表了现代市民叙事的两种倾向。通过对文学史的重新辨识,我们会发现:从物质基础上讲,30年代上海正发生着日新月异的变化,这种变化中最突出的就是城市公共空间的兴起,以及它在市民生活中所占的比重日益增大。对城市公共空间的关注,成为这一时期整个传媒和文坛的热点;从作家构成来讲,30年代活跃的市民作家往往是活跃于城市公共空间的单身男性,他们拥有交际空间的开放性与视野的广阔性,他们的公共空间叙事成为这一时期最突出的市民叙事,代表作家有穆时英、刘呐鸥、叶灵凤、施蛰存等。这一时期城市公共空间叙事的特征是:在内容上,城市公共空间日新月异的变化带来了现代市民对现代城市公共空间的震撼体验、隔膜体验和魔怪体验,形成了穆时英等人的现代城市生活建构性想象、一批男性市民作家的女性强势想象和施蛰存的都市妖魔化想象。城市公共空间本身即成为一个重要的叙述对象,一个庞大的隐喻系统。在叙事上形成了散点透视、空间化等特征。市民想象和叙事策略的改变实质上昭示了价值观的改变。城市公共空间的改变使现代市民形成了物质理性的现代价值观。物质理性实质包括两方面的内涵，一是物质至上，一是趋时求新。

30年代末40年代初，随着战争的爆发，上海经济受到一定打击。在战争阴影下，生存逐步成为市民生活主题。同时，随着都市化进程的深入，30年代给穆时英等作家带来震撼体验的城市公共空间建设已经不再能够引起张爱玲、苏青等市民作家的兴趣。在这种情况下，现代市民叙事的主潮发生转向，日常生活叙事日益扩大影响。这种日常生活叙事形成几大特征：首先，内容上关注日常生活，形成予且的家庭生活策略性想象、苏青的日常琐碎叙事、张爱玲的市民日常生活解构等。其次，叙事策略上，善于在封闭的日常叙事中形成大的张力，借用日常生活中的物质制造叙述效果。40年代的日常生活叙事突出表现了现代市民以"生"为本的价值观。

其次，虽然我们在文学史上可以梳理出比较清晰的纵向发展线索，但作为现代市民生活的两副面孔，城市公共空间叙事和日常生活叙事其实是同时存在、互相渗透的。20年代末予且已经涉足沪上文坛。但与穆时英等人不同的是，他从一开始就表现出了对城市公共空间的冷淡与对日常生活的关注。在穆时英、刘呐鸥等市民作家以一个都市摩登青年的身份和心境去体验城市公共空间给予现代市民的鲜活刺激的同时，予且却热衷于中国民间巫术文化，著有星相占卜方面的著作。正如当下的时尚杂志往往开设"星座命理"专栏，当时的予且就是一个满足普通市民日常娱乐需求的大众文化传播者。1931至1932年予且几乎成为《良友》杂志固定的随笔专栏作家。《良友》第61到71期几乎每期都有他的随笔。从"司饭之神"到"福禄寿财喜"，从"龙凤思想"到"天地君亲师"等，涉及的都是民间的日常生活问题。予且供职于上海光华大学，却对日新月异的上海城市空间不以为然，只是注目于石库门角落，孜孜不倦地描写石库门普通市民的日常生活，从而使得上海日常平民叙事与公共空间叙事共同构成了上海市民叙事的两个维度。

30年代予且已经开始了他的日常生活叙事,而穆木天、叶灵凤等作家也在描写城市公共空间的同时,写过关注日常生活的系列小品文。40年代的城市公共空间并没有从现代市民叙事中撤退,或者成为张爱玲、苏青小说中的背景(如《多少恨》中的电影院、《花凋》中的街道和百货公司等),或者与日常生活空间融合,演化成为私人派对(如张爱玲《沉香屑·第一炉香》)或家庭社交聚会(如张爱玲《留情》、令狐慧《漩涡》)等。但是由于时代主潮使然,30年代对城市公共空间的关注与咏叹遮蔽了日常生活叙事,而40年代日常生活的絮叨叙事又淹没了对城市公共空间的关注。

第三节 三四十年代上海现代市民传媒空间

上海现代市民叙事不但受到公共空间和日常生活空间的影响,更重要的还有当时的传媒空间。电影和杂志这些大众文化传媒的发展深刻影响到市民的休闲方式与思维习惯,也以强大的渗透力量对上海市民叙事起到了潜移默化的影响。李欧梵在《上海摩登——一种新都市文化在中国》中专门用一章的篇幅探讨了"上海电影的都会语境",认为"电影院既是风行的活动场所,也是一种新的视听媒介,与报刊、书籍和另外的出版种类一起构成了上海特殊的文化母体"。[①] 电影和杂志这些大众文化传媒的发展深刻改变了现代市民的休闲方式与思维习惯,也以强大的渗透力量对上海现代市民小说起到了潜移默化的影响。我们重点要分析的,一是以好莱坞为代表的电影媒介,二是以《良友》、《现代》、《万象》、《天地》等大众杂志为中心的平面媒体。

好莱坞电影在三四十年代风靡上海,它从叙事技巧到思维

[①] 李欧梵:《上海摩登——一种新都市文化在中国》,北京:北京大学出版社,2001年版,第97页。

方式都深刻影响了上海现代市民小说。广大市民观众对好莱坞审美趣味的偏好，与市民作家对电影叙事技巧的吸收都渗透进了趋时求新、关注世俗的现代市民价值观。

首先，好莱坞电影的大举进军上海，给上海的市民生活带来了新的面貌，深刻影响了市民的生活与思维方式。电影在现代市民中很有市场：1927～1937年，上海人口从264.1万人激增到385.1万人，人口密度大，人与人之间的关系是可以疏离的，因此，电影所提供的黑暗的私人空间适应了上海人交际和相处的需求。1931年3月16日《文艺新闻》创刊号以大幅标题报道："都市化与近代化的上海人之电影热。"文章分析道："上海在外国人的经营下，一切都倾近于都市化与近代化一般的社会人士，除跑狗、赌博、嫖妓等不正当游冶外，极少娱乐便利，于是促成了电影爱好之速度的发展。"和左翼电影相比，好莱坞电影更切合中国市民观众的胃口，"软性电影"虽然受到左翼的批判，但还是获得了广大市民观众的欢迎。从1908年上海修建第一座电影院起，美国片"几乎独占了当时和以后中国的全部银幕"。① 而当时美国好莱坞大片的主要题材是"性感女郎"和百万富翁的豪华生活，充满了市民文化的娱乐气息。针对好莱坞电影在中国市场的所向披靡，电影史上还曾经有过长达两三年之久的"硬性电影"和"软性电影"之争，从市民文化的角度来说，其实就是市民精神与左翼精神之争。"软性电影"论者认为"电影是给眼睛吃的冰激凌，是给心灵坐的沙发椅"，主张以"美的照观态度"，"寻找纯粹的电影事件"。② 从这里对受众的描述，我们已经可以看到当时主要的电影观众就是具有现代市民精神的市民阶层。三四十年代，看电影作为上海现代市民最重

---

① 程季华主编：《中国电影发展史》，北京：中国电影出版社，1980年版，第12页。
② 刘呐鸥：《论取材——我们需要纯粹电影作者》，载《现代电影》，第1卷第4期，1933年7月。

要的一项娱乐活动,深刻影响了现代市民的日常生活和价值取向。作为一种全新的艺术形式,趋时求新的现代市民作家当然首当其冲去感受电影的魅力,并与电影结下了不解之缘。当时的电影流行品味,一是远离政治斗争的日常生活表层描述,一是女体欣赏。著名的电影史家杰·莱达说:"中国观众喜爱传统,喜爱传统所代表的所有安全感和宁静感。"他指出:"这些旧题材在当时是那样受电影观众的欢迎,以至于我们都被迫关注逃避主义表层下的东西;为着买票者的意愿,我们得在两小时里遗忘那些重大的政治问题以及正降临到上海的巨大变动。"①30年代受欢迎的电影总体上都是"试图把一群多是非的观众带入善恶的基本冲突中去,这冲突就发生在日常生活的表层之下"。②对电影中女体的欣赏甚至影响到妇女杂志和画报,"在这些新近产生的《现代女性》形象和生活方式上,对电影的兴趣成了某种必不可少的礼仪"。③

当时很多市民作家都是影迷。穆时英在《我的生活》中描述自己"公式化了的大学生的生活"时说:"星期六便到上海来看朋友,那是男朋友,看了男朋友,便去找个女朋友偷偷地去看电影、吃饭、茶舞。"④徐霞村说自己"晚上的时间多半是消磨在电影院、戏院和胡同里面"。⑤施蛰存回忆他和刘呐鸥、戴望舒的一段生活时也曾经谈到,他们每天晚饭后就"到北四川路一带看电影,或跳舞。一般总是先看七点钟一场的电影,看过电

---

① 李欧梵:《上海摩登——一种新都市文化在中国》,北京:北京大学出版社,2001年版,第111页。
② 皮克威兹语,转引自彼得·布洛克《通俗剧象征》,纽约:哥伦比亚大学出版社,1985年版,第303页。
③ 李欧梵:《上海摩登——一种新都市文化在中国》,北京:北京大学出版社,2001年版,第101页。
④ 载《现代出版界》,第9期,1933年2月1日。
⑤ 孔令境编:《现代作家书简》,广州:花城出版社,1995年版,第105页。

影,再进舞场,玩到半夜才回家"。① 刘呐鸥和电影的密不可分的关系更是众所周知。施蛰存曾在《文艺风景·编辑室偶记》中介绍,刘呐鸥"平常看电影的时候,每一个电影他必须看两次,第一次是注意着全片的故事及演员的表情,第二次却注意于每一个镜头的摄影艺术,这时候他是完全不留心银幕上故事的进行的"。② 40年代名噪天下的女作家张爱玲1920年9月生于上海,她的青少年时代主要是在上海度过的。在这座现代中国电影事业最为兴盛发达的城市里,她从小就得以广泛接触中外电影文艺,与电影结下终生的不解之缘。在张爱玲的散文中,她描述过自己对电影的热爱,她甚至可以放弃去杭州旅游的机会,去看已经看过一遍的电影。张爱玲小说改编成影视剧的比率相当高,无论是在她走红的20世纪40年代,还是在她离开大陆赴港及美的六七十年代。而且她本身也直接创作了一些剧本,在自己的小说和剧本之间做了许多双向的改编工作。1943年9月,张爱玲在《杂志月刊》上发表了《倾城之恋》,1945年7月由她改编的同名话剧在上海公演,小说与话剧都大获成功。1947年编剧《太太万岁》、《南北一家亲》,由当时知名导演桑弧拍成电影面世。1947年5月,剧本《不了情》被改编成小说《多少恨》。1948年,小说《金锁记》被改编成电影剧本(未拍)。

其次,看好莱坞电影是现代市民的新型娱乐活动,电影中呈现出的都市图景和价值观念深刻影响了当时的现代市民叙事。30年代电影对现代市民叙事的影响更主要表现在技巧上。而到40年代,电影的思维方式已经深深渗透到了普通市民观念中,成为他们意识的一部分。现代市民叙事文本吸收好莱坞电影的叙事技巧,呈现出可视性、图像化的特征。他们甚

---

① 施蛰存:《我们经营过的三个书店》,《沙上的脚迹》,沈阳:辽宁教育出版社,1995年版,第12页。
② 载《文艺风景》,第1卷第1期,1934年6月1日。

至直接借用电影叙事方法来写小说:如刘呐鸥的《A Lady to Keep You Company》,被施蛰存称为"小说型的短脚本",还有叶灵凤的《流行性感冒》、禾金的《造型动力学》都把小说写成了分镜头脚本,以远景、近景、特写、字幕等画面形式的呈现来调整情节的时间流程,打破了时间的线性叙述,掀起了叙述革命。穆时英的《夜总会里的五个人》、《上海的狐步舞》等都可以看作不标镜头的分镜头脚本。这种具有空间性的小说文本线索不再是故事或人物的发展变化,而是无数个场景和画面的碎片。黑婴的《回力线》有"街景之一"到"街景之四"的插入。① 叶灵凤甚至直接把人物对男女角逐中败北的思绪,加以电影化处理:

远景　春的街。花。燕子。颤动的笑声。水银上升的寒暑表。

近景　竞技场,将近终点的激烈竞争的选手。

特写　记分牌:自己的名字,他的名字。

插入　落选的锦标:领带。

字幕　因为不喜爱你的那条领带,所以才想也买一条送给他的。

特写　捧着锦标的落选选手的悲容。

特写　蓁子的脸。

DI:　化成"她"的脸。

DI:　又化成逐渐移近来的蓁子的脸……②

电影深刻改变了现代人的生活,也深刻改变了市民小说的面貌,运动镜头、蒙太奇等电影手法被借鉴到文学表现中。而电影的情节模式、结构方式以及角色塑造也在小说中留下了深深的痕迹。一些市民叙事的情节构成与好莱坞电影也具有明显的同构关系。比如《红色的女猎神》就如同美国好莱坞娱乐

---

① 《回力线》,载《文艺画报》,第1卷第4期,1935年4月15日。
② 叶灵凤:《流行性感冒》,载《现代》,第3卷第5期,1933年9月1日。

片。小说开篇就是一个电影镜头:"波动着的人群里边,一袭红色披肩鲜艳地浮了上来。"先是一个大远景,然后推至要表现的中心事物上。女郎的出现如同摄影机的跟拍,"鬓边簪着一朵胭脂色的玫瑰。让九月的晚风吹着柔软的长发,在披肩下面飘荡着红纱的衫角,遒劲地扭动着腰肢,一位有着丰腴的身体和褐色的肌肤的小姐浴着一身潇洒的丰姿,从跑道那儿轻捷地跑了上来,一朵盛开的芙蓉似地"。从头发到衣衫到女郎身体的各部位以及她的动作,挨个地拍下去,最后成为一个大特写:丰满、健美、朝气蓬勃的女郎形象。跑狗场上的情景更有电影镜头的意味:"整齐的狗行列里边,李将军的阔嘴突了出来,再过一秒钟,看到它的耳朵了;在二百码的地方,它的两条腿也跑出来了;跑到三百五十码的地方,李将军的雄伟的剪影整个地出现在跑道上面!"形成一个充满运动感和节奏感的镜头。《上海的狐步舞》用电影的蒙太奇手法来连接画面。本来写工人被压死的惨状,接过来:"新的旅馆造起来了!把他的力气,把他的血,把他的生命压在底下,正和别的旅馆一样地,和刘有德先生刚在跨进去的华东饭店一样地。"下文马上出现华东饭店里的享乐场景,实现了极为自然的过渡。而华东饭店里打牌的人的话:"等一会儿抹完了牌请过来坐。"同时马上接上街角老鸨拉客的声音:"到我们家坐坐去哪!"通过相似的话语实现了截然不同的场景转换。借助电影的高科技手段,女性形象从神态、表情到身体都被放上了精密的"解剖台",每个细节都被无限放大。"全世界的女性是应该感谢影戏的恩惠的,因为影戏使她们以前埋没的美——肉体美,精神美,静止美,运动美——在全世界的人们的面前伸展"。[①]刘呐鸥认为:"除了些形式上及技术上的差别之外,文学和影片在组织法上简直可称为兄弟。"1933 年 4 月他在《现代电影》1 卷 2 期上的《Ecranesque》一文中

[①] 葛莫美:《电影和女性美》,载《无轨列车》,第 5 期,1928 年 11 月 10 日。

说:"最能够性格地描写着机械文明底社会的环境的,就是电影。"楼适夷在他的《上海狂舞曲》一文中,写到:"都会风景恰如变化无绝的 Film。"①

40年代最重要的市民小说家是张爱玲。电影对张爱玲的影响已经不仅仅在叙述手段上,而是深刻影响到了日常思维模式和价值观念上。张爱玲青少年时期大部分时间生活在上海,当时的上海被誉为"中国好莱坞",她在小说中经常描写主人公呼朋引伴去看电影,而她也是酷爱电影之人。作为一个作家,她的写作生涯也是从写影评开始的,在《沉香屑》、《倾城之恋》等成名作发表之前,已有相当数量的影评问世。成名之后的张爱玲又创作了大量电影剧本。《不了情》和《太太万岁》都大获成功。吴小如发表在1947年的天津《益世报·文学副刊》上的《读张爱玲的〈传奇〉》写道:"平凡的故事,以传奇笔墨出之,十九像好莱坞的电影脚本。"②

在张爱玲的小说中,随处可见对电影与生活出神入化的融会描写。《桂花蒸·阿小悲秋》中讲阿小晚上睡觉的时候听到楼上新婚夫妻吵架,户外风雨交加。"死寂中的一阵哭闹,再接着一阵风声雨声,各不相犯,像舞台上太显明地加上去的音响效果"。这让她想起以前去看电影,"电影里一个女人,不知怎么把窗户一推,就跨了出去;是大风雨的街头,她歪歪斜斜在雨里奔波,无论她跑到哪里,头上准有一盆水对准了她浇下来。阿小苦恼地翻了个身,在枕头那边,雨还是哗哗下,一盆水对准了她浇下来。她在雨中睡着了"。电影已经和人生水乳交融。《鸿鸾禧》中描写婚礼的一幕色彩与音乐交相辉映,正是电影场面的再现:"乐队奏起结婚进行曲,新郎新娘男女傧相的辉煌的

---

① 载1931年6月1日—8月1日《文艺新闻》第12—22号,因作者生病,小说未能全部刊出。

② 《张爱玲的风气——1949年前张爱玲评说》,济南:山东画报出版社,2004年版,第59页。

行列徐徐进来了。在那一刹那的屏息的期待中有一种善意的、诗意的感觉;粉红的、淡黄的女傧相像破晓的云,黑色礼服的男子们像云霞里慢慢飞着的燕的黑婴,半闭着眼睛的白色的新娘像复活的清晨还没醒过来的尸首,有一种收敛的光。这一切都跟着高升发扬的音乐一齐来了"。傅雷先生在《论张爱玲的小说》一文提到过"节略法"的运用,认为"这是电影的手法","巧妙的转调技术"。①

好莱坞电影在现代市民小说与广大读者之间建立起了有益的桥梁。现代市民小说反映了好莱坞电影传达的价值观念,同时借助好莱坞电影的流行也获得了大量读者。而读者由于对好莱坞电影的熟稔,也顺畅接受了形式前卫的现代市民小说。从叙事形态上讲,好莱坞电影蒙太奇的叙述手法、跳跃明快的节奏、特写推移镜头等影像技巧的运用使得现代市民进入了全新的艺术世界,也使得他们在接受穆时英等人的现代市民小说文本的时候,能够消除陌生感,顺畅接受这种看似先锋的表现形式。虽然穆时英、刘呐鸥等人的现代市民小说文本不断被研究者认为是现代主义的先锋小说,但不可否认,当时他们的创作极受欢迎,是能够被广泛接受的大众化文本。广大读者能够熟悉并喜欢这种具有先锋性的艺术形式,与现代市民小说技巧与好莱坞电影叙事技巧有很大的相似之处不无关系。同时,随着城市的膨胀与商业的发展,现代市民生活空间日益延展。他们可以毫不困难地在同一个城市空间目睹各种不同阶层的生活方式,也必须接受来自商场、杂志、宣传等各方面的欲望诱惑。这种生活使得现代市民欲望膨胀却难以实现。节奏紧凑、压力巨大的生活使他们不得不寻找某种情绪的出口。好莱坞电影其实是一种成人的白日梦,它以类型片的形式创造了种种成人童话,以满足现代市民在日常生活中不能实现的幻

---

① 傅雷:《论张爱玲的小说》,《张爱玲文集》,合肥:安徽文艺出版社,1992年版,第490页。

梦,以抚慰他们的精神世界。这种想象性描述也影响到了现代市民小说。穆时英等人笔下的现代都市生活的乌托邦建构、张爱玲笔下构筑的种种城市生活幻梦,都是这种白日梦的变形。体现了市民小说的大众文化特征,市民价值观也通过这种想象性描述得以呈现。

三四十年代的上海传媒已经非常发达,在其影响下,逐渐形成了一个具有相似阅读层面的市民群体。期刊为了迎合广大市民读者而走大众化路线,反映普通市民价值观。反过来,现代市民价值观也通过现代传媒这一有力的途径影响更多受众,形成一个道德趋同化群体。

首先,三四十年代的现代市民作家的文学写作与传播都与当时的市民刊物有着不可分割的关系。期刊是文学作品发表的媒介空间。30年代的上海市民刊物,具有先锋性特征,从观念到技法上都热衷于先锋实验,具有明显的趋时求新特征。典型的刊物有《紫罗兰》、《小说》、《金屋月刊》、《新月》、《妇人月报》、《无轨列车》、《现代》乃至生活刊物《良友》等,此外还有众多电影画刊和妇女杂志。1941年12月9日日本发动太平洋战争,侵沪日军占领先前由英、法、美等国控制的苏州河以南上海租界区,从这时起至1945年8月15日日本投降的3年零9个月,是上海的沦陷期。这一时期,上海先后出版的文学期刊有40余种,其中在1942年、1943年还一度呈现繁荣局面,但都呈现出向传统和日常回归的趋势。主要刊物有《古今》、《天地》、《人间》、《春秋》等。

《现代》创刊号短篇小说首篇就是穆时英的《公墓》;第1卷第2期是穆时英《偷面包的面包师》、施蛰存《薄暮的舞女》、杜衡的《怀乡病》;第1卷第4期是穆时英《断了胳膊的人》;第1卷第5期是杜衡《人与女人》;第2卷第1期是穆时英《上海的狐步舞》、刘呐鸥《赤道下》、叶灵凤《紫丁香》;第2卷第3期是叶灵凤《第七号女性》;第2卷第4期是穆时英《夜总会里的五个人》;第3卷第1期五月特大号是穆时英《本埠新闻记事栏废稿中的一段故事》;第3卷第5期九月号有叶灵凤《流行性感冒》;第4卷第4期是叶灵凤《忧郁的解剖学》、穆时英《pierrot》(上);第4卷第5期有穆时英《pierrot》(下);第5卷第1期有杜衡长篇小说《再亮些》、穆时英短篇小说《烟》等。穆时英在《现代》上共发表小说11篇。1926年《良友》创刊,最初由伍联德、周瘦鹃先后执编,1927年3月后梁得所接手主编,对内容进行了彻底革新。1930年《良友》率先从铜版印刷转为影写版印刷。穆时英的《黑牡丹》(74期)、施蛰存的《春阳》(76期)、叶灵凤的《朱古律的回忆》(85期)都发表于《良友》。张爱玲是长期看《良友》的,沈从文曾撰文大骂《良友》,说它登"女校皇后"照片,"制造上海胃口",①也从侧面说明了当时《良友》的巨大影响。施蛰存1929年9月编《新文艺》,第二年终刊。施蛰存、刘呐鸥、穆时英的小说有不少在这里发表,穆时英的《咱们的世界》,就是施蛰存从自由来稿中发现的。当时红极一时的《良友》画报主编梁得所,是一个新派青年。1934～1935年,他主编《小说》也发表了大量的海派新作,间或有左翼作品,风格活泼多样。他以自觉推行"大众小说"为己任,不过他理解的"大众"是新一代都市青年读者。稿件主体是穆时英、黑婴、禾金的流行小说,《小说》封底的广告画上讲:《今天天气很好(这话不能说两次)》,画一位男士带领女友迈向标有"大众小说文化"牌子的路上。说明词写道:"你想会谈话,先要有谈话的资料。而最富有谈话资料的,就是爱读杂志的人。"这种宣传方式和《良友》如出一辙,体现了刊物的实用性方向,这种试图引导新的现代生活方式的"生活政治"企图,正是市民社会的特殊标志。叶灵凤、穆时英主编的《文艺画报》(1934～1935)虽然名为"画报",但实际以"文字"为主。这本杂志发表过穆时英、叶灵凤、

---

① 沈从文:《郁达夫张资平及其影响》,《沈从文文集》,第11卷,第143页。

黑婴的小说,而且有中外文坛、戏坛、画坛、影坛的消息报导,信息量很大。1936年高明、姚苏凤、叶灵凤、穆时英、刘呐鸥等5人合编《六艺》,颇有穆时英、刘呐鸥遗风的禾金文章即发表于此。1938年5月创刊的《杂志》,中间一度停刊,1941年复刊,从整个上海沦陷一直延续到1945年止,先后由吕怀诚、吴诚之编辑。它以通俗读物为旗帜,鸳鸯蝴蝶派作品和市民小说在这里很有市场,张爱玲、苏青、予且都在此发表作品。当时销量很广,有"万份以上"。① 1940~1944年顾冷观主编《小说月报》,由联华广告公司出版部出版。开头4期由鸳鸯蝴蝶派文人包揽,自第5期开始,周楞伽、丁谛、予且等开始发表作品。1941年7月创刊的《万象》,由陈蝶衣执编,后来陈蝶衣和平襟亚闹翻,由新文学作家柯灵接编。《万象》极为推崇张爱玲等一批作家的作品。1946年马博良主编《小说》推出了东方蝃蝀的作品。1946~1949年,汪波(沈寂)、汪本朴主编《幸福》,新人施济美、令狐彗、曾庆嘉都在此发表作品。《幸福》的定位是上海有知识的主妇和未来的主妇们,比较实用生活化,办刊思路类似于今天的时尚杂志。它面向"太太"和"小姐"(专设"小姐之页"),把新潮小说如施继美的《凤仪园》与热门电影、畅销书、时装、家政知识混为一体,同时,还进行《幸福》撰稿作家手迹的有奖猜测活动,有作家明星化的趋势,具有鲜明的商业性。

其次,我们看一下上海的文字传媒和读者是如何形成互动,并推动现代市民价值观的形成与凸显的。这些杂志都非常懂得迎合广大市民读者的需求,形成杂志与读者的互动。很多报刊图文并茂,以适应广大现代市民读者趋时求新的阅读口味。不少报纸创办了画报或摄影类副刊,如《申报》的《图画周刊》、《大公报》的《每日画刊》、《时事新报》的《图书与画学》、《新闻报》的《图画附刊》、《晨报》的《图画晨报》、《新闻夜报》的《摄

---

① 刘心皇:《抗战时期沦陷区文学史》,台北:台北成文出版社,1980年5月版,第34页。

影艺术》等；同时，一些文艺和综合类的"画报型的杂志"也涌现出来，如《良友(图画杂志)》、《妇人画报》、《文艺画报》、《幸福》、《小说》、《文艺》等，这些刊物"以画为主、文字次之"，或作者自写自画，或者让摄影、漫画等占刊物极大比重，表现出"读图时代"的基本特征。如《幸福》声明，要办成一种"画报型的杂志"（见1946年5月25日《幸福》第2期编者的话）；《文艺画报》中速写、木刻、漫画、摄影等占了很大比重。《小说》、《文艺》等都精心配上郭建英、黄苗子的现代画风的插图，作者自写自画也很盛行。黑婴的《当春天来到的时候》，图画和文字占同样的比重，形成良好的视觉享受。

  为了吸引读者，同时也为了适应市民读者更注重物质的实用主义需求，大部分杂志都放弃纯文学追求，而呈现出泛文学倾向。当时发行量巨大的《良友》就是泛文学的，到40年代，几乎所有的海派刊物都为了扩大读者面，步入了文化综合型的模式。《万象》的性质被归纳为八个字："时事科学文艺小说。"小说只是调味料其中的一种。陈蝶衣编的《春秋》，长篇小说之外便是"时间性的记述与知识的介绍"，[①]不但有衣食住行各种生活类常识，还有电影戏剧的介绍。40年代红极一时的期刊《天地》吃透了市民文化消费心理，完全依靠市场规则来运作。在《天地·发刊词》中苏青写道："《天地》的作者处不限于文人，而所登文章也不限于纯文艺作品。""执笔者不论是农工商学官也好，是农工商学官的太太也好，只要他们（或她们）肯投稿，便无不欢迎"。她提倡"以凡人的眼光去写普通人的日常生活"。此外，苏青还说自己"原是不学无术的人，初不知高深哲理为何物，亦不知圣贤性情为何如也，故只求大家以常人地位说常人的话"。从发刊词可以看到苏青对于稿件文学方面的诉求并不严格，而是以满足市民精神需求、获得利润为最终目标。

---

① 陈蝶衣：《编辑室》，载《春秋》创刊号，1943年8月15日。

同时，他们也注重与读者的互动交流。刊物开设读者信箱的方法被普遍采用，或者用"编后记""编辑座谈"的形式与读者开辟对话渠道。它鼓励读者参与刊物的编辑甚至写作，许多刊物开辟专栏发表在校学生的文章。如《万象》设"学生文艺选"，《小说月报》设"学生文艺"，《万岁》公布"读者文艺习作奖金"简章。施济美、汪丽玲、沈寂等就是从这种学生栏目中涌现出来的。主编《天地》的苏青颇为精明，一见《天地》第1期畅销，立即于第2期上登出广告：只要预交100元，就可以成为基本订户，可享受每期杂志八折优惠，以此来汇集周转资金。在第3期上苏青又花样翻新，举行命题征文。第4期（1944年元月号）则推出"新年特大号"，除增加篇幅外，更添铜版纸1页，用以刊登在《天地》上写文章的作家照片，这些举措迎合读者心理，增加读者与刊物的互动，极大调动了读者的阅读兴趣。

期刊在适应大众要求的同时，也发挥传媒力量引导广大市民读者，将现代市民价值观逐步渗透人心。上海传媒历来具有商业化、大众化倾向，是贴近整个市民大众阶层的。他们的办刊方针往往是市民价值需求的反映，而他们的风格导向又会左右市民的价值选择。从总体来看，30年代的市民期刊呈现出远离政治、注重娱乐的消费特征，40年代的市民期刊则呈现出生存本位、琐碎日常的世俗特征。

期刊是一个时代的晴雨表。翻开20世纪第三个十年的上海杂志，就可以发现当时上海的流行时尚是消闲、游戏、娱乐、言情。从《妇人杂志》到《良友》、从《紫罗兰》到《现代》都呈现出一种软性消费面貌。30年代的中国文坛，占有显赫位置的是以鲁迅、茅盾等为代表的左翼文学；其次，是以巴金、曹禺、老舍等为代表的民主主义文学。而《现代》并不追随这些文艺潮流，立足于现代文学的主要发生地上海，推出大量描写上海现代市民生活的作品，鼓励上海现代市民精神的呈现。同时，《现代》是以市场为导向的消费性刊物。它以广大读者为衣食父母，必然要求《现代》上刊登的文章是符合广大市民审美品味的。施蛰存在《重印全份〈现代〉引言》中曾说:"我和现代书局的关系,是雇佣关系。他们要办一个文艺刊物,动机完全是起于商业观点。但希望有一个能持久地刊物,按月出版,使门市维持热闹,连带地可以多销些其他出版物。我主编的《现代》,如果不能满足他们的愿望,他们可以把我辞退,另外请别人编辑。因此,在这样的情况下,我的《现代》绝不可能编成为一个有政治或文艺倾向性的同人杂志。"上海的市民素质相对较高,能够接受先锋性的现代主义文学。据不完全统计,《现代》都市作品中情爱题材占了80%,作品中洋溢着生活的原汁原味,多是市民喜爱的"轻文学"。如穆时英《本埠新闻编辑室里一札废稿上的故事》就把新闻当传奇来写。大众传媒"传播着必要的价值标准……提供了效率、意志、人格、愿望和冒险等方面的完整的训练"。①通过大众传媒提供的文化语境,一种新的都市生活方式逐步形成,上海市民大众"比之北京萧散、悠闲的市井人群,感觉上海人更精明、更时尚、更洋派,具有商业社会的一切特征"。②

40年代随着战争的逐步深入,生存日益成为时代主题,平和务实的办刊风格逐渐取代了30年代的激进求新。对都市外部物质空间的强调逐步让位于平民日常生活。具有鲜明的生存本位意识的现代市民价值观影响日益扩大。

40年代爆发太平洋战争,整个中华民族处于生死存亡的时候,上海市民社会依然在惯性与历史的基础上向前发展。当时上海由于它的特殊地位成为"孤岛",又一度沦陷。沦陷期间,日伪对文化传播进行了严密的控制,形成了低气压的战争空气。面对生存的巨大威胁,市民却具有巨大的生命力,他们的日常生活没有因为政局的混乱而中断,反而还能在朝不保夕

---

① 马尔库塞:《爱欲与文明》,上海:上海译文出版社,1987年版,第68页。
② 杨义著、郭晓鸿辑图:《京派海派综论》(图志本),北京:中国社会科学出版社,2003年版,第240页。

的生活中寻求到柴米油盐的乐趣,从而形成了以日常生活为主题的,具有鲜明的消费性、世俗性与功利性的市民文化。重视物质,执着现在,以经济利益为出发点,一切以生存为第一要义。1938年以后,随着抗日战争的爆发和国内形势的巨变,现代文坛的通俗化潮流迅速兴起。全国文艺界抗敌协会推举张恨水为理事,新文学家主动向传统通俗作家发出"团结御侮"的信号。鲁迅在《答徐懋庸并关于抗日民族统一战线问题》中声称:"文艺家在抗日问题上的联合是无条件的,只要他不是汉奸,愿意或赞成抗日,则不论是叫哥哥妹妹,之乎者也,或鸳鸯蝴蝶派都无妨。"①新文学家的这种转调,使得上海市民叙事获得相对宽松的生存空间,使市民叙事的文学发展与接受都进入了一个黄金时期。这种变化也表现在文学期刊中。上海近现代的新文学、新文化刊物,不少是从老牌的鸳鸯蝴蝶派刊物改造而来的,比如《小说月报》就是从一个老牌鸳鸯蝴蝶派刊物,经由1921年沈雁冰的改变,从而成为"五四"新文学的第一份文学专刊;到30年代初,由于商务印书馆毁于"一·二八"战火而停刊;1940年,在旧派文人顾冷观主持下,《小说月报》再度复刊。他"适度向改革前的《小说月报》'复辟',适度向王钝根时代'还魂'"②,也因此,有的新文学史家不承认此次是《小说月报》复刊,而只是顾冷观"袭用旧名"。③ 40年代初《小说月报》这种定位的转向暗示了市民化潮流的强劲。

这一时期,上海大多数刊物都向通俗化、市民化移位,比如《小说月报》、《万象》、《春秋》、《天地》、《风雨谈》、《古今》、《大众》等,从观念到笔法都不再激进,市民价值观表现得更为深层和绵长。这些刊物主持人不少为旧派文人,如陈蝶衣主编《春

---

① 鲁迅:《鲁迅全集》,第6卷,北京:人民文学出版社,1991年版,第530页。
② 许道明:《海派文学新论》,上海:复旦大学出版社,1999年版,第316页。
③ 钱理群、温儒敏、吴福辉:《中国现代文学三十年》(修订本),北京:北京大学出版社,1998年版,第541页。

秋》，顾冷观主编《小说月报》，钱须弥主编《大众》，他们代表了具有传统市民价值观的市民叙事，而张爱玲、苏青、予且、谭惟翰、丁谛、施济美、潘柳黛、东方蝃蝀等具有现代市民观念的市民作家的大量出现，表现了当时市民叙事的新旧掺杂。这些具有现代市民价值观的市民叙事也因为小说体式的特别，被当时的评论家予且称为"新鸳鸯蝴蝶体"。实际上，这是因为大家只模糊看到他们共同的对市民生活的关注，却没有意识到他们在价值观念上的根本区别。

伴随着40年代这批刊物的陆续推出，现代市民价值观逐步取得重要地位。《万象》创刊不久就开辟专栏讨论"通俗文学"问题；1941年复刊的《杂志》，以写通俗文学为号召，公开推动鸳鸯蝴蝶派和市民派的合流；《天地》也明确表态，要为"引车卖浆者"服务。这场运动一方面表明了市民作家自觉扩大自己文学领地的努力，另一方面也暗示着现代市民价值观的逐步推进：他们开始在现代市民价值观指导下重视凡俗人生，张扬凡人琐事的书写价值，在普通市民人生领域中重建自己的叙事模式。《万象》是当时影响最大的月刊，一出版就很抢手。第1期在第1个月内就再版3次，在11期时，销量已达到了25000册，而当时一般杂志能够销售5000册已经是奇迹了。另一个有重要影响的是《大众》月刊。《大众》月刊不提"小花草"或"忠于现实"，而提出"永久的人性"。在《发刊献辞》中，他们提出："我们愿意在政治和风月之外，谈一点适合于永久人性的东西，谈一点有益于日常生活的东西。我们的谈话对象，既是大众，便以大众命名。我们有时站在十字街头说话，有时也不免在象牙塔中清谈，我们愿十字街头的读者，勿责我们不合时宜，也愿象牙塔中的读者，勿骂我们低级趣味。"

《天地》是上海成为沦陷区期间发行的一种具有文学色彩的文艺月刊，它为40年代的上海市民营造了一个典型的市民文化空间。《天地》为16开本，每期30余页，创刊于1943年10

月,主编为冯和仪(苏青)。苏青亲任编辑,并自办天地出版社办理出版发行。该杂志一创办,就取得不俗成绩。创刊号出版于1943年10月10日,出版后马上就需要增添印数(首印3000册,又增印2000册),"至15日始有再版本应市,但不到两天,却又一扫而空,外埠书店闻风来购,经售处无以应命者仍比比皆是"。而读者反应方面,"在出版后短短的20余天里中,编者共计收到信247封,稿123件,皆为陌生读者诸君所投寄,特约稿件及友朋通讯概不计算在内"。《天地》是沦陷时期上海具有代表性的散文专刊之一,1945年抗战胜利,该刊于本年6月出版,第21期后停刊。当年漫画家文亭为上海女作家画像,张爱玲的形象为"奇装炫人",而苏青则是"辑务繁忙",可谓风华一时。

《天地》属于小品文类型的杂志,其中设有随感录,即每期开篇的"谈天说地"、小说、散文小品、书评(主要是读书随笔及文史随笔)、人物志、风俗考、掌故等栏目,主要撰稿人除了张爱玲、苏青等女作者,还有周作人等新文学的老作家,秦瘦鸥、予且等通俗作家,女性文学研究者谭正璧等,还有更多的就是一些才子型的小品文作家,也是当时华北、华东沦陷区最流行的散文作家,如周越然、周木斋、谢刚主、柳雨生、文载道、纪亢德、纪果庵等,另外还有少数身份特殊的权贵文人:周佛海、周幼海、陈公博、胡兰成、朱朴等。它不同于《古今》"古墓般沉寂的旧的文字",也不同于《万象》"万花筒般比较闹的新潮的文字"。① 纵览《天地》,主要讲述世俗话题,文风有鲜明的不避俗世、爽直大胆的苏青风格,刊登"生育问题专辑"、"衣食住特辑",大谈市民感兴趣的男人女人、柴米油盐。梁文若在《谈天地》(第6期)中也说:"《古今》上的文字大多是比较严肃的,《天地》上的文字大多是比较轻松的。各有所长,无分轩轾。"在这些文字中我们可以明显辨认出世俗性、消费性、功利性的市民

---

① 谢其章:《张爱玲书影——一个人的杂志史》,载《书屋》,2004年版,第75~77页。

文化特征。"很多学富五车、腹笥身后的文士,似乎都在尽可能地放下架子,写那些比较贴近世俗生活的作品"。① 在杂志中谈女人、谈服装、谈衣食住行、谈俗世的乐趣、谈名人逸闻,说的是"过日子的实惠,做人的芯子里的话"。②

上海的大众传媒一直秉承商业化立场,迎合广大市民读者。这些期刊的主要撰稿者也直言不讳地将物质本位、生存本位的市民价值观娓娓道来。上海的都市繁荣带来了市民阶层的庞大,市民阶层的庞大又决定了其在文化消费市场中的主体地位,同时也决定了市民的阅读媒介——报刊的通俗化倾向。吴福辉认为:"海派作家本质上是一种报刊作家。""因为海派须臾离不开现代文明产物之一的报刊,他们是依附于报刊为生的一群。""海派如要以文学谋生,把小说'卖'给报刊先行发表,或者干脆自编刊物'推销'作品,是很自然的事。"③上海的现代传媒业一直具有商业化传统。20世纪初开始盛行的鸳鸯蝴蝶派虽然还保有旧道德,但已经具有现代传媒意识,自觉以商业化、大众化的目标指导运作。鸳鸯蝴蝶派作家大多是报人出身,如包天笑长期任《时报》记者,周瘦鹃是著名的《申报》"自由谈"和《礼拜六》杂志的编辑人,张恨水早年在芜湖办过报。报纸的巨大行销量使文人可以依靠稿费作"稻粱谋",报刊与市场的紧密联系,也使得文人的创作日益贴近世俗生活,具有商业气息。鸳鸯蝴蝶派作家可以说是中国第一代职业作家。到 40 年代,《万象》在一年中,就同时连载予且的《金凤影》,丁谛的《长江的夜潮》,张恨水的《胭脂泪》,冯蘅的《大学皇后》等 8 部长篇小说。一些作家为了便利,不满足于给报刊写稿,甚至自编刊物

---

① 张晓春:《编后记:苏青及其"天地"》,《天地》,上海:上海社会科学院出版社,2004 年版,第 313~316 页。
② 王安忆:《寻找苏青》,《上海文论》,1995 年版,第 62~65 页。
③ 吴福辉:《作为文学(商品)生产的海派期刊》,载《中国现代文学研究丛刊》,1994 年第 1 期,第 2 页。

刊登自己的作品,如张资平办《乐群》,苏青办《天地》。苏青毫不避讳自己写作为"稻粱谋"的目的:"这时候上海已成为沦陷区,所谓正义文化人早已跟着他们所属的机关团体纷纷避往内地去了,上海虽有不少报章杂志,而写作的人数却大为减少起来,我试着去投稿,自然容易被采用了。我投稿的目的纯粹为了需要钱。……我预备把卖稿当作一个短时期的生活方法,不久以后仍希望能有固定的职业,有固定的收入可以养活自己和孩子。"①1944年《杂志》第11卷第1期有一幅题为《著作者》的漫画说:"稿笺也买不起了,饿着肚子,如何写得出文章来?"第5期刊登"出版文化诸问题"专辑,潘柳黛在《我的感想》中感慨万千地说:"我吃文化饭已经三年了,三年来的感觉,就是这碗饭越来越不容易吃。……'扩大作者群'这样的呼声,在今日荒芜的文坛上,是当前急务……提高稿费,固然是急不容缓的,但'财货两交'也是应该予以提倡的,因为现在物价直线上升,瞬息万变。"②

　　大众传媒"传播着必要的价值标准……提供了效率、意志、人格、愿望和冒险等方面的完整的训练"③。通过大众传媒提供的文化语境,一种新的都市生活方式逐步形成,新的市民价值秩序也逐步生成。期刊在适应大众要求的同时,也发挥传媒力量引导广大市民读者,让现代市民价值观逐步渗透人心。上海传媒历来具有商业化、大众化倾向,是贴近整个市民阶层的。正是这种商业利益的追求和经济上的压力,使上海的传媒没有贵族化,也没有诗人气,而是实实在在谈论老百姓关心的话题,制造娱乐与流言,以广大的市民读者为衣食父母。他们只有切中肯綮地反映市民心态才能有稿费赚,也只有迎合广大市民的

---

① 苏青:《苏青小说集》,合肥:安徽文艺出版社,1996年版,第323~324页。
② 潘柳黛:《我的感想》,载《杂志》,第11卷第5期,第38页。
③ 马尔库塞:《爱欲与文明》,上海:上海译文出版社,1987年版,第68页。

价值取向才能在市民中间获得声誉。所以，经过市场选择能够真正存活下来的作家与期刊都是真正体现市民价值取向的，而他们对这种价值取向的彰显在某种程度上又引导了广大市民的价值选择。

第二章 市民想象:三四十年代上海现代市民小说的内容构型

王德威在《想象中国的方法》中曾说:小说之类的叙事问题,"往往是我们想象、叙述'中国'的开端","小说不建构中国,小说虚构中国"。① 本尼狄克特·安德森"臆想的共同体"理论也表达了同样的看法。我们对于某个对象的叙述往往掺杂着想象成分,而这个想象与事实之间的差异才是最有意义的。现代心理学认为,探究一个人话语与行为的矛盾处可以获得此人的真实性格。在文学上亦然。研究想象建构出来的形象,并寻找想象与事实之间的脱节处,可以看到叙事者的真正写作意图。现代市民想象,就是从这一想象与事实的错位中间看到现代市民价值观是怎么表现出自己的生命力的。

三四十年代的上海现代市民小说给我们呈现了一个独特的接近于中产阶级的市民世界。在经济上,他们更彻底地依赖现代工商业文明,并且自身就处于这样的商业经济关系中;在政治上,他们与国家政治保持一定的疏离姿态,更加关注世俗生活,致力于处理日常生活出现的问题;在精神上,他们显示出趋时求新的特性,秉承物质理性观念,坚持生存为本,具有人本主义的思想。他们不再是中国传统的夹杂了乡民与市民的混合价值观念的小市民,而是具有现代市民精神的中产阶级

---

① 王德威:《想象中国的方法》,上海:生活·读书·新知三联书店,2003年版,第1～2页。

市民。

三四十年代的上海市民小说从三个角度向我们呈现了不同类型的市民想象。文学家派克(Burton Pike)认为可以从三个角度描绘城市:"从上面","从街道水平"(street level),"从下面"。① 同理,描绘现代市民也可以有这三种角度。"从街道水平"上观察,是指将自己身处其中,爱市民所爱,恨市民所恨,投入他们的悲欢离合中,喜悦悲伤都是自己的切身体会,具有平面的认同的市民立场,比如予且、苏青、周天籁、徐訏、无名氏等人;"从下面"观察,是指发现市民的潜意识与内心黑暗,发现市民生活繁华外表下的真正心理境遇,比如施蛰存和一些左翼作家;"从上面"观察,指站在市民生活之外,用局外人的眼光看待城市中的芸芸众生,作者身处其中,又脱离其外,或用具有超越性、虚构性的乌托邦想象,或用悲悯眼光抚慰城中人,保持清醒的批判意识,比如穆时英、刘呐鸥、张爱玲等人。

第一节 三四十年代上海现代市民生活的平面想象

一、三四十年代上海现代市民平面想象的不同文学类型

平面想象是三四十年代上海现代市民想象的起点,也是对市民生活最普遍的一种想象形式。它从"街道水平"的角度描摹生活,没有透视,也没有超越,只有深切地认同与投入。它是现代市民想象的第一个层次,也是最容易被广大市民读者接受的一个层次。

(一) 予且:上海石库门市民日常生活的策略性想象

斯宾诺莎曾经说过:"在日常生活中我们寻求最大程度的

---

① Burton Pike:The Image of the City in Modem Literature Princeton, N. J: Princeton University Press, 1981, p33~39.

可能性；在思辨思维中我们寻求真理。"①予且的市民日常生活策略性想象，就是利用文本告诉我们，在日常生活中，我们不能解决理想，只能解决实际的问题；我们不能改变人生，只能有限度地改变有限的生活。既不心生幻想，也不批判现实，而是沉湎于日常生活，致力于当下人生，具有典型的平面特征。

　　现代市民生活策略式想象，体现了予且务实的人生态度与"生本位"的价值选择。予且摆脱了现代市民小说热衷描写男女情爱的格局，关注日常成年人的生活主题，致力于解决现实生活矛盾。表现出将世俗人生作为研究对象，把世俗情理与为人处世作为最高哲学的"生本位"的现代市民价值观。在日常婚姻格局中，予且善于描写成年人家庭生活中遇到的种种矛盾。他把生活看成俗世的艺术，危机出现，然后用聪明的方式将其化解。予且曾宣称自己："只替朋友解决事实，不解决理想。"在这种消解了价值取向的以"生存"为本的态度下，予且的市民小说致力于疏通男女之间的关系，他让男女双方充分表达自己的观点，在不断的沟通中寻求化解两性矛盾的合适途径，以达到彼此的谅解。比如在《辞职》中，予且描写了一个娜拉式的妻子。丈夫阻止妻子晚上外出，妻子抓住丈夫"一个人本有一个人的自由"的话柄，指控丈夫。丈夫面对妻子愤怒的挑衅，一面靠神游平息自己的情绪，一面用自己轻松的态度化解妻子的怒气。后来，他的解决方式也是予且式的，丈夫顺应妻子的愿望，辞职赋闲。虽然新的矛盾又同时出现，无聊开始困扰他，但这已经是另一场危机，予且会用新的方法将其化解。新感觉派往往喜欢用戏剧化的手法，把矛盾推向高潮，然后戛然而止，用一种激烈的方式还原生活的紊乱状态，予且却是用一种平和的心态看到了紊乱对于日常生活的意义。生活必然为琐屑的烦恼所占据，这是宿命。聪明的人要聪明地生活下去，就要接

---

① 阿格妮丝·赫勒著：《日常生活》，衣俊卿译，重庆：重庆出版社，1990年版，第180页。

受这种生活状态。冲突会以新的方式继续下去,解决矛盾的过程就是我们的一生。予且是达观而且明智的。

予且的现代市民小说往往在物质与道德发生冲突的时候,选择物质,而让道德让步,表现出物质理性的价值观。在予且的短篇集《七女书》的札记里,他申明自己的观点:"有时因为物质上的需要,我们无暇顾及我们的灵魂了。而灵魂却又忘不了我们,他轻轻地向我们说:'就堕落一点吧!'……魔鬼虽然引导我们去看满眼的繁华,但不能保证我们在繁华的当中能享受着快乐。"《向曲眉》中女主人公丈夫无能、婆婆孀居、姑姑小叔待养。在战乱和物价高涨时期,向曲眉不得不卖身于从小就对自己居心叵测的葛老伯,而这种行为竟然得到了婆婆的默许与感激。《寻夫记》甚至宣扬妻子在受丈夫冷落的时候,不妨去兼作情人,争回自己失去的权利。可见,道德在现实生活面前已经让位于金钱,商品经济的交换意识已经逐步渗透到了日常生活领域,并逐步改变了现代市民的价值观与道德观。"生本位"的思想甚至比道德观更为重要,这是市民价值观日益强大并且蚕食精英精神的重要表现。

(二)苏青、周天籁满足窥私想象的市民小说

苏青的市民小说往往有一个自叙传的框架,而周天籁的《亭子间嫂嫂》用文人转述的方法描写了亭子间嫂嫂的个人日常生活,也具有传记特征。他们的市民小说都具有平直单纯的特点。不采用花哨的技巧,也没有思想的追求,而是真实描摹现代市民的日常生活。一方面他们自叙传式的描写满足了广大市民读者的偷窥想象;另一方面,两人作品中日常生活的逼真与恳切也最大限度满足了广大市民读者的日常生活想象,在阅读的同时引发感同身受的切身体验。他们的市民小说,是真正出自于市民又满足市民阅读想象的写作,和市民生活没有距离感。

苏青、周天籁平直单纯的现代市民小说表现出了"生本位"的现代市民价值观。苏青的文字纠缠于平凡琐碎的日常生活,

脱不了柴米油盐和儿女情长。"样样都是读者所离不开的,都紧贴市民的生活体验,像是从市民心底生长出来的,知心知肺,知冷知热,如张爱玲所说代表着'物质生活'和人生'常识'"。①《结婚十年》中认为平凡而琐碎的日常生活就是生活的意义所在。女主人公为柴米油盐勤恳而认真地活着,明白夫妻之间"没有狂欢,没有暴怒,我们似乎只得琐琐碎碎地同居下去"。女主人公苏怀青虽然上过学,读过书,了解新式女性的权利,但还是具有市民式的世俗立场。《亭子间嫂嫂》也体现出浓厚的"生本位"思想。在顾秀珍眼里,只有生存是第一位的,道德、志气等一切虚的东西都要让位于生存。顾秀珍是一个精明的妓女,她清楚知道妓女是吃青春饭的职业,要努力挣钱以赢得生存的金钱,赢得年老色衰以后生活的费用。顾秀珍也有从良的机会,想过"嫁一个堂堂正正的生意人",只是她自知已经习惯相对奢华的生活,眼界又广,手腕又高,嫁一个普通男人,没有办法给她想要的生活;如果嫁一个大老板,肯定是三妻四妾,也无法获得幸福。要养活自己,只能把私娼这个职业做下去。

苏青和周天籁的小说都具有以人为本的观点,表现出对普通小人物的世俗关怀。苏青在她的散文中曾经提出"俗人哲学"。她打破了传统道德的是非观,并把自己的道德观称为"俗人哲学",即以俗人的立场和生存需求作为道德的出发点,来衡量评价真假利害。这实质也就是市民"利己不损人"的道德观的典型表现。她笔下的女性也往往具有这种追求个体幸福,从生存立场出发的价值选择。《蛾》中的明珠,在"要防空"的夜晚,在世界像死了一样、连房间里也黑暗得令人"不安"的夜晚,依然躺在小屋里等待着男人的到来。她极度焦渴地呼喊:"我要……!我要……!我要……呀!"她不顾一切地说:"欲望像火,人便像扑火的蛾,飞呀,飞呀,飞在火焰旁。"这种直接的欲望的呼喊体现出赤裸裸的人性力

---

① 张全之、程亚丽:《苏青与四十年代市民文化》,载《德州学院学报》,2001年第9期,第38页。

量,正是苏青对真实人性的坦白。《亭子间嫂嫂》也具有真正的以人为本的情怀,塑造了一个具有复杂人性的妓女形象。为了生存,顾秀珍周旋于各种男人之中,她时而贪婪辣手,敲诈嫖客的钱财毫不留情;时而又侠义柔情,流露出下层社会女性的善良天性。她讲究职业道德,要让客人花得开心,花得心甘情愿,花得值得。这个聪明泼辣、伶牙俐齿的暗娼,从文字里鲜活地跳出来。她欺诈的只是那些行为恶劣的嫖客,而对对她有恩的先生,她念念不忘,甚至愿意为他花钱。在这个黑吃黑的社会中,她的手腕,她的计谋,往往只是保护自己生存的一种手段。

  苏青和周天籁都直言不讳自己的物质至上观念。张爱玲论苏青时说:"生在现在,要继续活下去而且活得称心,真是难,就像'双手劈开生死路'那样的艰难巨大的事,所以我们这一代人对于物质生活、生命的本身,能够多一点明了与爱悦,也是应当的,而对于我,苏青就象征了物质生活。"①苏青笔下的人物都生活在动荡乱世的惶惶氛围之中,在无法选择的时代里,对物质保持着适度的宽容与爱悦态度。在男女情爱关系中,本应纯情的少女,变成了早熟精明的都市女郎,婚姻不过是生活的保障,恋爱是得到保障的手段,所有的真心交付都只是一场无聊做作的人性游戏。《亭子间嫂嫂》远离政治,表现出一种物质至上倾向。《亭子间嫂嫂》中顾秀珍的第一次"婚姻"便是由于薛景星丧失了家庭经济的来源而告终的。亭子间嫂嫂曾经痴情于他,"失去了这个客人,宛如失去一只胳臂的痛苦……"然而一旦没有了钱的支撑,一切也就淡薄了,两厢分离也是必然的事,而顾秀珍甚至宁愿恢复卖肉生涯也不愿意勉强自己。最后顾秀珍怀孕,想用钱来笼络一位"父亲"——江韩汀,挽回无辜孩子的命运,但是当她的钱被挥霍殆尽后,江韩汀就远走高飞了。物质欲望是操纵他们命运的最大力量。

---

① 张爱玲:《张爱玲文集》,第4卷,合肥:安徽文艺出版社,1992年版,第228页。

（三）迎合市民世俗想象的都市知识分子写作

徐訏和无名氏是相对特殊的两个作家。他们并不能完全算作现代市民作家。因为他们的作品大部分是纯文学的，探究生命的奥秘与生存的哲学。他们博古论今、学富五车，文章风格多变，出入于雅俗之间，游离于制度之外。徐訏因他的《鬼恋》、《风萧萧》、《一家》、《赌窟里的花魂》，无名氏因他的《北极风情画》和《塔里的女人》，都毫无愧色跻身于现代市民小说代表作家的行列之中。他们成功的秘诀就在于恰到好处地迎合市民读者的世俗想象，从水平的角度描摹都市生活中辗转在情爱里的男男女女，在高雅的内核之外加以通俗的包装。他们生性高雅，但不妨碍拥有物质理性的市民价值观，在俗世中获得自己的声名。

徐訏、无名氏的创作内核实质是高雅的。但他们并不局限于自己的知识分子身份，而是游刃有余地游走在高雅文学作家与通俗文学写手这些不同的文化身份中，这正是他们趋时趋利、求变求新、善于变通的现代市民价值观的表现。

徐訏、无名氏有良好的中西方文化教养与学术背景，继承的是"五四"以来的精英文化传统，但他们对"五四"启蒙精神的继承不是以革命者的批判姿态完成的，而是把目光投向底层，通过对最基本的人生状态的关注，来表达自己对人生的思考。他们的小说不断描写现实与理想之间的断裂与对人生"美"、"善"的精神性渴求。如徐訏的《风萧萧》中一段海上繁华梦的描写充满了对自我存在的焦虑与对现实人生意义的终极追问。无名氏的《塔里的女人》和《北极风情画》中的主人公在负罪与被爱中，都选择了前者。这种自觉的原罪意识具有明显的现代主义色彩，超越了世俗人生的边界。但这样一些充满着哲学意蕴与精神追求的小说却同时具有通俗的形式与迎合市民理想的布局。除此以外，徐訏的《一家》看上去如出予且之手，而《赌窟里的花魂》则带有新感觉派的余韵，体现了他多样的创作才能。徐訏不但从幻想中寻求生活答案,也在对大众的偏执的感情下不断寻求写作的最佳方式。这也是现代市民趋时求新、善于变通的一种表现。

徐訏、无名氏的现代市民小说具有理想化的超现实特征,这种迎合广大市民审美趣味的想象特征是在现代市民物质理性的价值观引导下的创作心理。徐訏、无名氏的小说都注重描写人物的容貌举止,塑造完美的男女主角,安排喜剧性的惊艳场面和利用感情误会推动故事发展。这些写作特征与晚清的才子佳人小说和民国初期的哀情小说异曲同工。在他们的小说中,人物大多具有超凡脱俗的气质,男子个个英俊潇洒、风度翩翩,女子则人人美艳绝伦、光彩照人。但他们也因过于完美、过于超凡脱俗,而丧失了人间烟火气。无名氏的《北极风情画》和《塔里的女人》具有现实生活中少有的唯美情调,《海艳》中讲述的爱情故事浪漫至极,男女主角都与现实毫无牵连,要钱有钱,要貌有貌,要才有才。他们的爱情无人强迫也无人牵制,充分体现了一种真空式的市民想象。

徐訏、无名氏的小说迎合市民的特征还表现在叙事模式化上。他们的小说具有相似的通俗化叙事模式:小说的叙事结构常常是一个有头有尾的故事,事件的矛盾往往单线进行,按照物理时空推进。故事中有时加入倒叙、梦境、心理活动,但并不妨碍情节线索的清晰完整。他们的小说均形成一种社会现实与个人梦想之间的悖理式结构,二者之间总有一个个人不可把握的"天堑"。徐訏的《风萧萧》被李辉英认为有"红楼梦"的结构模式。"用传奇式的形式美,以贾宝玉式的男人必为若干女人所喜的爱情,织结成奇幻虚渺的故事引人入胜","纵任空虚幻想的奔放……使那些每天奔忙于敌机轰炸下的小市民像是寻到了一角乌托邦"。① 1943 年起,《风萧萧》连载于《扫荡报》,一时让许多读者为之倾倒。"风萧萧兮易水寒,壮士一去兮不

---

① 李辉英:《中国现代小说史》,香港:香港东亚书局,1976 年版,第 269～270 页。

复还",书名即取自这慷慨悲壮的千古名句,用以形容书中一群地下工作者与日本侵略者之间的斗争。具有某种政治意味的题材,却被改写成为美女加间谍的畅销故事。故事在"一切都有政治色彩的国际上海展开",美女俊男多角恋爱,疑云密布的间谍生涯,柔情与铁火交织,美色与智勇辉映,既缠绵又惊险,使人爱不忍释。但同时这种理想化的市民想象也呈现出一种刻意迎合市民趣味的痕迹。无名氏的小说则往往是以"梦境"或"追忆"的方式结构,如《塔里的女人》,先以旁观者视角揣测着一个奇人,设置一个悬念;继之换以当局者视角,切入小说主体部分,采取奇人自述的方式,回忆其前尘影事,倾吐其喜怒哀乐,体悟其忏悔和空幻,通过内心自白缩短了人物和读者的心理距离。尤其是小说主体部分还有自白中的自白,因小说是男主角的自述,难以直接敞露女主角的心扉,便以大段日记加以敷衍和弥补。故事讲完后又以汉姆生的话加以哲理升华,升华不足,还写觉空见"我"要出版其稿子,愤然挥拳打"我",使"我"猛然觉醒。这种类乎"黄粱一梦"或"南柯一梦"的境界,真幻交织,扑朔迷离,袅袅升起一层爱怨皆空、荣辱无常、人生如梦的烟雾,以一种传奇性的叙事手法表现出知识分子精英的自我表现向广大市民读者阅读口味的靠拢趋势。

二、平面想象与现代市民价值观

现代市民小说平面想象在 40 年代受到广大市民读者的欢迎,这些现代市民作家的成功之处在于恰逢其时迎合了广大市民的价值选择与审美趣味,他们是真正来自于市民又为市民写作的作家。

这几位现代市民作家的小说都是读者共同参与想象的作品,在物质理性基础上的迎合读者的写作策略是他们作品大受欢迎的重要原因。在当时他们的作品颇受欢迎,而读者的反馈也使他们不断调整着自身的创作方向。予且在 40 年代一度走红,与他一直以来秉承的市民生存立场得到了当时市民群体的高度认同有很大关系;苏青曾被誉为"上海文坛上最负盛名的女作家",①读者是苏青的衣食父母,她不吝于调整自己的写作去适应市场;周天籁的《亭子间嫂嫂》是一部读者参与创作的作品。在它的创作过程中,一开始是创作者个人创作理念的展示。到后来,便成了广大市民的集体想象。《亭子间嫂嫂》本来早就可以结束,由于读者的欢迎与对亭子间嫂嫂的同情,作者不得不一再给予作品中人物改变命运的机会,改变原定的结局;徐訏、无名氏在40年代创造了出版界的奇迹,也是由于他们才为乱世中的市民读者营造了一个脱离现实的奇诡幻梦。虽然审美意识和趣味是多样的也是多变的,但其审美要求和价值取向还是有一种主导趣味存在,那就是源自民间的现代市民价值观。正是因为这些现代市民生活的平面想象忠实反映了正在转型中的现代市民价值秩序的改变,他们才能获得如此多市民读者的接受与欢迎。姚斯指出:"在文学史显现的背后,作家与作品之间的客观联系,都是由创造或接受主体造成的……文学史的主人将不仅是作家作品,它还应该将读者放在一个显赫的位置上去。"②这些现代市民作家对市场的关注和对读者的迎合,一方面符合文学创作的规律,另一方面也受现代市民物质理性的驱使。他们以一个知识分子的深度写作具有世俗色彩的市民小说,从本质上泄露了他们的市民立场。

40年代上海的战争背景使得"生存"成为市民生活主题,对日常生活的关注与日俱增。"生本位"价值观的普遍,给予且、苏青、周天籁、徐訏、无名氏等这些关注世俗人生的市民小说家的作品受欢迎提供了广泛的社会基础。上海在整个"乡土中国"的背景下,提前实践着现代化的转型,并在城市中形成一

---

① 金宏达、于青:《张爱玲文集》,合肥:安徽文艺出版社,1992年版,第391页。
② H·R·姚斯、R·C·霍拉勃:《接受美学与接受理论》,沈阳:辽宁人民出版社,1987年版,第65页。

个稳固的很难受国家制约与时政干扰的市民文化结构。相对于发展缓慢的整个中国来讲,这种社会心理结构是一种异质,这种稳定的社会心理结构也很难被外来入侵所打断。所以40年代爆发太平洋战争,整个中华民族处于生死存亡的时候,上海市民社会依然在惯性与历史的基础上向前发展。当时上海由于它的特殊地位成为"孤岛",又一度沦陷。沦陷期间,日伪对文化传播进行了严密的控制,形成了低气压的战争空气。面对生存的巨大威胁,市民却具有巨大的生命力,他们的日常生活没有因为政局的混乱而中断,反而还能在朝不保夕的生活中寻求到柴米油盐的乐趣,从而形成了以日常生活为主题的,具有鲜明的消费性、世俗性与功利性的市民文化。市民的价值观是重视物质,执着现在,以经济利益为出发点,一切以生存为第一要义。予且、苏青等现代市民作家关注日常生活、消解意义深度的市民小说创作契合了他们的阅读心理。

现代市民在以人为本价值取向下,试图用生活的实在来对抗生存的虚无,是现代市民小说平面想象被广泛接受的心理基础。现代市民小说以对日常生活细节的关注与俗世的津津乐道消解了广大市民对生存威胁的恐惧。虽然40年代的上海并非战场,但是前线战报与日伪的恐怖气氛时时提醒着战争的存在,使日常生活的人们具有强烈的生存危机感。战争对国家民族的命运造成了巨大的威胁,生活在沦陷的都市中的市民虽不能亲身感受战场的气氛,无法言说政治,却也生活在战争的阴霾下。在个体生存也遭受显而易见的威胁之时,人们自然而然会重新关注太平岁月中被忽视被遗忘的生活的碎片。正如张爱玲所说:"人是生活于一个时代里的,可是这时代却在影子似的沉没下去,人觉得自己是被抛弃了。为要证实自己的存在,抓住一点真实的,最基本的东西。"[①]于是,在家园沦陷的恐惧

---

① 张爱玲:《自己的文章》,《张爱玲文集》,第4卷,合肥:安徽文艺出版社,1992年版,第173~178页。

下,下层民众,特别是都市市民,更容易陷入对世俗生活的流连与迷恋之中,试图通过对世俗生活津津乐道的体验,消解对未来的恐惧。人们较少思考日常生活的精神意义,而是执着于在具体生活中发现俗世生活的乐趣,通过日常生活的真切与琐碎消解掉生存的虚无与迷茫。现代市民小说家在他们的文本中较多传达了市民的物质理想、情感理想和人格理想。正如陈思和所说,像《亭子间嫂嫂》一类的通俗作品"似乎更加本质地制约了上海这个城市里的大多数阅读趣味",①而无名氏等作家则是"用一种新的媚俗手法来夺取广大的读者"(司马长风),他们通过对现代市民生活的平面想象抚慰人心,表达了芸芸众生简单的物质理想与人生态度。

第二节 三四十年代上海现代市民灵魂的深度想象

深度想象是三四十年代上海现代市民小说想象的第二个层次。它以"从下看"的角度深入现代市民的内心世界,揭示它们在现代都市生活中恐惧与不安的心理、欲望与理性的挣扎。正因为这种想象是来自灵魂的,所以是容易被遮蔽和被忽视的。本节主要论述施蛰存和部分左翼作家对三四十年代上海现代市民灵魂的深度想象的揭示。

一、隔膜体验和施蛰存的妖魔化想象

在《都市感与现代主义的出现》一文中,雷蒙德·威廉斯展示了现代与城市之间的共生关系是怎样通过五个连续的步骤,被历史地、概念性地重构出来。其中第三个步骤他提到了想象的客体性与新生的主体性之间的对抗,威廉斯把这种主体性称

---

① 陈思和:《论海派文学的传统》,载《杭州师范学院学报》,2002 年第 1 期,第 5 页。

为城市的"隐蔽性"和"不可穿透性"。① 这种错综复杂、神秘幽深的状态在施蛰存笔下得到了很好的表达。

　　施蛰存是一位善于以"从下面看"的视角进行创作的作家。所谓"从下面看",也就是透过浮华都市的表面,关注生于其中的市民的内心世界,表现他们价值秩序的深层波动,紧紧抓住城市之心。施蛰存的现代市民妖魔化叙事有两大类型,一种是发生在现代都市,一种是发生在历史时空。虽然故事背景不同,但都深刻表现了具有现代市民价值观的现代市民的心理状态。这种妖魔化的市民想象一方面来自于施蛰存对现代城市公共空间的隔膜体验,另一方面来自于他本人的知识结构和文学经验。

　　在"以人为本"的基础上,现代市民小说关注内心的倾向发展到极端,就形成了施蛰存的现代市民妖魔化想象。施蛰存善于以表面上的都市生活为基础,探讨在现代都市空间中形成的变态、怪异的心理,他甚至自称走入"魔道"。实际上它是借用这种妖魔化的诡异构思表现当时市民对于迅速崛起的野兽般都市的隔膜心态,具有人性的真实。《魔道》中"我"把玻璃窗上的一个小黑点当成了森林中身穿黑衣的妖妇的幻觉揭示了"我"潜意识中的恐惧;《旅舍》中的主人公在旅馆黑暗的房间中不断产生的各种幻觉揭示出人在现代生活中感受到的恐惧、孤寂和不安。这些心理已经不是传统乡土中国具有稳定生活方式的农民能够理解的,而是一种典型的现代市民的情绪。"在这类作品中,透过表面在上海的中产阶级心理,他时而制造出一种歌德式(Gothic)的魔幻意境,时而用一种极主观的叙事方法描写潜意识中的色欲(Eros)、外界的感官刺激,以及内心的压抑问题",②虽然在当时看来,这种构思诡异、行为变态的小说

---

① 雷蒙德·威廉斯(Ray mond Williams)著:《现代主义的政治》(Politics of Modernism),阎嘉译,北京:商务印书馆,2002年版,第37~47页。
② 李欧梵:《现代性的追求》,上海:生活·读书·新知三联书店,2000年版,第113页。

看似远离了时代主潮,但他却是从另外一个角度反映了现代市民对新生都市的隔膜心境。施蛰存在《〈梅雨之夕〉自跋》中谈到《夜叉》的写作过程:"一天,在从松江到上海的火车上,偶然探首出车窗外,看见后面一节列车中,有一个女人的头伸出着。她迎着风,张着嘴,俨然像一个正在被扼死的女人。这使我忽然在种种的联想中构成了一个 plot,这就是《夜叉》。"飞驰的列车、迎风的女人,在穆时英、刘呐鸥等人的话语体系中可能更多象征着机械与力的赞美、欲望的高扬,然而在施蛰存的想象中,却是一种垂死的、令人恐惧的暗示。这从另一角度表明了现代市民内心深处对城市的隔膜与排斥。

公共空间的异己感使施蛰存的文本中表现出对现代市民生活的疏离,但从情感与人性体验上,他的作品已经明显表现出现代市民价值观。在《春阳》等作品中他表现出现代市民价值观的物质理性观念与具有现代市民精神的人性观。这部作品中的女主人公婵阿姨实质是一个接受了现代市民价值观的转型市民。首先,她在处理婚恋问题与金钱问题的时候,表现出物质至上的观念。婵阿姨选择了牺牲自己一生的幸福,抱着牌位成亲。这一点类似于张爱玲笔下的那些放弃自己青春,用婚姻获得金钱,改变自己一生命运的物质女子。不同的是,张爱玲笔下的物质女性用挥霍金钱的办法来弥补自己内心的不平衡,婵阿姨则是用精打细算的方法来弥补。婵阿姨清楚地知道"做人一世,没钱的人没办法",既然已经牺牲了一生幸福,再牺牲一点物欲,保留住自己的大笔财产,又有何难呢?其次,婵阿姨虽然为了金钱压抑自己的物欲和情欲,但是这种欲望还是一有机会就乘虚而入。在商店里,看到货品在廉价出售,物欲不断升腾,情欲也在持续上升。在餐馆里,她温柔凝视着一个陌生男人,把他当作欲望的对象,幻想他也会对她有所回应。在银行里看到更年轻的职员,她马上把欲望的对象又转换到这个人身上。和穆时英等人毫无掩饰地描写的性欲游戏相比,婵阿姨努力压抑却又随时泄漏而出的欲望更加真实，也更切入内心。

施蛰存的另外一部分作品披挂着历史的外衣，却表现了现代市民的价值内核。对于施氏而言，他对都市公共空间的感情不同于穆时英、刘呐鸥等人，他不关注这种表面的浮华与繁荣，更擅长从人物内心入手，挖掘其内心价值秩序的变动。以古讽今，表达了他"生本位"的价值观，更具体来说，就是对神性的消解和对人性的张扬。施蛰存的这部分市民小说往往并非发生在现实的城市空间，而是借古喻今，一方面说明了施蛰存对现代城市空间的隔膜与逃避，另一方面，他回归到历史叙事都无法压抑的现代市民价值观更反证了他的现代市民身份。施蛰存的历史叙事带有鲜明的异域色彩，鸠摩罗什是龟兹国的西域高僧，花将军身上流着吐蕃的血液，段功则是大理国王室之后。若以汉人的中原文化为中心来看，他们都处于边缘地带，代表着迥异于中原的异域文化。历史小说由于特殊的过去时态而给读者造成了强烈的隔膜效果，而施蛰存选取的来自异域的历史又在空间上造成了特殊的陌生化效果，对于现代读者来说无疑形成了一种全新而奇特的时空感受，隐喻着现代市民的空间困境。在施蛰存的《鸠摩罗什》中，他不仅展示了道和爱的冲突，而且进一步显示了道和爱之后的世俗心理和动机。这种消解的实质是对具有饮食男女欲望的平凡人性的肯定。在《将军底头》里将军已经断了头的躯体依然能够直立，在战场上直立挺进，去寻找他的欲望目标：一个汉族姑娘。相对于当时的宏大叙事，在战场这个凝结着民族与国家仇恨的地方，在这个更需要责任感与男性伟力的地方，将军表现得如此坚韧、如此伟岸，却完全是为了他欲望的对象，并非是为了家国大业，从而极富讽刺意义地把个体欲望张扬到无可复加的地步。在这些作品中，施蛰存完全脱离了现代城市语境，把故事放在遥远年代的异族，但是作品中表达的观念却已经全然现代。从僧到俗，从理性到非理性,这一思路暗示出作者对以原始欲望为代表的世俗文明的认可。王富仁甚至认为它反映了都市享乐主义的人生观。①

施蛰存的这种妖魔化的市民想象来自于他对城市的隔膜体验与自身知识体系。

相对于穆时英、刘呐鸥这两个天生的"城市之子"来讲,但他的作品更鲜明地体现出一种都市空间的异己感。高速发展的现代都市景观带给现代市民的精神体验不仅仅是强烈的震撼与投入的激情,同时,还有过于陌生的异质体验。现代都市文明的迅猛发展打破了原先上海城市的空间格局。它迥然不同的建筑风格和居住、生活方式打破了市民原有的空间环境观,瓦解了传统国人的空间感,一种强烈的对于现代都市的焦虑和非家园的陌生感笼罩在施蛰存的现代市民文本中。因此,作品中所构筑的上海城市空间常常是一个怪异的、令人迷惑的、陌生的地方,怪、异、魔、幻不仅是文学中虚构的上海空间的特征,而且也是一种心理焦虑和感情疏离的表现。表现在文学创作中,就是对它产生的妖魔化想象。和穆时英、刘呐鸥关注都市浮华生活,热衷描写城市公共空间,表现概念化、模式化的都市生活状态不同,施蛰存自始至终充满着对现代城市空间的异己感。他更关注生活在这个怪兽般的城市中的男男女女,关注他们变态、压抑的内心世界,描写他们对神的嘲笑,对自我的确认。虽然施蛰存的作品刻意逃避现代都市生活,无论是从对城市现代生活的感受力,对摩登男女交往体验的深刻度,还是对语言修辞上的感觉化驾驭来讲,施蛰存的市民叙事都具有一种隐藏很深的现代城市意识。他的作品中妖魔化的市民想象,正反映了现代市民价值观形成期人们内心的骚动与不安、身体的认同与精神的抗拒。这种与农业文明和乡土城市景观截然

---

① 王富仁:《中国现代历史小说论(四)》,载《鲁迅研究月刊》,1998 年第 6 期,第 20 页。

不同的空间差异体验在很多现代作家笔下都有流露。如鲁迅描述自己的租界体验"如身穿一件未晒干之小衫",欲弃还留、欲恨还爱;茅盾借助《子夜》流露自己左翼作家的小资情调和无产阶级文学的要求难以弥合的差距;沈从文的殖民化经验叙事的典型文本《阿丽思中国游记》则呈现出对现代城市文明的嘲讽与抗拒。在众多文本中,施蛰存对现代城市空间的妖魔化想象代表了一般市民对于租界的疏离体验。他没有政治意识形态的参与,也没有人文精神的立场。这种市民小说的平和心态可能更接近于市民体验的真实。

同样生存于城市公共空间,流露出现代市民价值观,为何穆时英等人表现出毫无芥蒂的拥抱,而施蛰存就表现一种自内而外的对现代市民的心理探索呢?主要原因在于施蛰存的文化背景。施蛰存个性内向、关注人物内心世界、远离政治纠纷和意识形态,这一切都使得他宁愿采取一种"从下面看"的视角表现现代市民的内心世界。施蛰存自幼是一个性格内向、孤寂的人,思维方式比较内向。他取名"蛰存",就是取《易经》中"龙蛇之蛰,以存身也"之意,因为他属蛇,他要自己像冬季蛰居地下而存身的蛇一样,默默无闻地生活。施蛰存童年受中国典故诗词的浸染,有过"做诗人的野心"。① 施蛰存的最后一本小说集《小珍集》于1936年由良友出版公司出版,在"编后记"中,施蛰存对当时的左翼批评家表示了温和而委婉的批判。他自觉承认自己的小说"并不伟大",②也就是站立在左翼阵营之外。当左翼小说成为主流,大家都热衷于表现"血与泪"的内容时,施蛰存却对弗洛伊德对现代人心理世界的探索产生了共鸣。施蛰存的小说没有政治话语的介入,他叙述的焦点是人内心下

---

① 施蛰存:《我的创作生活之历程》,《灯下集》,上海:开明书店,1937年版,第55页。
② 施蛰存:《编后记》,《小珍集》,上海:良友出版公司,1936年版,第193~194页。

意识的活动。为了表现现代市民在租界这样一个异己空间的隔膜感与妖魔化感,他甚至虚构历史空间,创造出新奇、诡异的叙事风格,但精神却依然是世俗的,对人性的关注也是全然现代的。

二、左翼作家的革命叙事下潜隐的现代市民想象

茅盾、丁玲等左翼作家的某些文本非常富于意味,往往表现出一种写作意图与实际流露情感的断裂。这种断裂反映了他们的左翼革命价值观与内心真实的价值取向之间的错位。透过文本表面分析他们在革命叙事下潜隐的市民情感,可以发现被他们人为遮掩起来的现代市民价值观的存在。

左翼小说中常有隐秘的个人化欲望的表现。茅盾、丁玲等左翼作家笔下的人物形象往往具有潜隐的现代市民的以人为本和物质理性的价值取向。他们的本性流露与左翼小说之间出现一种无法掩盖的裂痕。茅盾的创作经常在左翼视野下的宏大叙事与现代市民对个人欲望的关注之间出现裂痕。《子夜》中也表现出和穆时英等作家类似的对现代都市的激情与憧憬以及对个人欲望的心理认同。虽然茅盾的国家表述框架中吴荪甫是必然失败的,但是朱自清在谈到对《子夜》的感受时曾说:"可是,吴(荪甫)、屠(维岳)两人写得太英雄气概了,吴尤其如此,因此引起了一部分读者对于他的同情与偏爱,这怕是作者始料不及的罢。"[①]事实上,1932年1月,茅盾《子夜》第一章以《夕阳》为题,载《小说月报》1932年新年号,其存稿在《夕阳》题旁横书有:A Romance of Modern China in Transition, In Twilight: a Novel of Industrialized China。他把这部小说称为"现代中国变革的罗曼司",称为"中国工业化的故事",称吴荪甫为中国的工业"骑士"。吴荪甫的身上具有现代市民的积极

---

① 朱自清:《朱自清序跋书评集·子夜》,上海:生活·读书·新知三联书店,1983年版,第199页。

进取、物质情怀与个性至上的特征,对他的偏爱实质已经流露出茅盾的价值取向。在茅盾气宇轩昂的宏大叙事构架中,个人的琐屑欲望却时不时抬头,流露出作者在宏大叙事后的真性情:吴少奶奶与雷参谋之间令人伤感的旧情、林佩珊的情感纠葛,吴家蕙四小姐的苦闷等都具有鲜明的现代市民个人欲望色彩。这两种不同的价值观念很难重合,因而在茅盾的很多左翼小说中,不谐和的裂缝随处可见。《虹》、《蚀》的文本中有大量无法纳入历史宏大叙事的个体的情感体验,这种个人欲望的展示由于情感的投入而显得格外贴切、柔和。《蚀》问世之后,连左翼批评家钱杏邨(阿英)都批判茅盾在作品中,尤其在《追求》中流露出来的悲观颓唐的情绪与表现革命发展趋势的历史叙事之间存在着难以调和的抵牾。① 这种不协调的背后实质是时常流露出来的现代市民个体欲望的真实展示。

丁玲笔下的女性也具有现代市民以人为本的价值取向。《一九三零年春上海(二)》中玛丽的形象非常丰满,和新感觉派笔下的现代都市女性如出一辙。玛丽"什么人也不爱,她只爱她自己"。她抗拒婚姻,因为觉得"女人一旦同人结了婚,一生便算终结了。做一个柔顺的主妇,接着便做一个好母亲,爱她的丈夫,爱她的儿女,所谓的家庭温柔,便剥蚀去许多其余的幸福,而且一眨眼,头发白了,心也灰了,一任那健壮的丈夫在外面浪游,自己只打叠起婆婆的慈心,平静地等着做祖母……"其实,她不是自私,她的不嫁并没有影响到任何人。而她对于女性个体生命的有限性的洞察,却是非常深刻的。她开始试图掌握自己命运,不论是爱还是不爱,都听从自己内心的安排。因为爱自己,想过自己理想的生活,所以她选择众星捧月般的单身生活,而遇到望微之后,也同样因为爱自己,想得到自己理想的爱情,所以她不顾一切到上海来寻找自己的爱人。而玛丽和

---

① 许道明:《中国现代文学批评史新编》,上海:复旦大学出版社,2002年版,第114~116页。

望微最后不得不分手,也在于两人都是具有独立意志的个体。作为一个现代女性,玛丽敢于并且有权利追求自己想要的生活。望微也曾想过:"如果玛丽是一个乡下女人,工厂女工,中学生,那他们会很相安的,因为那便只有一个思想,一种人生观,他可以领到她,而她听从他。"这种人生观也就是男性的人生观,一切以男性的意志为转移。但是玛丽具有自己独立的人生观,她追求享乐,关注自己的美貌,喜欢工业文明创造出来的美妙物质,并且她聪明、有手段、有胆量,具有在现代社会生存的一切有利条件。从玛丽的立场来讲,革命就是放弃个性、放弃自我,那么,她何苦要革命呢?这种人生观表现了女性在现代市民社会个体意识的觉醒。

左翼叙事中还常常流露出物质理性的价值倾向。《子夜》中出现的城市形象和穆时英等人的现代都市想象是异曲同工的。街道、公园、电车、洋房、服饰在作品中反复出现,给读者留下了城市光色扑面而来的印象。在文中,茅盾把奔驰的汽车作为城市生活节奏以及这种节奏带来的逼人力量的象征。"有三辆一九三零年式的雪铁龙汽车像闪电一般驶过外白渡桥","汽车发疯似的向前跑","长蛇阵似的一圈黑怪物,头上都有一对大眼睛放射出叫人目眩的强光"等,这些描写体现了都市的强力,也流露出作者对现代都市的物质力量激情的赞美与热烈的拥抱。而开篇就让吴老太爷这个乡村遗老被都市剥夺了生命,他抱着《太上感应篇》去世的情节象征着乡村价值体系的衰落与物质文明的胜利。

丁玲在《一九三零年春上海(二)》一文中描写了现实市民物质理性的价值追求,而作者本人也在写作情感上流露出某种程度的对物质感受的认同。作者不止一次描写玛丽的服饰,她"镶有贵重皮领的外国丝绒大衣,整洁的手套,玲珑放光的缎鞋","薄薄的葱绿色软缎的紧身旗袍,那些身体上动人的部分,都隐隐在衣服下面微微显了出来"。描写了她带来的皮箱与给望微买的讲究的物件,描写玛丽刚起床时的娇慵和她对逛街与商品的热爱,描写玛丽对于电影带来的堂皇的享乐氛围的迷恋,描写玛丽醉心于市民趣味的报纸杂志。作者只有对这种价值观充分的了解,才有可能这么生动地揭示玛丽享乐主义的消费心态以及从物质本身得到审美愉悦。如玛丽对于电影的态度:她根本不是来看电影,而是为了电影带给她的精神抚慰。"她花了一块钱来看电影,有八毛是花在那软椅垫上,放亮的铜栏杆上,天鹅绒的幔帐上,和悦耳的音乐上"。这种价值观是鲜明的具有现代市民精神的、物质化的产物。

同时,作者的立场非常微妙。虽然她是站在革命者望微的角度来批评玛丽的享乐主义,但是从主体叙事者的角度来讲,她对于玛丽却是相当宽容的,这表现在玛丽的出路上。玛丽遇到了和她具有同样价值取向的茉兰,在新的环境与圈子里她如鱼得水。小说的革命主题在此刻悄然发生了置换,形成了两种价值观的对立,而最后玛丽与望微各自找到了适合自己的生存环境,两者并存下来,没有批判,亦没有压制。最后,望微在演讲的时候被捕,他在铁车上看到了站在大百货商店门口的娇艳的玛丽。"唉,那是玛丽!她还是那样耀目,那样娉婷,恍如皇后,她还显得那么欢乐,然而却不轻浮的容仪"。作者在结尾表现出来的价值立场值得回味。如果是革命主题的话,这个时候应该以革命者的坚强勇敢来嘲笑小资产阶级女性玛丽的苟且偷生。然而在望微看来,玛丽欢乐而不轻浮,如同皇后。在他的内心,也是认同玛丽的价值观的。玛丽与望微的不同只是在于分别走了两条适合自己的道路。

综观当时的左翼小说,丁玲的《莎菲女士的日记》以越轨的笔致呈现了新式女性的身体欲望焦虑和自我意志摧毁。茅盾《蚀》三部曲中的时代女性,具有非理性的个性主义、悲观的无政府主义、沦落自我的反叛方式、沉醉于巅峰体验的人生追求、世纪末的狂欢厌世情绪等市民精神。虽然他们都用左翼精神来约束自己,但他们的文本却流露出浓郁的市民情调。这种裂痕是何以造成的呢?

从客观因素来看,生活在上海租界的左翼作家具有形成现代市民价值观的客观基础。左翼作家自身的文化教养与身份地位使他们更容易接受都市生活,认同市民精神。而且,一部分左翼作家本身就出身大家族,具有潜在的物质认同感和世俗心理。如茅盾从北大毕业后来到上海,随即得到了财政部高级官员卢学溥的赏识,省却了在都市下层挣扎之苦;丁玲、胡也频等人经济状况也属于中产阶级,比上海普通市民要好。从上海租界的环境来看,租界的大众传媒空间异常发达,报纸、杂志、广告、月份牌等印刷文本和人们争相传说的口头文本,大部分是关于中产阶级的市民生活,大亨、买办、洋人、明星、文人的趣闻轶事,构成了一个声色犬马的文化环境。一般左翼作家都是生活在这样一个空间,和工农分子,甚至小市民之间都有一层难以逾越的隔膜。"目前左翼作家联盟里面还没有工农分子,这是组织上最大的弱点"。所以,左联只能要求"作家必须从无产阶级的观点,从无产阶级的世界观,来观察,来描写"。[①] 当时从事左翼小说创作的作家,有很多帽子:如小资产阶级知识分子、"浪漫文人"、"跳舞厂里的前进作家"、[②]咖啡店里阔谈的"革命文学家"等,具有个人主义、浪漫主义、多愁善感的特征。这种为左联文艺纲领坚决反对的"小资产阶级的倾向",其实就是都市作家的市民生活情调。左联的文艺观念与市民作家的小资情调之间有明显鸿沟,但是左翼作家不可避免地生活在租界中,感受着租界中男女比例的失衡、身体欲望的膨胀和色情事业的发达。这种都市生活的五光十色必然会对左翼作家造成影响。表现在文本中,他们主观的观念限制与内在的叙事冲动

---

① 《中国无产阶级革命文学的新任务》,载《文学导报》,第 1 卷第 8 期,1931 年 11 月。

② 张谔:《现代中国作家群》,载《文艺画报》,第 1 卷第 2 期,1934 年 12 月。

相互冲突,造成了向市民小说靠拢的"革命加恋爱"的叙事模式的泛滥。左翼作家往往把政治话语与性话语结合起来,以性话语的落败和革命话语的胜利来显示自己的革命性立场。但是由于主体对市民生活方式的体认,左翼作家对性话语写作却不由自主流露出认同倾向。丁玲、茅盾、张天翼、田汉、郑伯奇、郁达夫等作家,创作都具有这种潜隐的市民文化气息。

在写作上,左翼作家往往具有观念先行的弱点。这就使得他们笔下的左翼小说与内心的市民价值观形成背离状态,造成了文本的分裂。

30年代的《文艺画报》上有一幅漫画,就讽刺了某些左翼作家的观念先行的现象。漫画中,一间布置豪华的书房里,丈夫穿着工人上班时的工作服,身边的妻子衣着华丽,他脸上带着歉意的微笑对妻子说:"太太,请原谅我穿这件工作衣,因为我正在写一部革命小说。"①1931年11月左联执行委员会指出:"直到现在,我们还没有产生真正的无产阶级革命文学,这是毋庸讳言的事实。"②很多左翼小说文本对革命主体的描写反而没有市民小说主题丰满有力,这些文本中潜隐的现代市民小说主题在某种程度上得到了凸现。

这一类文本,往往表面是左翼的革命叙事模式,在实际写作过程中,却由于作者潜在的市民价值观作用,而形成另外一种认同现代市民价值状态的情感结构。郑伯奇长期在上海从事写作、出版和电影工作,精神气质和生活方式都有很浓厚的市民气质。《深夜的霞飞路》是一个左翼文本,在文末表达了上层阶级的末日危机和无产阶级颠倒乾坤的力量。但是文本开头却以华美的笔调咏叹摩登的小姐、少爷、文人对霞飞路的热

---

① 《工作衣和革命小说》(漫画),载《文艺画报》,第1卷第1期,1934年10月。
② 《中国无产积极革命文学的新任务》,载《文学导报》,第1卷第8期,1931年11月。

爱，整个文本流露出浓厚的市民审美情调。叙事形态上，左翼小说往往写法生硬，缺乏真实的情感体验，使得文本枯燥乏味，具有明显的概念化痕迹。田汉的电影剧本《三个摩登女性》(1932)中电影明星张榆和电话公司的接话员周淑贞在上海意外相逢，两人产生了好感，但是却生活在不同世界。文中描写现代市民公共空间生活的文字，具有敏锐的感受力与婉转的韵味，流露出对这种都市生活的投入与认同，而描写工人生活场景的部分却简洁生硬，显示出作者对表现对象的生疏与距离感。丁玲的小说《一九三零年春上海（一）》也出现同样的问题。她对养尊处优、停留在时代潮流之外的子彬的描写更为丰富深刻。从文本来看，美琳对于新生活的向往更多是缘于理想与现实的落差，是对于乏味生活的逃离，是一个年轻妻子的青春期躁动。这是一个现代市民女性个人欲望的真实表现，但是文本却把美琳与子彬的矛盾归结到革命与否的问题上，颇显生硬。

第三节　三四十年代上海现代市民精神的超越想象

超越想象是三四十年代上海现代市民想象的第三个层次，也是最高的层次。它以"从上看"的角度俯瞰芸芸众生，对现代市民生活有更深刻的透视与理解。身于其中又出于其外，在精神上具有超越性，从更深的层面上表达了现代市民价值观。其中，张爱玲的现代市民想象达到了非常成熟的高度。

一、"震撼体验"与中产阶级市民生活乌托邦建构

在《都市感与现代主义的出现》一文中，雷蒙德·威廉斯展示了现代与城市之间的共生关系是怎样通过五个连续的步骤，被历史地、概念性地重构出来。首先，现代都市体验是同出现在大城市里的"陌生者的人群"分不开的，这一现象在历史上造

成了巨大的新奇感和震惊。① 这种被本雅明称为是"震撼体验"的心理现象，也就是产生以穆时英、刘呐鸥为代表的现代市民生活乌托邦建构的根本原因。他们对都市的新奇和震惊表现在市民想象上，就呈现出对都市与现代市民的热烈拥抱，对消费化、欲望化生存的认同式描写。

穆时英、刘呐鸥等作家的现代市民小说表现出一种对现代都市生活的热烈拥抱。他们绝大部分文本表现出对近代都市文明的沉湎。塑造了个性独立、热情开放、物质理性、以生为本的中产阶级市民形象，强调了他们的物质化、欲望化的生存方式。但是，他们的市民想象同时又表现出一种基于震撼体验的虚构性，他们对现代市民生活的乌托邦建构从某种意义来讲，是综合了国外生活经验、西方文学阅读经验、消费主义文学经验的一种想象性建构，和现实生活是有一定距离的。

穆时英等人的市民想象形成了以人为本、物质理性的现代市民中产阶级形象建构。他们笔下的现代市民都个性张扬、积极进取、趋时求新，具有鲜明的个性解放特征。穆时英等人的现代市民小说的表现对象和消费对象是以上海白领阶层为主的，也就是我们所说的中产阶级市民。这个群体主要包括大学教授、办公室职员、舞女、小业主、文人、工人、大学生等都市中的中等市民阶层。从外部形象上，这些现代市民就呈现出与传统市民迥然不同的外貌特征。这一点从刘呐鸥笔下的都市人的形象描写就可以看出来。现代都市生活快节奏、多变化的生活方式在市民的外貌上留下了烙印："看了那男孩式的短发和那欧化的痕迹明显的短裾的衣衫，谁都知道她是近代都会的所产，然而他那个理智的直线的鼻子和那对敏活而不容易受惊的眼睛就是都会里也是不易找到的。"而她的声音是"一种响亮地金属声音"。所有这些都与"她"的"自由和大胆的表现"的"天

---

① [英]雷蒙德·威廉斯(Raymond Williams)著、阎嘉译：《现代主义的政治》(Politics of Modernism)，北京：商务印书馆，2002年版，第37～47页。

性"相统一的(《风景》)。对传统小说稍有了解的人都会知道，在鸳鸯蝴蝶派笔下，美丽的女子都是一头乌黑柔顺的长发，中国传统的服饰，说话如同莺声燕语，动作如同弱柳扶风。但随着工业文明的发展，生活速度越来越快，这样的女子已经不再适应快节奏高效率的都市生活，理智、干练、运动、敢于张扬自己欲望逐渐成为新市民形象的关键词。现代城市公共空间使现代市民逃离了传统农业社会的"熟人社会"，在拥有更宽松的自主权、更自如的行动权的同时，自由意志也得到了前所未有的强调。张扬个性，成为现代市民形象的一个重要特征。

现代市民小说中的主人公很少停留在一个固定地方，而是不断出入于各种不同的城市公共空间，这种行动的自由与个体的独立使得现代市民表现出积极进取、寻求挑战、个性独立、热情开放的现代个性。这种个性在传统的乡土生活中是不可想象的，也是会被压制的。但是在现代社会中，却是被现代市民生存方式所催生的。穆时英《红色的女猎神》中的男主人公将女性作为平等个体，并对她表现出的独立意志深深赞赏，当意外出现时，他不但不躲避，反而激起挑战欲，这是很鲜明的资产阶级的积极进取、寻求挑战的心态，和传统求稳求安的价值取向已有巨大差异。活跃于各种城市空间个性张扬的现代市民，体现了现代市民价值观对自我的强调。公共交往空间扩大，反而某种程度上保护了个人私密空间，更加强调个体独立价值，从而使得作家不再扮演启蒙者角色，而是从自我感受和个体经验角度出发反映现代市民普遍的情感和心态。

穆时英等人的市民想象具有消费性。相对于左翼小说笔下革命的上海，现代市民小说表现的更多是消费的上海，是上海生活的一个侧面。从消费角度观察上海，表现了现代市民小说消解政治意识形态的"生本位"价值观。

在社会学家曼海姆的眼里，乌托邦就其本义而言，"只能是那样一些超越现实的取向"。① 穆时英等人的市民想象就具有消费主义的乌托邦性质。他们笔下的都市"似乎去掉了那种'自然的、无法避免的结局',而用'不真实的'城市代替了'真实的'城市,'真实的'城市是物质支配一切的环境,这里有血汗工厂、旅馆、商店的橱窗和期望……'不真实的'城市则是放纵和幻想、奇特地并列在一起的各种奇特自我的活动舞台"。② 这段话用来描述穆时英等人的现代市民小说的片面性可谓一语中的。生活在同样的都市,面对着相似的都市图景,左翼小说从政治角度对上海进行着红色的革命想象,而现代市民小说则从个体关怀的角度对上海进行着消费主义的都市描述。他们空前淡化着上海的负面。他们沉溺其中的认同使得这些现代市民小说文本流露出对现代都市由亲昵而趋向欣赏的糅合。而这种带有沉湎的认同也是趋时求新的价值观作用的产物。同时,我们不可忽视的是,30 年代的市民小说作家并非没有意识到左翼上海的存在,穆时英的左翼小说创作曾经大获好评,刘呐鸥和施蛰存则出版和编译过很多左翼图书。但这种左翼追求也往往是基于趋时求新价值观的一种先锋性体验,和左翼小说家的政治目的有着质的区别。

现代市民小说通过对都市特定人群(主要是中产阶层)的生活方式的超越性描写,给读者提供了中产阶层的生活模式的想象空间。这些小说把背景设置在舞厅、公园、电影院、咖啡馆等都市消费文明的体现与载体身上,为读者勾勒出了一种消费性的都市生活。出入于这种场所的人往往具有共同的心理特征和价值观念。这种具有相似性的生活场景和生活模式在读

---

① 卡尔·曼海姆:《意识形态与乌托邦》,北京:商务印书馆,2000 年版,第 378 页。
② [英]马尔科姆·布雷德伯里:《现代主义的城市》,[英]马·布雷德伯里、詹·麦克法兰著,胡家峦等译:《现代主义》,上海:上海外语教育出版社,1992 年版,第 79 页。

者心目中成为一种生活想象,这种市民小说展示的不仅仅是与现实相对应的物质性生存,而且是表达中产阶层追求的一种生活模式。而读者在阅读这种消费性文本的同时,也是在完成对中产阶层的想象性消费,虽然这种想象只是浅层的、物质的。穆时英等人的现代市民小说正是以一种想象性的繁华与声色场所的感观描写迎合普通市民的阅读口味,帮他们建构一个乌托邦的现代市民天堂。

穆时英等人的现代市民小说还带有一定程度的虚构性与超越性。这种虚构性与超越性与现代市民小说带着乡土记忆跨入现代都市的"震撼体验"有关,他们在这种虚构与超越的想象中表现出来的趋时求新的追求也是市民价值观的典型体现。

穆时英等人的充满激进色彩的市民小说是带有某种虚构成分的。最突出的表现是穆时英把洋场把戏搬到了乡下,甚至连场景也不改变——乡下小站放着"jazz"快调,在乡下有像"羊皮书"一样的雅致的绅士,还有"作为遗产的洋房"躺在"米勒的田园画里"。[①] 在穆时英等人的市民小说中虚化了社会环境与周边世界,往往集中描写一些片断的场景和几位主人公的故事,场景单一、画面简单、主人公如同身处真空,极其容易陷入模式化。同时社会现实的虚化处理也使这种市民想象的真实性大打折扣。在情节模式和男女主角的冲突模式上,很多作品都有电影警匪片和娱乐片特征。如《红色的女猎神》小说前半部是发生在都市的男女偶遇,"我"迅速被红衣女子的魅力所征服。随着情节发展,男女主人公从跑狗场来到酒吧,再来到旅馆,是典型的场景转换。在旅馆两人的感情戏发展到了高潮,爱情娱乐片到此结束。接下来,事态在高潮中陡生波澜,由此转入警匪片式的叙事中去。小说中没有任何对来龙去脉的交代:红衣女郎闯关卡,在野外召集喽啰,与警察们枪战,到底为

[①] 穆时英:《黑牡丹》,《穆时英小说全集》,长春:时代文艺出版社,1998年版,第276页。

什么,这一切又是如何发生的。作者的兴趣不在这里,而在于营造战争的场面。正如李欧梵先生所说:"穆时英、刘呐鸥等人的作品在表面上节奏非常快,特别是其中的女人,常常和男人说,'我只有两个钟头,现在时间到了,我要跟另外的人有约会',而这种女人表现的是一种表演,像舞台上演戏一样,不是真的,所以她说要坐最好的汽车,有五个汽缸,美国的牌子,都是从电影上学来的。其实当时上海的汽车的速度并不那么快,而且要慢得多。"①

我们可以对比同时期其他小说家的创作。章克标的《一个人的结婚》叙述30岁已毁旧婚约的男子无路可走,只好屈服于父母之命再举行旧式婚礼。小说中不断描写无法实施新流行的恋爱结婚方式,真实描写了一个社会人的现实困境:"恋爱是入于忘我的境地,而我无论如何不能抛撇去我的自我。恋爱是要有些看不清四围和将来的愚昧,而我却有些不能欺瞒自己的洞察的智慧。"曾今可《多情的魏珊夫人》讲男主角何群在魏夫人与季莺、绿滴三者间徘徊,与已婚的魏夫人是文艺爱好的吸引,与季莺是纯情,与绿滴是肉欲,经历了一场场水深火热的爱情,结果季莺入修道院、绿滴嫁人、魏夫人死。宣扬"不承认有爱情就必须结婚,不结婚的就不能有爱情和结了婚的不能再恋爱"。虽然他的笔法并不高明,但我们也可以由此看出现实生活中实现新型婚恋关系的实现困难重重,但是在穆时英等市民作家的笔下,性爱却是如此简单。过滤掉了客观现实、生存压力。主人公不知来自何方、去向何处,作品中没有表明职业,他们也没有社会亲属关系。他们一切行为听命于自身,没有矛盾、没有压力、也没有阻力。他们的行为是现代市民价值观的图解,但是这种想象具有某种理想化的色彩。

上海现代市民小说对物质生活状态作了详尽的描述,但事

---

① 李欧梵:《重绘上海的心理地图》,载《开放时代》,2002年第5期,第118页。

实上,当时居住于普通弄堂的一般市民并不能自如享受这场物质盛宴。现代市民小说热衷于描写都市风情,但事实上,他们真正的生活并非完全是灯红酒绿。即使是这些写作洋场风貌的市民作家,也大部分是靠卖文为生。在新感觉派的主要作家中,除了穆时英和叶灵凤经常出入于舞场之外,施蛰存是不会跳舞的,叶灵凤在《迁居》一文中曾经描述过他的亭子间生活,讲到自己生存环境的零乱与局促。① 所以现代市民小说从某种程度上讲,是一种虚拟的沉溺和快感。

穆时英等人的乌托邦建构是源于趋时求新的市民价值观的一种超越性想象。来自现代化都市的震撼体验让他们心醉神迷,强烈刺激着现代市民作家的感觉系统,极其容易形成一种言过其实的虚构性表述。上海具有和乡土中国反差极大的西方语境。如果说,中国广阔的乡土世界是茫茫大海的话,上海,不过是这海中的一个孤岛。几乎每一个从乡村来到都市的作家都要经历相似的震惊体验——花花世界的灯红酒绿,对于广大的中国人来说,是一种异端的存在。40年代的张爱玲等作家从小就在都市中成长,都市的灯火酒绿、纸醉金迷是她们司空见惯的生存景观,她们不会去关注高楼与舞厅,因为这些都习以为常。但是上海现代市民小说作家大部分并非土生土长的"都市之子",而是从外地迁移到沪。刘呐鸥1926年到上海震旦法文班插班入学,穆时英10岁随父来沪,施蛰存16岁到上海求学,他们带着乡村记忆来到都市,上海繁华的外部景观让他们目不暇接。二三十年代的上海,充满舶来气息的城市文化氛围和都市景观,强烈刺激着市民作家的感觉系统。金克木写道:"新的机械文明,新的都市、新的享乐、新的受苦,都摆在我们面前,而这些新东西的共同特点便在强烈刺激我们的感觉。于是感觉便趋于兴奋和麻痹两极端。而心理上便有了一

---

① 叶灵凤:《灵凤小品集》,上海:现代书局,1933年版,第179~180页。

种变态作用。这种情形在常人只能没入其中，在诗人便可以吟味而把它表现出来，而且使别的有同经历的人能从此唤起同样的感觉而得到忽一松弛。"① 虽然当时上海的工商业发展和物质现实还没有达到大规模工业化的程度，但是，从乡土中国直接跨越过来的上海市民已经足以感受到城市现实的巨大变化与这种变动性对曾经稳定的内心经验的侵扰。现代市民小说对都市生活的想象性表述充满了极端的个人感受，是自身各种文学经验的综合与升华。城市现代性带来了都市生活的变化。当人们自身的都市经验不足以描述这种纸醉金迷的沉醉感受时，他们不吝于把自己经验系统里的西方文学经验、电影欣赏经验等拿出来加以弥补。在中国，从清末开始的留学热潮使得许多作家把国外都市中产生的文化和物质生活转化为个体对上海都市现代性的想象性描述。从现代市民小说的主要作家的身世可以看到，他们的青春时代要么在外国度过（多为日本），要么在国内从事美术或外国文学的研究。他们的创作实践深受法国和日本先锋文学的影响。他们基本上懂得两门外语，而且相当熟练。甚至有研究者认为，刘呐鸥笔下的上海其实更类似于他生活过的日本东京。30年代的现代市民小说作家描写场域有限，局限于舞厅、电影院、跑马场等公共社交空间，他们对市民生活的想象是浮华的、表层的、没有介入真实生活的；另一方面，这些现代市民小说作家的文学经验不仅仅来自现代市民生活，还包括西方都市经验与阅读经验，这使得他们在描写上海的时候，具有某种概念化的倾向，把巴黎、东京等现代都市景象移植到中国上海，形成一定程度的想象性错位。

二、张爱玲现代市民灰姑娘想象的解构

张爱玲是一个善于写"传奇"的作家。张爱玲的很多小说

---

① 金克木：《论中国新诗的新途径》，载《新诗》，第4期，1937年1月10日。

都隐藏着一个传奇的构架,即是以"灰姑娘"为母题的一种现代市民想象。这里的"灰姑娘"不仅代指平民少女获得白马王子的爱情梦想,还指普通市民的金钱梦想、权力梦想、恋爱梦想等一切具有现代市民白日梦特质的传奇式幻想。张爱玲通过对这种灰姑娘想象的解构,从更为深刻也更具超越性的层面上揭示了现代市民价值观。这些想象的幻灭,正缘于现代市民价值观的清醒认识。

首先,现代市民爱情理想的解构。张爱玲往往把爱情放在和现实、物质对立的框架中,在现实的考量下,爱情不可避免地走向虚无。在一系列对爱情理想的解构中,凸显了张爱玲物质理性和生本位的现代市民价值观。现代市民小说热衷于描写男女情爱关系,30年代穆时英等人的现代市民小说就是以描写男女邂逅的激情为主,张爱玲也不例外。不同的是,在她的爱情文本中,往往描写各种不同的感情梦想的幻灭。一是以《倾城之恋》为代表的"灰姑娘"梦想的解构,二是以《鸿鸾禧》为代表的世俗婚姻算计的表现,三是《红玫瑰与白玫瑰》、《封锁》为代表的感情与理智调和的梦想破灭,四是以《花凋》、《郁金香》等为代表的现实生活中所谓浪漫爱情感觉的虚妄。种种爱情理想的幻灭,都指向物质理性和生本位的现代市民价值选择。

一方面是以《倾城之恋》为代表的"灰姑娘"梦想的解构与物质理性价值观的彰显。《倾城之恋》是一个灰姑娘获得理想的白马王子的爱情。形式上完美的结局却是建立在百年不遇的一场战争上。支点的偶然性与脆弱性暗示了文章的童话结构。现实生活是没有童话的,连张爱玲自己也说,真实的人生是没有恋爱和哭泣的,只是小说里才有。张爱玲通过讲述一个童话来慰藉人心,却让人感觉更深的幻灭。白流苏是个接近30岁的离婚女人,范柳原是个33岁的富有华侨。白流苏已是残花败柳,范柳原则是市民眼中的"标准夫婿"。在旁人眼里,无异于一场灰姑娘的仙履奇缘,但是如果我们细致分析情节进程,就会发现叙事中不合情理的"童话"结构。从情场浪子对白流苏的钟情,到风情万种的印度公主的陪衬,再到战争的忽然发生,每一个环节都建立在戏剧性与不可能之上。这种传奇婚姻在现实生活中发生的可能性可以说是微乎其微。正是一个又一个"传奇"成就了最后的"倾城之恋"。这种因果关系的脆弱性,不管作者,还是读者,都是心知肚明的。所以,张爱玲在最后说:"到处都是传奇,可不见得有这么圆满的收场。"张爱玲以满足市民幻想的心情写作了这样一个圆满的故事,但这个故事却有着显而易见的不可能。灰姑娘只是出现在小说中,张爱玲用一种隐蔽的方式对市民想象进行了拆解,显示了她一贯的市民理性。获得爱情的方式是不可信的,是脆弱的,更深一层的结构在于,连所谓的爱情,也是并不存在的。张爱玲用世俗的眼光把爱情想象从圣坛拉下,进行了无情的颠覆和嘲讽。

另一方面是以《红玫瑰与白玫瑰》、《封锁》为代表的感情与理智调和的梦想的破灭与物质理性价值观。《红玫瑰与白玫瑰》、《封锁》代表了另外一种市民想象:将理想与现实协调,既拥有现实的成就又享受着理想中的情感。。张爱玲依然借用高超笔墨,揭示这种理想的不可能。《红玫瑰与白玫瑰》中的振保就试图做这样一个"最合理想的中国现代人物"。他真才实学、凭借个人奋斗做到很高职位,孝敬母亲、提拔兄弟、热情仗义,他"下了决心要创造一个'对'的世界,随身带着"。但可惜的是,他终于不是圣人,爱上一个如同红玫瑰一般热烈的孩子气的女人娇蕊,而且还是朋友的妻子。他们彼此相爱,娇蕊甚至为他离婚,但他终于还是以惊人的毅力拒绝了娇蕊,因为她不适合当妻子。振保选择的妻子是符合市民理想的,和佟家门当户对、家世清白、烟鹂形容秀丽、个性淡泊、兢兢业业、缺乏欲望。虽然两人因为情感的空缺都一度出轨,但很快都"改过自新,又变了个好人"。佟振保懂得在现代社会立足,赢得一定的尊重和地位，就必须要一位社会认可的好妻子，建立一个社会认可的好家庭。因此，他把情妇和妻子两种女人分得很清楚，毫不含糊。对情妇，他是一个浪子；对家庭，他又是一个十足的好人。在佟振保的世界里，算计多，感情少；理智多，感性少；规划多，冲动少。他是十足的具有物质理想，讲究生存第一的现代市民。

再一方面，以《花凋》、《郁金香》为代表的对小资生活、浪漫爱情的解构，体现了"生本位"的市民价值观。这类文章揭示了现实生活中所谓浪漫爱情感觉的虚妄，体现了日常生活的庸常性、世俗性。《花凋》是可以和穆时英的《公墓》对照阅读的，都是一个美丽的女子因疾而亡也因此中断了一场美丽爱情的故事。这是市民想象中最具有杀伤力、最有悲剧感，也最赚人眼泪的一种叙事构架。女主人公必是超凡脱俗、聪明美丽，生的病也往往是肺病——脸泛桃花，即使走在死的路上，也可以很优雅——眼睁睁看着她离开这个世界，才更让人深切痛惜。《公墓》便是这样一种典型的适合市民阅读口味的伤感叙事。玲姑娘"老穿淡紫的，稍微瘦着点儿"，"有时是结着轻愁的丁香，有时是愉快的，在明朗的太阳光底下嘻嘻地笑着的白鸽"。她爱死于西湖疗养院的母亲，也爱上海寂寞的父亲；在香港的房子里，从窗户望出去，可以看到在细雨中蛇似的蜿蜒的道路；还有一个英俊的痴情的年轻人恋着她，每晚都为她的健康祈祷。她生的时候不缺少爱与诗意，死后也一样有父亲、年轻人等很多生者怀念。这个凄婉的故事移植到张爱玲笔下，却变了味道。川嫦也死于肺病，她的墓碑也像玲子的一样美，甚至更美满。碑阴还撰写了新式的行述："川嫦是一个稀有的美丽的女孩子"、"爱音乐，爱静，爱父母"、"知道你的人没有一个不爱你的"。事实上，却全然不是这回事。首先，川嫦虽然美，但并不出众，她上面还有几个绝色的姐姐。又因为她不太聪明，在修饰方面很少有发展的余地，所以，她只能算是没点灯的灯塔；

其次,川嫦的家外强中干。看似一幢洋房,经常坐汽车看电影,呼奴使婢一大家子人,却连孩子们睡觉的床都没有,工资发不下来,小姐们也没钱置办新衣服。"郑家的财政系统是最使人捉摸不定的东西";再次,没有一个人真的爱川嫦。母亲给川嫦找男朋友是为了满足自己罗曼蒂克的爱的幻想,为了不泄漏自己的私房钱不愿意花钱给川嫦买药。父亲甚至计较她一天吃两只苹果,更不要说花钱治病。章云藩看她有病,很快又找了新的女朋友,和她还是截然不同的类型;川嫦整个病的过程也没有玲子那么唯美。玲子如同紫丁香一般的淡雅纤弱、结着淡淡的忧伤。而川嫦"连一件像样的睡衣都没有,穿上她母亲的白布褂子,许久没洗澡,褥单也没换过",还有病人的气味。正如张爱玲一开始所说:"的确,她是美丽的,她喜欢静,她是生肺病死的,她的死是大家同声惋惜的,可是……全然不是那回事。"

在张爱玲的市民想象中,没有真性情的不计后果的爱。"性博士"张竞生说:"人类本性,爱之,必爱到其极点;恨之,必恨到其尽头。这些才是真爱与真恨。爱之而有所不尽,恨之而有所忌惮,这些不透彻的爱与恨乃是社会人的普遍性,而不是人类的本性。"①张爱玲却说:"无条件的爱是可钦佩的——唯一的危险就是:迟早理想要撞着了现实,每每使他们倒抽一口凉气,把心渐渐冷了。"②真正的爱在现代市民社会中不可能实现的,张爱玲这一悲哀的预言体现了现代市民物质理性价值观的胜利。

其次,市民金钱理想的破灭。张爱玲通过这种金钱理想的幻灭传达了她"生"本位的观念。她坚持人生是平实日常的,事物具有自身发展的客观规律。企图打破这种客观规律的传奇

---

① 张竞生:《美的人生观》,《张竞生文集》(上卷),广州出版社,1998年版,第115页。
② 张爱玲:《洋人看京戏及其他》,《张爱玲文集》,第4卷,合肥:安徽文艺出版社,1992年版,第21页。

性人生是不可能获得好结果的。同时,张爱玲的市民小说也肯定了这种为生存的个人努力。她特别擅长描写以婚姻为跳板的市民理想。通过市民金钱理想的幻灭,表现了她对人生不存幻想的物质理性和世俗情怀。

《金锁记》就是一个平民女子通过婚姻进入贵族家庭成为少奶奶,并获得大量金钱的市民理想的解构。曹七巧为了超越她自身身份的婚姻付出了青春,戴上了黄金枷锁,在人性层面来讲,她是一个可悲的受害者。但是,从市民价值观角度来讲,她又是一个成功者。而代表市民价值眼光的就是曹七巧的哥哥和嫂子。他们明知道二少爷是骨痨,还是贪图钱财把她送入姜家。对于曹七巧来讲,她也是一个深深浸润这种市民价值观的普通女子,做姑娘的时候,她年轻漂亮泼辣,喜欢她的有肉店里的朝禄,他哥哥的结拜弟兄丁玉根、张少泉,还有沈裁缝的儿子。她并非没有选择,而是在爱情与金钱中选择了后者。从后者来讲,曹七巧是成功的。她以太太而不是姨太太的身份进入姜家,为她将来分得财产打下良好基础。在这一环节上,姜家二少爷的骨痨是必不可少的促成条件。假如不是这种先天性残疾,曹七巧这种身份的女子根本没有机会进入姜家家门。在市民社会中,任何选择、任何结果都具有利益上的公平。曹七巧获得超越自己地位的婚姻关系,就必然付出没有婚姻实质的代价。在这条通往黄金枷锁的道路上,曹七巧幸运生下了一儿一女,又熬到丈夫和婆婆过世,九老太爷主持分了家。曹七巧以前"戴着黄金的枷锁,可是连金子的边都啃不到,这以后就不同了"。只是她在这条路上走得太过极端,终于为了钱断送了儿女的幸福。小说的结尾,曹七巧回忆起自己年轻的时候,如果那时候选择的不是金钱——她终于流出一滴眼泪。张爱玲用这种极端且惆怅的笔墨描写了市民金钱理想的破灭。

《沉香屑·第一炉香》中梁太太是一个彻底的物质主义者,年轻时候兄弟们给找的人家不要,非要嫁给粤东富商梁季腾做第四房姨太太,为此和家人闹翻,嫁过来就一心一意等梁季腾死。终于到自己有钱了,人也老了。"她永远不能填满她心里的饥荒。她需要爱——许多人的爱"。为了得到这些人,她牺牲年轻女孩子来笼络自己的爱人。但是,她得到的爱又都是不完全的、虚假的、逢场作戏的。就算她最忠实的崇拜者司徒协也不断打年轻姑娘的主意,以至于在薇龙的感受中,梁太太鬼气森森的宅第即使变成坟,她也不会惊讶。梁太太和曹七巧一样,牺牲自己的年轻换来了物质上的胜利,但她们却在精神与情欲上受到了更深的压抑,最后不但害了自己,还拉了身边的人来做陪衬。《金锁记》和《沉香屑·第一炉香》一个从施害者角度,一个从被害者角度,共同讲述了现代市民在金钱胜利的同时在精神上获得更大的戕害的故事,给市民的物质想象敲了警钟。

最后,神圣价值的幻灭。张爱玲的现代市民小说中对神圣的意义和价值的解构,也是"生本位"价值观的突出表现。"五四"革命是一场启蒙革命,它带来的个性解放、自由恋爱、婚姻自主潮流被历史赋予神圣的光环。但是,在张爱玲笔下,真实的人生却只有自私与不堪。《五四遗事》是张爱玲到美国以后发表的小说,发表于1957年夏济安主编的《文学杂志》,英文副题"A short story set in Time Love Came to China",直译为"当恋爱来到中国时的一个故事"。"五四"宣传西方文化,传播个性解放、恋爱自由精神。但是故事却相当有反讽意味。罗诗人与密斯范相爱,需要先办离婚。"这是当时一段男子们的通病。差不多人人都是还没听到过'恋爱'这名词就已经结婚生子"。罗诗人通过艰苦奋斗,离了两次婚,终于与密斯范成功结合,在西湖边的理想地点住下准备开始过理想生活。然而这位新女性婚后完全又懒又邋遢,脾气又暴。罗诗人在亲友的撮合下又先后把休弃的两位太太接回家来,没人理会他的苦衷,大家反而打趣:"至少你们不用另外找搭子。关起门来就是一桌麻将。"在张爱玲笔下,脱掉了神圣的衣冠,真实的人生是如此不堪。革命只是为自己算计的外衣,遇到切实的个人利益,还是人人自扫门前雪。"五四"到来,使人们争取到了婚姻自主,就这不见得就得到了爱情。爱情是什么?用鲁迅的话来说,"不知道有谁知道"。①《伤逝》中的子君在自由恋爱同居以后便沉溺于养小油鸡、喂"阿随"的趣味中。在张爱玲的笔下,这些新女性争取到的也只是靠男人吃饭的"女结婚员"。除此以外,还有《色戒》对革命行为的解构,《等》对医生、军官等中等阶层市民生活的解构。张爱玲笔下的日常生活空间逼仄窄小,生在其中的人每天都津津乐道于经营小圈子的人际关系,没有理想,没有追求,把平庸的生活当作意义本身。

张爱玲的现代市民小说达到了相对成熟的境界。她的小说在题材、角度上对现代市民小说有所提升,在人性层面和日常现代性追求等方面对"五四"启蒙小说做出了发展。张爱玲的市民小说将20世纪上半叶的现代市民小说推向了新的高度。

首先,张爱玲"从上面看"的视角和它的题材选择都使她的创作体现出和其他市民小说的巨大差异。她对现代市民白日梦的解构,对日常生活叙事的关注,预示着现代市民小说进入了更为清醒、更为现实的成熟阶段。

一方面,张爱玲的题材范围从城市公共空间回到了现代市民的日常生活空间,对现代市民日常生活的关注深化了现代市民小说日常现代性的追求。张爱玲对上海的文化想象,是构建在重新塑造的都市空间——公寓、电车、内室、电影院等基础之上的。这些日常生活场景和都市化物质形态是作者市民价值观念的根本载体。穆时英等作家的公共空间从一个广阔的抽象的空间概念变成了张爱玲笔下实体的物质。张爱玲的市民小说往往发生在街道或公寓。这种变化是具有深刻的社会心

---

① 鲁迅:《随感录·四十》,《鲁迅全集》,第1卷,北京:人民文学出版社,1981年版,第321页。

理基础的。随着工业文明的发展,城市生活节奏和步伐与乡村生活有了很大不同,现代市民形成了私人生活和公共空间等截然不同的生活领域。欧洲 18 世纪和上海 30 年代的情况非常相似:"家庭的私密性生活和大街上以及'社交界'的公共生活已经被分割为完全不同的领域。人们所扮演的公共角色和'他人'之间设置了一个谨慎的距离并且因此提高了人们的社交能力。"40 年代的上海,正如 19 世纪的欧洲,"公共领域渐渐被人们视为'可怕的空间':这是一个被异化了的空间,缺乏精神和道德的美好的特点"。大家开始纷纷逃避公共领域,"私密化的家庭成为社会生活的基石,人生的意义与本真性的避难所"。人们希望在这个"社会的私密性景观"中体验世界并得到心理的安慰,这主要是因为公共领域的生活有太多的内容不能够给人们任何心理补偿,在人们的经验中,公共领域的生活是非人性化、空虚和危险的,充满了"陌生人"。这些"陌生人"因为他们的陌生性所以是不可知的,因此也就具有潜在的威胁。"①回归到日常生活空间,也是现代市民要回归到真实内心的必然选择。对日常生活空间的关注,更有利于表现现代市民小说的"以人为本"的价值追求。孟悦曾指出:"张爱玲笔下的内室,客厅,公寓,旅馆,和街道菜场等等,则为中国'半现代'的普通社会——具体说是普通市民百姓的社会——提供了寓言式的活动空间。"②张爱玲借助日常生活本身的开放性,为日常生活打开了一个错综复杂的意义空间。张爱玲善于在庸常人生中寻找趣味,体现出对世俗社会的认同,与对平凡人生的津津乐道。她把现代市民小说的题材领域从城市公共空间拓展到日常生活领域,并在写作中取得了超越同代人的成就。她的努力使现

---

① [英]乔安妮·恩特维斯特尔著、郜元宝等译:《时髦的身体——时尚、衣着和现代社会理论》,桂林:广西师范大学出版社,2005 年版,第 149 页。
② 孟悦:《中国文学"现代性"与张爱玲》,王晓明主编,《批评空间的开创:20 世纪中国文学研究》,上海:东方出版中心,1998 年版,第 345 页。

代市民小说进入了更为深入、更为成熟的发展阶段,现代市民价值观也得到了更好的展示。

另一方面,市民小说往往是一种平面的缺乏深度的叙事。苏青、予且等人基于"街道水平"的公共空间市民叙事就是投入的,平面的。由于身处其中,反而难解其中味。穆时英等人的现代市民小说则是根据阅读、杂志、电影、生活等多种文学资源塑造出来的一种具有片面性的市民形象和市民生活状况,与现实的市民生活还有一定距离,是现代市民转型期的特定产物。张爱玲的"市民想象"中的"市民"是已经经历了城市经济发展的黄金时期,从思想到生活方式都已经被现代市民价值观深深浸染的回归到家庭的普通市民。现代市民生活空间不断拓展,普通市民得以有机会接触到豪华的饭店、舞厅、购物中心,了解到上流社会的生活。这些可望而不可即的生活不断催生普通市民的世俗欲望,给他们提供了滋生幻想的温床,从而形成了各种各样的关于金钱、爱情、欲望等的市民想象。这些理想与现代市民以人为本、物质理想、生本位的价值观念紧密相关,不具有崇高性也不具有精神性,只是基于生存的世俗算计。张爱玲的市民小说和穆时英等人的现代市民形象建构不同,也和苏青、予且放弃想象的平实市民小说迥异,她深切洞悉现代市民的心理,又站在更高的高度认识其市民理想的卑微与难以实现,她对这种世俗的"市民想象"给予了不留情面的拆解。这种解构手法使她的作品获得了超越时代的生命力,她的批判意识彰显了她对市民价值观的深刻理解,使她和普通的市民小说拉开了距离,表现出一种思想的深度。她努力以一种清醒到近乎冷酷的态度来俯视芸芸众生,喧嚣乱世。虽沉湎其中,却又能从中自拔出来,保持客观化的距离,提升叙述的高度,从而更富内蕴地展示了特定历史时代与文化困境中普遍的市民心态。在此之前,很少有市民小说能够呈现出解构的姿态,对现代市民的生存困境提出清醒的批评。张爱玲不但做到了这一点,而且给予了深刻的悲悯与同情。

其次,在人性层面上,张爱玲具有对个体人生价值的深切认同,将现代市民"以人为本"的价值追求赋予了更为深沉的道德含义,把五四以来的"个人主义"推向更为自我、更为世俗的层面。张爱玲探索灵魂的深度使得现代市民价值观在人性的层面得以广泛呈现。她"以人为本"的价值观首先表现在对人的欲望和要求的关注上。张爱玲充分尊重个人生活,继承了"五四"的个人主义传统又发展了这种传统。用刘锋杰的话来说:"张爱玲代表的是个人生活主义,张爱玲的个人主义在由个人而为主义时,个人没有被主义所彻底征服与消解,这时的个人意识在成为一种价值时,仍然保持了个人生活的丰富性与自由性。它显示了两个特色:不是自我中心主义的,在价值观上体现了开放性;不是脱离日常生活的,它体现了世俗化、琐碎化的民间特色。"① 非自我中心中就包含着一种对他人的悲悯。不脱离日常生活的,体现了对平民世俗生活深沉的感动。张爱玲的非自我中心,是一种类似于基督的超脱的悲悯情怀,将"以人为本"赋予了更为深沉的道德含义。张爱玲善于描写现代市民的自私、卑劣、小气、争斗。在这种充满悲悯的描写中,体现出她对真实人性的包容与同情。正是出于对真实人性的深刻理解,张爱玲的小说中,再坏的人物都有令人同情的地方,再恶毒的行为作者都不进行道德评价。夏志清在《中国现代小说史》中曾经评论张爱玲:"对于普通人的错误弱点,张爱玲有极大的容忍。她从不拉起清教徒的长脸来责人为善,她的同情心是无所不包的。"② 这个评价是比较中肯的。张爱玲表面冷漠刻薄,实际上她对世界的看法中有很大的包容与同情。她的道德观

---

① 刘锋杰:《论张爱玲的现代性及其生成方式》,载《文学评论》,2004年第6期,第120页。
② 夏志清:《中国现代小说史》,香港:香港友联出版社有限公司,1979年版,第355页。

是"以爱作基础的,是开放的,是指向万事万物的","她能理解广大的人生,且对人生的理解是深刻的,触及本质的"。① 张爱玲清楚地知道神圣与完美只是骗人的,人生是充满缺憾的。然而,她在冷酷地传递自己的"生本位"观念的同时,又包藏了一颗具有深深悲悯的大爱之心。所以,尽管张爱玲冷酷地解构了那么多市民幻梦,打破广大读者在惨淡人生中的传奇想象,但她这种解构不是来源于冷漠、旁观、讽刺,而是来自于对广大平民的热情、投入与爱恋。张爱玲对人类充满了悲悯之意,她的"从上面看"视角也正体现于此。这种"从上面看"不是居高临下的俯视,不是倨傲的一瞥,而是充满慈悲与怜悯之意的,是想要普度众生的大爱。张爱玲的道德选择是:看透了这个世界,然后爱它,这种深沉的大爱给她的"以人为本"追求赋予了某种神圣的色彩。

再次,和"五四"的启蒙现代性相比,张爱玲的现代市民小说张扬了日常现代性的可能性,为我国文学现代性进程提供了新的范本。"五四"以来的中国现代文学一直崇尚英雄和超人,歌颂革命与暴力,文学被赋予鼓励人生、指导人生、改造人生的启蒙重任。主流文学往往轻物质、重道德,忽视日常生活,关注精神立场,呈现出理想主义和英雄主义的审美基调。作为一种目的性很强的工具文学,它容易形成对个体凡俗人生与日常经验的忽视和拒绝,把"个人"人为地象征化、符号化和工具化,造成文学性的偏离和萎缩。从五四启蒙小说到30年代现代市民小说再到张爱玲,文学叙事的立场从"宏大"转到"日常"的公共空间,又回到"日常"的生活空间,着眼点越来越细微,对于普通个体的生存状况、个体经验、现实冲动、苦难焦虑、世俗欲念等的表现越来越深入。特别在张爱玲笔下,现代市民回到了他们真正的个人生活,日常生活被赋予了神圣的重大的意义。《倾

---

① 姚玳玫:《想象女性——海派小说(1892—1949)的叙事》,北京:中国社会科学出版社,2004年版,第233页。

城之恋》中一场各怀心事的爱情可以与战争相并列,被认为是这个时代的传奇;《金锁记》中为了被压抑的金钱和情欲而形成的破坏欲可以被原谅;《琉璃瓦》中恋爱与寻找一个完美的世俗婚姻就是一家人生活的全部意义。点蚊香、雨中坐车、吃冰激凌、乘电梯……这些普通而琐屑的日常生活细节经常被赋予一生一世的意味。城市与社会成为遥远的布景,这些普通市民忠实于自己的内心,辗转在世俗的争斗与算计中,沉浸在日常的喜怒哀乐里。日常生活的意义被重新发掘,甚至被无限放大。维特根斯坦认为:"命令、询问、叙述、聊天同走路、吃、喝、行为、玩耍一样,是我们自然历史的一部分。"① 马克思主义美学家卢卡契在《审美特性》一书中指出,"人在日常生活中的态度是第一性的","人们的日常态度既是每个人活动的起点,也是每个人活动的终点"。② 提醒人们关注日常生活"作为人的行动中的认识的源泉和归宿的本质性"。③ 文学日常性品格的魅力日益引起研究者的重视。这种价值取向本质是对人生庸常经验和世俗诉求的提升。它消解文学艺术的神圣性和理想性,使日常生活从国家政治和伦理道德中分离出来,使私人领域具有存在的合理性,肯定了当下的世俗生活以及从中滋生的价值观念。它对日常生活的重视和世俗欲念的肯定,与启蒙现代性一起显示了中国文学走向现代性的不同方式。

---

① 维特根斯坦:《哲学研究》,北京:商务印书馆,1996年版,第19页。
② 卢卡契:《审美特性》,第1卷,北京:中国社会科学出版社,1986年版,第1页。
③ 卢卡契:《审美特性》,第1卷,北京:中国社会科学出版社,1986年版,第35页。

第三章　物质修辞：三四十年代上海现代市民小说的形式新变

所谓"物质修辞"，是指现代市民小说中，公共构造和物质细节频繁出现，成功实现了从现实的城市物质符号到具有独特叙事意义的文本符号的转变。这些城市物质符号不仅充当了故事发生的背景或道具，而且起到了重要的叙事功能，形成了现代市民小说区别于其他流派的独特的叙事特征。

李欧梵认为，上海这个由所谓"新的公共构造"和"新的日常物质生活表象"所共同构造出来的现代性文化形态，就是自发现代性进程中的典范文本。李欧梵所说的上海的"新的公共构造"和"新的日常物质生活表象"也就是一种城市的物质符号。30年代，"东方巴黎"上海早已成为典型的国际大都会，电灯、电报、电话、火车、轿车、无轨电车，西方工业文明和商业文明的登陆，不仅给都市人提供了现代化的交通工具和通讯工具，而且还带来了舞场、赌场、跑马场、戏院、影院、大世界这样的娱乐场所。在城市语境中理解现代市民小说，我们必须从城市物质符号表达与这些城市物质符号和文本的意义关联中寻求现代市民小说的新的策略，考察各种新的都市符号的生成与它们对文本的作用，探寻这种物质修辞与现代市民价值观的关系。

第一节　三四十年代上海现代市民小说的空间修辞

提到公共空间,很容易使人联想到哈贝马斯所讲的 public sphere 这样一种社会和政治空间。事实上,本文在三四十年代上海现代市民小说中关注的是文本中呈现出来的实实在在的"物质空间",即城市中人们日常使用的看得见摸得着的公共空间。它应该是"公共空间"(public space)和"公共生活"(public life)。研究这样一个空间,除了其本身的物质意义外,还可以窥探形成怎样的现代市民想象,对现代市民小说叙事策略的改变起到何种作用,进而探究现代市民深层价值秩序对它的影响。

上海的公共空间发展非常快,"上海是'发展'了的,但是发展的不是工业的生产的上海;而是百货商店——跳舞场、电影院、咖啡馆的娱乐消费的上海"。① 三四十年代上海现代市民小说的一个突出特征就是城市公共空间在文本中的大量出现。这些城市公共空间包括都市的校园、百货公司、舞厅、酒吧、电影院、法国公园、跑马场、街道、卡而登歌舞厅、飞驰的汽车等等。对于穆时英、刘呐鸥、叶灵凤等现代市民作家来讲,"城市是他们唯一的生存世界,是创作想象的关键资源"。② 公共空间的改变是三四十年代现代市民语境的最大特征,随着公共空间的城市化进程,现代市民的心理格式逐渐被影响,形成注重自我、趋时求新、注重物质的价值观念。这也是市民小说叙事策略发生改变的深层原因。

---

① 茅盾:《都市文学》,《茅盾全集》,第 19 卷,北京:人民文学出版社,1991 年版,第 422~423 页。
② 李欧梵:《上海摩登——一种新都市文化在中国 1930—1945》,北京:北京大学出版社,2001 年版,第 203 页。

一、空间型叙事推动力与以人为本价值观

穆时英、刘呐鸥、叶灵凤等现代市民小说作家笔下的城市公共空间，给现代市民提供了一个迥异于传统乡村的现代社交场所。相对于传统文本中乡土空间的封闭、保守、停滞状态，现代城市公共空间更自由、开放、摩登。穆时英、刘呐鸥、叶灵凤等作家的市民小说往往描写现代市民辗转于不同的空间，由这种来去的自由与所在空间的特殊性，在描述全新的美丽新世界的同时，利用城市公共空间的转换和并置的叙事功能塑造出了富有张扬个性、自由独立的，具有以"人"为本的特征的现代市民形象。

首先，空间转换的叙事功能。传统的小说文本中虽然也会出现城市空间，但不外乎是缺乏认同感的遣责或者是没有感情的描述，空间仅仅作为背景出现，缺乏叙事意义。现代市民小说文本中公共空间的转换，则起到了推动情节发展、塑造人物性格的作用。在叙事文本中，作家往往用一些标志性的现代建筑来起到这一起承转合的功用。文本中最常见的是公园、舞厅、酒吧、饭店、跑马场、街道等。利用城市公共空间的转换，现代市民小说逐步形成了邂逅式的叙事模式：穆时英、刘呐鸥、叶灵凤等的现代市民小说文本往往是描述两个陌生男女在舞厅、跑马场、电影院等公共空间相遇，一见钟情，然后两人去咖啡厅或者逛街，增进感情，感情酝酿到一定阶段，两人同去宾馆。类似的作品有穆时英的《红色的女猎神》，刘呐鸥的《两个时间不感症患者》《游戏》，叶灵凤的《落雁》《第七号女性》，施蛰存的《巴黎大戏院》等。在这些文本中，城市公共空间以其开放的形态与不受道德约束的特性成为推动情节发展、塑造人物性格的重要工具。

早期市民小说中频频出现"法国公园"这个地方。林徽因《春似的秋》《秋似的春》等连续性短篇借女主人公白露仙的

信,叙述在法国公园如何拾到男主人公斯滨的手抄诗稿,引起情感波澜。从这个时候开始,市民小说就借助公共空间呈现出与传统叙事不同的开放型特征,带来了故事情节发展的多种可能性。后来,这个空间象征逐渐被舞厅酒吧饭店所取代。刘呐鸥的短篇小说集《都市风景线》的封面上有"scene"这个单词,从某种程度暗示了公共空间在这些小说中所起的重要作用。里面的八篇小说涉及了上海生活的众多场景:舞厅、火车、电影院、街道、花店、跑马场、永安百货公司等等;穆时英的小说《骆驼·尼采主义者与女人》中,男性主人公闲逛了一个又一个都市游乐场所:回力球场、舞厅、酒吧、Beaute Exotique 和 Café Napoli,最后在咖啡馆邂逅了女主人公;而叶灵凤小说中的主人公经常出入于 Feilington、国泰电影院、新亚饭店、沙利文咖啡馆和上海的外文书店。和鲁迅等"五四"小说家刻意用"S城"等代号标注地名,唯恐对地点的强调会干扰情节的发展,现代市民小说家近乎炫耀地用地名作为情节转折依据,不断提示主人公行为场景的转换,以此推动故事发展,塑造人物性格。

除了上面提到的种种娱乐休闲场所,街道——作为这些公共场所的连接地,也是文本中一个重要的公共空间。现代市民小说文本中的街道不再像古典小说中那样,作为小说情节的发生地点和场景而依附于故事存在,而是具有强化小说主题、塑造人物性格的叙述意义。街道在文本中取得了独立存在的价值,它不仅是小说的内在组成部分,而且也具有强大的叙述功能。传统叙述中,行走在街道上,是为了走向某个预期地点去完成某项任务的一环;而在现代市民小说作家笔下,走在大街上本身就是目的。主人公没有目的、没有方向地任意走在某条任意选择的街道上,等待着意外的邂逅,或者奇遇。这实质是以外界的刺激来激发主体能动性。这些文本中的街道本身没有主动性,但街道上任意发生的某件事情,都可能推动故事的发展。

为了进一步分析公共空间在情节发展、人物塑造中的作用,我任意选取穆时英的《红色的女猎神》来做个案分析。《红色的女猎神》文中共涉及三处公共空间:跑狗场、酒吧和宾馆。故事的开始是在跑狗场"看台沉到黑暗里边。一只电兔,悄没声地,浮在铁轨上面,撇开了四蹄,冲击了出去。平坦的跑道上泛溢着明快的,弧灯的光"。男主人公偶遇了一个身着红衣的近代型女性。这种相遇的方式在以农耕文明为基础的乡土中国是不可想象的,但是在上海30年代这个市民社会中就具有典型性,同时因赌狗而结识,也是现代城市生活中女性走向社交舞台的结果。文中写到男子和她在马路上散步,到酒吧喝酒。由于这些交际场所的公共性,就造成了两种可能的结果,一是每个人之间都是陌生人,任何人都可以隐瞒自己的身份,所以这种恋爱的结果无法预知,从而更具刺激性;二是他们的感情没有任何来自社会家庭的阻碍和功利的考虑,这使他们的个性追求得以最大限度张扬。所以,女子任性、野蛮、不羁、顽皮的个性在情节发展中获得最大张扬,深深打动了男子,而美丽的女子竟然是土匪首领,这个意外的结果反而激起了男子更大的热情。对天性中自我意识与冒险精神的赞美也获得了极度张扬。可见,都市空间的公共性对主人公的个性形成、情爱选择都起到了重要的作用,并最终推动了整个情节的发展。

张爱玲的小说也明显增加了空间化的叙述成分,具有鲜明的镜头感。她的作品以时间线索作为纵向的链条,将众多空间画面连缀起来,在时空结合的基础上,共同推进故事的发展。故事情节的连缀是通过一个又一个画面的切换来实现的,不全用实写,虚笔隐在画面之外。如《倾城之恋》全篇并无清晰的时间线索,而是由不同空间标志的一个个镜头。最初是白流苏离婚后在娘家的生活场景,然后到香港与范柳原开始交往,并且范柳原还打趣说,只有把流苏带到这个远离她家人的地方,她才能恢复自己的自然本色。当与范柳原的感情发展受阻时,流苏选择回到上海小住,调整心情,并最终决定返港当范柳原的情妇。太平洋战争爆发,在战后的废墟中,他们终于决定结婚。空间在情节发展中起到了巨大的推动作用,主人公的经历与心情是由空间标志的,时间反而被模糊化。

其次,空间并置结构的叙事功能。现代市民小说的空间化特征还表现在以场景的呈现代替历时的时间因果关系的叙述,从而使小说的时间结构弱化,空间"并置"结构强化。福柯认为:在现代都市中生活的人们,处于一个同时性(simultaneity)和并置性(juxtaposition)的时代,人们所经历和感觉的世界,是一个点与点之间互相联结、团与团之间互相缠绕的人工建构的网络空间,而不是传统社会中那种经过时间长期演化而自然形成的物质存在。① 城市空间的这种同时性和并置性的特征带来叙事手段的一些全新的特征。形成了桔子式的"并置"结构。"一个桔子由数目众多的瓣、水果的单个的断片、薄片诸如此类的东西组成,它们都相互紧挨着,具有同等的价值"(戈特弗里德·本)。这个桔子"并不四处发散,而是集中在唯一的主题(核)上"。② 它们遵循"并置"原则(夏塔克),"事件的安排显然也不受发展原则的支配。书中的各章是一些块块","它们惟一的接触点"就是主题。③ 时间萎缩和空间的延展,使得"叙述中的'于是'就萎缩成简单的'和'"使"文本具备了一种反叙述的近乎固定的性质。"④

这种结构模式最典型的是穆时英的《夜总会里的五个人》、

---

① 福柯著:《不同空间的正文与上下文》,陈志梧译,包亚明主编,《都市与文化》,第1辑,《后现代性与地理学的政治》,上海:上海教育出版社,2001年版,第18~28页。
② 秦林芳编译:《现代小说中的空间形式》,北京:北京大学出版社,1991年版,第142页。
③ 秦林芳编译:《现代小说中的空间形式》,北京:北京大学出版社,1991年版,第144页。
④ 秦林芳编译:《现代小说中的空间形式》,北京:北京大学出版社,1991年版,第156页。

《上海的狐步舞》。以《夜总会里的五个人》开头部分为例,作家依次写了不同的空间发生的事情:郊外—市内林肯路—郊外—街景—私人别墅—街景—跑马厅—舞厅—街景—工地—华东饭店。这些场景没有因果关联,也不存在时间上的连续性,空间在这个过程中被突出到相当重要的位置。在这些毫无联系的场景中,近代商人胡均益在证券交易所眼看着80万家产无影无踪,大学生郑萍眼睁睁看着自己的心上人抛弃自己,曾经美丽的黄黛西已经青春不再,学者季洁不断追求人生的终极问题,一等书记缪宗旦接到撤职书,面临失业困境,作者用"五个从生活里跌下来的人"标志出这五个人不同命运的生活片段的共同点。在每一个场景开始前,作者都标注时间,将不同地点、不同人物、不同事件按时间依次叙述,形成一个典型的"桔瓣"式结构。故事的内核就在于这些现代市民生活的走投无路与最后绝望的爆发。通过对青春的寻找、爱情的留恋、事业的追求、生活的困惑等现代市民生存主题的寻找与绝望,建立起"天堂与地狱"的对比并置结构。

　　周天籁的小说《亭子间嫂嫂》巧妙地调度了空间因素,扩大了小说的表现力。作品逼真地再现了二三十年代上海红灯区会乐里的一个暗娼顾秀珍的生活轨迹,并以之为纽带联结那些嫖客,以了解每一个嫖客背后的社会故事,通过一个小小的亭子间凸现了广阔的社会生活场景,折射出当时上海滩形形色色的市民各种各样的生活状态。小说以亭子间为核心,利用亭子间嫂嫂的活动把上海形形色色的城市公共空间联系在一起,反映了广阔的社会画面。同时,又利用这种空间的隔绝性,巧妙调度时间和空间安排,形成强烈的戏剧冲突。例如亭子间嫂嫂嫌打铁老板黑不溜秋的模样不好,骗他要30块才做生意,结果当打铁老板抱着借来的30块来到亭子间,恰好嫂嫂前脚出去同客人包厢玩了整晚,到次日中午才会,而那铁匠半夜发泄完了早上已经被"朱先生"劝回去了,整个故事两人刚好错开,匠的怒与嫂的乐形成了鲜明的对比。

　　再次,空间意象化的叙事功能。在市民小说文本中频繁出现公共空间,使得公共空间逐渐成为一种表意符号,直接承担叙事功能。当代法国著名文化理论家博度(Pierre Bourdieu)曾说,"社会空间"是"一种抽象的符号表征"。① 作为小说情节发生的故事背景,城市空间本身就具有"言说"自己的意义。由于城市公共空间往往具有功能性,城市的弄堂、街衢、石库门、百货公司、舞厅等空间也从而获得了一种特殊的话语模式,给予作品丰富的意义。陈晓兰认为,"作家自觉不自觉地沉湎于一种象征性地绘制上海地图的行为中",在对公共空间强调的同时,"根据一个人的线路图和他的停靠地表现人物,某些地方总是与某些行为联系在一起,并通过这些地点暗示人物的道德倾向和生活方式。而作家对这些地方也表现出明确的情感取向和价值判断意味。正是在这种作家、人物与其所处空间的融会、交流中,作家的态度、人物的形象和上海的特性被展现出来,空间也被赋予了一种明确的政治、道德意义,因而被政治化、伦理化"。② 作为一个鲜明的例证,30 年代现代市民小说往往形成模式化叙事。跑马场是用来邂逅的,这里的女子是热情开放的;大街是增进感情的;酒吧是让人意乱情迷的;旅馆是用来发泄欲望的,这个充满不稳定性的场所又是让主人公在激情之后一拍两散的。现代都市的空间功能逐渐趋向专业化,也使得不同的地点注定发生不同的情节,而出现在某一特定场所的肯定是具有某种共同个性特质的人群。

　　空间叙事推动力与以人为本的价值选择息息相关。传统上,叙事的秩序要通过一定的时间规律才能建立起来。这和传

---

① 方成、蒋道超:《德莱塞小说中的城市空间透视及其意识形态》,载《名作欣赏(学术版)》,2006 年第 6 期,第 91 页。
② 陈晓兰:《文学中的巴黎与上海——以左拉和茅盾为例》,桂林:广西师范大学出版社,2006 年版,第 162 页。

统农业社会的思维方式有密切关系。在漫长的农业文明中,人口很少移动,人们周而复始按照时间的顺序辛勤劳作、生存繁衍,一切有关无限、轮回、因果、延续的叙事推动力都是因时间而生。而这种轮回、宿命的观念都与传统乡民的"神本位"价值观紧密联系。那个时代,人们对空间的关注仅限于事件发生的背景。但是,随着城市的兴盛,空间逐渐扩展,时间对现代市民的影响开始日益减弱,或者由于变化缓慢而往往被人所忽视。空间却日益取代时间,影响到现代市民的生活与思维。空间的转换不仅意味着环境的改变,更意味着生活方式与思维状态的改变。现代市民开始日益关注空间转换对他们的行为方式、个体情感的影响,而漠视农业文明中建立起的轮回、因果、无限等观念,从而逐渐摆脱了传统乡民价值观中经验主义的魔咒,在空间的转换与改变中获得对自身力量的确认。在此基础上,现代市民逐步形成了"以人为本"的价值观,关注以自身为中心的空间变动,在变幻莫测的世界中,通过把握自己而进一步认识世界。

表现在小说的叙事策略中,在同一时间维度中的空间变更对叙事的推动力日益明显。传统小说观念认为,小说是以刻画人物为中心,通过完整的故事情节与具体的环境描写来反映社会生活的一种体裁。其中小说的三要素是人物、故事情节和环境。小说的环境描写、人物塑造与中心思想有极其重要的关系。环境描写要和人物的表现、心情、身份、时代相适应。我们所讲到的公共空间,就类似于小说理论中的环境要素。但是,在传统小说理论中,环境是为人物塑造服务的,是先有中心人物,才有环境描写,环境处于从属地位。在现代市民小说中,有了很大不同。环境成为具有主导性的叙事推动力。我们可以看到,现代市民小说叙事策略中以公共空间的移动推动故事情节发展与个性塑造。作家不再是一个全知全能的命运审判者,甚至连他自己都不知道下一刻将发生什么,只是在城市环境的改变中随波逐流。作家也不再扮演启蒙者或者上帝的角色,而是忠实反映普通市民的情感心态。他们叙事的角度,不管是俯瞰、仰视还是浏览,都是从个体生命体验城市生活的角度出发,忠实反映现代市民在都市生活中体验视角的转换。在现代市民小说内容的想象性构建中,我们可以看到,现代市民作家或者"从上看",或者"从下看",或者"从街道水平看",通过不同的视角表现了生活于都市不同空间的市民的生存状态。他们的市民想象囊括了活动于舞厅、百货公司、跑马场、饭店的中产阶级,生活于石库门的普通市民,辗转于亭子间的底层平民,居住在花园洋房、现代公寓的白领阶层等。不管身处何种空间,现代市民对自己内心的关注从未停止。在这个空间变换的过程中,作家通过描写身处于不同空间的人体现出的不同心理状态、不同价值选择,可以从另一个角度让我们体会到现代市民丰富而真实的内心世界。相对于传统的线性叙事方式,这种空间转换从横向角度丰富了小说的表现手法。

正如伊夫·塔迪埃索说:"小说既是空间结构也是时间结构。"① 时间与空间是不可分割的,甚至可以说,在现代市民小说中,空间的作用开始日益增大。这种空间叙事景观是区别于传统叙事方式的最根本的特征,体现了现代市民价值秩序的转变。打破了时间性的"神本位"的因果论和轮回观,实现了以"人"为主导的空间转换,通过空间的叙事作用凸显了空间中个体的价值选择与物质观念。

二、"破碎"型叙事视角与趋时求新价值观

城市公共空间的出现潜移默化了身处其中的市民的思维方式,也影响了市民作家的叙事视角,形成了"破碎"的空间化特征。小说的空间化主要技巧是"破碎","它的终极形式是生

---

① [法]伊夫·塔迪埃索著、桂裕芳、王森译:《普鲁斯特和小说》,上海:上海译文出版社,1992年版,第224页。

活的片断"。① 这种"破碎"在现代市民小说中集中表现为两种叙述特征:一是跳跃性的散点扫描,一是短视与瞬间追求。

现代都市最引人注目的就是变幻莫测的现代化街景,它给人走马灯式的跳跃性体验,同时也使现代市民小说文本呈现出散点扫描式的叙述格局,当时的市民小说文本擅长浮光掠影的全景描写。以印象式的浅层体验结构全文,利用对比和列举等表现手法形成空间性、节奏跳跃、形式多变的叙事风格。

首先,现代市民小说善于使用列举手法。严家炎指出,中国新感觉派小说"有异常快速的节奏,电影镜头般跳跃的结构,在读者面前展现出眼花缭乱的场面,以显示人物半疯狂的精神状态"。② 这种跳跃感往往就是通过列举的散点扫描方式呈现出来的,现代市民较之乡民,生活在一个更加复杂的环境。灯红酒绿、人潮涌动本身就代表了现代市民生存环境特征。要反映这种犹如身处舞池中的跳跃感与速度感,最恰当的方式就是列举式的全景式扫描笔法。这种叙事方法打破了事件按时间顺序和时间之间因果律的法则,彻底摒弃了传统小说的故事和情节线索的因素,将一些互不相干的时间和人物串在一起,跳跃性很大。类似的作品有《街景》、《空闲少佐》、《PIERROT》、《上海的狐步舞》等。在这类小说中,充斥着对城市景观的全景式描写:晴朗的街、阴雨的街,午后的街、夜晚神秘的街,喧嚣的街、寂静的街,"散发着尘埃、嘴沫、眼泪和马粪的臭味的街、蓝的街、紫的街⋯⋯强烈的色调装饰化装着的都市啊!霓虹灯跳跃着——无色的光潮,变化着的光潮⋯⋯"。③ 街道上行走着充满生命活力的大批市民:妓女、绑匪、白俄浪人、穿燕尾服的英国绅士、带金表穿皮鞋的中西结合的商人⋯⋯这些碎片构筑了

---

① 秦林芳编译:《现代小说中的空间形式》,北京:北京大学出版社,1991年版,第165页。
② 严家炎:《中国小说流派史》,北京:人民文学出版社,1989年版,第144页。
③ 穆时英:《夜总会里的五个人》,《穆时英小说全集》,长春:时代文艺出版社,1998年版,第234页。

一个包罗万象的又具有强烈对比意味的市民生存图景。

其次,大量现代市民小说运用对比手法表现城市全景。公共空间对所有人敞开,它对市民的身份、职业、年龄、经济状况没有限制,所以,在文本中文人、乞丐和妓女经常会同时出现在同一场景中。现代市民作家在表现这种空间感的时候很自然采用了对比手法。徐霞村的《modern girl》通过叙述者对"现代姑娘"几次见面场景的回忆,在画面的并列和重复中,揭示出"现代姑娘"不过是"会作新诗"、"法郎士的爱好者",以此获得男性好感、骗取钱财。省略掉了多余的枝蔓的话语,直接碰撞出主题。穆时英的《街景》就对生活在外滩或街头巷尾的下流社会民众的生存状况进行了对比式描写。这篇小说以一个老乞丐30多年的人生故事为主线。30年前,他做着上海梦来到这个现代都市。为了赚钱,他不辞劳苦,提着篮子在大街小巷卖花生米,希望有朝一日发财了,可以接父母来上海玩。然而上海是造在地狱上的天堂,它一天一天改变了模样,马路变阔了,屋子长高了,他的头发也变白了。都市男女们在纵情声色,老乞丐却一无所有、行囊空空,梦想着回家,最后却葬身车轮之下。然而在发生悲剧的同时,这又是一条"明朗的太阳光浸透了这静寂的,秋天的街"。"有着野宴的男女和温柔的修女,刚从办公处回来的打字女郎和放学回去吃点心的小学生"。一切并行不悖。这种手法被穆时英频繁采用,他最著名的《夜总会里的五个人》也是这种一个在全景描写中撷取其中几个人物作为"点",进行对比描写。贫与富、哀与乐、暴死与逸生、地狱与天堂,形成有层次有对比的全景扫描。

穆时英对自己的创作曾经讲过:"人间的欢乐,悲哀,烦恼,幻想,希望……全万花筒似地聚散起来,播摇起来,在笔下就漏出了收在这本集子里边的,八篇没有统一的风格的作品。"[①]这

---

① 穆时英:《白金的女体塑像·自序》,《穆时英小说全集》,长春:时代文艺出版社,1998年版,第720页。

种散点扫描的叙事手法加快了叙述节奏,打破了读者对事件因果关系的线性期待,而把注意力集中在不同事件之间的横向联系上,形成横截面式的小说结构。

城市的空间结构影响身处其中的市民思维方式,城市高楼林立的空间建筑既改写了地平线也造成了视线中断。这种空间透视的局限性就在于主体只存在单向视觉。这种注视城市的方式使得个体得到的城市图景是没有深度的平面景观,从而很难领悟这种景观背后的含义。这也是当时的市民小说文本中体现出来的短视与追求瞬间快感的重要原因。

市民生活在现代都市中,最常使用的观察方式有鸟瞰、平视与仰视。从市民小说文本中,我们可以找到众多例子,以验证作家的视野受到城市建筑影响。他们通过高耸的建筑物获得了可以俯视都市的位置,文本中经常把拥挤在都市中的人群写成"一簇蚂蚁似的生物";同时,他们的视线又不断受到建筑物的阻隔:"游倦了的白云两大片,流着光闪闪的汗珠,停留在对面高层建筑物造成的连山的头上。远远地眺望着这些都市的墙围,而在眼下俯瞰着一片旷大的青草原的一座高架台,这会早已被赌心热狂了的人们滚成蚁巢了。"①在《上海狐步舞》中作者仿佛置身高空,俯瞰这个巨型都市:从沪西的郊野到豪门的客厅;从五光十色的街景到奢靡放纵的舞厅旅馆;从发生工伤惨案的工地到贫民窟,林林总总,犹如全知。同一篇文章中"街旁,一片空地里,竖起了金字塔似的高木架,粗壮的木腿插在泥里,顶上装了盏弧灯,倒照下来,照到底下每一条横木板上的人。"则是仰视的方式描写高楼下人的渺小。不管是哪种观察方式,建筑的胁迫挤压到人的思考空间,这种都市空间带来的巨大压迫感与阻隔感使得虚无时时入侵,从而使众多文本专注于瞬间流逝的景物与情感。刘呐鸥《两个时间的不感症者》

---

① 刘呐鸥:《都市风景线》,上海:上海书店出版社,1988年版,第91页。

中跑马场的边界就是"都市的墙围",陌生男女在拥挤的人群里相遇、散步、跳舞,看不到两人的过去,也看不到两人的未来,然后迅速分开。女子甚至宣称:"我还未曾跟一个 gentleman 一块儿过过三个钟头以上呢。"快速升温又转瞬结束的爱情就如同在几分钟决定胜负的跑马比赛,快感只在于瞬间投入的高峰状态。

采用符合现代都市生活的散点、短视的叙事视角,正体现了现代市民"趋时求新"的个性特征。现代市民作家能够根据现实生活的改变不断调整叙述方式,忠实反映城市变化。飞速发展的城市建设带给了现代市民某种"震撼"体验,同时也造就了现代市民趋时求新的价值观。他们更善于接受和认同新兴事物,在叙事策略中体现出对新型城市空间的敏感与把握。据此,我们可以解释何以 30 年代的市民小说如此热衷于描写现代都市生活,反映在我们看来甚至有点超前的现代市民心态。30 年代上海一举发展成为"整个亚洲最繁华的国际化大都会"。① 对于大部分脑子里还残存着乡土经验的上海都市市民来说,对城市的震撼体验就是城市的空间结构给予他们的震撼。陌生的环境、明亮的霓虹、耸立的高楼、穿梭而过的车流、灯红酒绿的舞厅、喧嚣的赌场……这种空间的建筑以"语言"的形式形成了主体对于城市的基本看法,构建了主体对于城市的基本理解。"震撼体验"质疑和动摇了日常生活的逻辑、规则和秩序,乃至最终造成日常生活本身的断裂。这种现代意味的空间形式瓦解了传统中国人的空间感,穆时英、刘呐鸥等现代市民作家迅速把握到新都市脉搏,热烈拥抱都市新生活。他们迅速寻找新的文学形式来反映一个新的时代,不管是放弃线性叙述、进行空间叙事,还是散点描述、视角多变,都是他们努力适应改变中的新都市文化的证明。

---

① 白鲁恂:《中国民族主义与现代化》,载《二十一世纪》,1992 年第 2 期。

三、"封闭/开放"的空间对比与"真我"释放

现代市民小说善于利用这种"私密/公开"、"封闭/开放"的空间特征形成"封闭/开放"的叙事结构。这种叙事模式是通过一个小型的封闭空间与外界公共空间的对立,来表现个体的感情与理智的冲突。封闭空间往往带来"真我"的释放,公共空间则意味着社会道德规范的约束。现代人在这两种生存模式下相互奔突带来的情感张力,非常具有戏剧化效果。

一方面,现代市民小说利用私密空间的隐蔽性释放真实自我。《心经》中小寒与父亲的畸恋正是由于在封闭的家庭空间中才得以展开。没有旁人的闲言碎语,没有他人眼光的考量,他们之间隐秘的爱情在一个封闭的环境中慢慢滋生,个体欲望疯狂成长,直到成为一种破坏性的力量。这种为社会所不容的父女乱伦之爱,正是因了家庭空间封闭性的保护才存活下来。虽然为传统道德所不齿,但也是人的个性自由发展的一个结果。封闭的家庭空间给这种欲望的滋生提供了可能性。在《心经》中还频繁出现"独白的楼梯"等日常私密空间的意象,一样提供了小寒畸形欲望的生长空间。《红玫瑰与白玫瑰》中娇蕊和振保的爱情也正是因为两人同处一室,避开了旁人耳目,日久生情,不能自已。然而一旦回到城市公共空间,扮演自己的社会角色,振保就会戴上面具。为了前途和地位他否认自己的真实情感,遵从社会规范过模范丈夫和模范员工的生活。《花凋》中川嫦几姐妹在电影院等城市公共空间是温柔知礼的姐妹,叫着英文名字,开着汽车,个个美貌如花令人羡慕。然而回到私密的家庭空间中,就变成互相倾轧的竞争对手,为了争夺有限的家庭资源费尽心机。即使是亲生的姐妹,关起门来也一样不留情面。现代市民个人至上的本性暴露无遗。

另一方面,现代市民小说还可以利用公共空间的开放性来伪装虚假的自我,以达到某种现实利益,形成喜剧化效果。予

且的《如意珠》就是这样一篇小说。后楼先生因生性懒散、为人不恭而被解职,身无分文,家徒四壁,每天靠白日梦度日。但是当他在朱如意的策划下,西装革履、坐了汽车,带了如花似玉的太太重返学校,立刻重获大家的欢迎。没人管他真实的生活境遇,"汽车,女人,美丽庄严的衣衫,诚然是资本主义社会中应受尊敬的主要成分"。① 当后楼先生冠冕堂皇地出现在公共场合,大家便认为他值得接受相应的尊重。作者利用城市空间的对立性与私密性,构思了一出物质主义的喜剧。这种喜剧在"熟人社会"的农业文明时代是不可能出现的。

另外一个营造出"封闭/开放"空间对比的典型空间形式是汽车营造的私密空间。和私密的家庭空间类似,现代都市日常生活中汽车的广泛使用,使得现代市民既摆脱了家庭的束缚,又获得了另一种私密空间。小说《封锁》就是运用电车这一特殊封闭的日常空间表现现代市民"真我"与"假我"的一种冲突。"如果不碰到封锁,电车的进行是永远不会断的"。然而在空袭警报期间,电车运行被迫中断,"切断了时间与空间",也导致了吕宗桢和吴翠远就在这个封闭空间"偶遇"。一个是"老实人",循规蹈矩过自己的生活;一个是"好女儿","在学校是一个好学生"。电车的特殊封闭状态使他们中断了日常生活的进程,进入了生命的某种程度的自由状态。吕宗桢本是逢场作戏,却不由自主倒出自己苦水,把自己生存的痛苦向一个陌生的女子倾诉;而翠远本是穷于应付,却不由深受感动,唤醒了自己被压抑的欲望。在这一瞬间,他们双双释放"本我",从自己过去的生存状态中解脱出来,还原到自身——于是他们恋爱了,在想象中获得一个摆脱原来生活轨道的机会。可惜,这只是短暂一瞬。在无限延长的时空链条上,只是一次无意义的停顿,很快就被既定的不可抗拒的生存现实所切断。然而,正如张爱玲在

---

① 予且:《如意珠》,上海:华东师范大学出版社,1993年版,第85页。

《更衣记》中结尾所描写的:"人生最可爱的当儿便在那一撒手罢?"现代社会公共空间与私人空间的并存带来这种"撒手"的可能性,也带来了真我释放的无限可能性。

现代社会城市公共空间增多,同时市民生活自由度变大,但这并不意味着他们的情感渴求变少。事实上,繁忙拥挤的公共生活反而增强了他们的孤独感。现代市民小说文本中的私密空间叙事相对于 30 年代喧嚣的公共空间叙事来说,充满了家常感与真实性,个人欲望得到更深刻的呈现。在公共空间叙事中,市民往往以社会人的面目出现。衣冠楚楚、冠冕堂皇,以社会规范来约束自己;在私密空间叙事中,市民则可以回到自然人的面目,释放欲望,表现真我,体现出真正的人性本色。现代市民小说通过空间"封闭/开放"的二元对立,形成戏剧性的冲突,也提供了一个体现真实人性的现实空间。在封闭空间中的人性释放是一种个性主义的解放,而在开放空间中对自身的道德约束,又表现了一种物质理性的现实的价值观。情感与理智的冲突与对峙,真我的掩盖与释放,通过空间的切换得到了深刻展示。

第二节 三四十年代上海现代市民小说的恋物特征

戴维·哈维指出:"出现于第一次世界大战之前的现代主义更多的是对新的生产条件(机器、工厂、都市化)、流通(新的运输和交通系统)与消费(大众市场、广告和大众时尚的崛起)的一种反应。"[①]也就是说,新的生产条件、交通系统与消费市场的崛起,极大地影响了这一时代的文学,也改变着这个时代的意识。三四十年代上海现代市民小说就是在物质条件改变基础上

---

① [美]戴维·哈维:《后现代的状况》,北京:商务印书馆,2003 年版,第 37 页。

形成的一种具有时代特色的叙事形态,在现代市民小说文本中,物质细节大量出现也是值得我们注意的一个全新特征。这些物质细节提示我们把注意力放在这些物质"能指"上,这些"能指"具有一定的叙事功能与表意方式,对现代市民小说新的文体形式的形成起到了重要作用。现代市民小说的恋物特征主要来源于物质理性的价值观,同时也受现代市民价值心态的制约。

现代市民小说往往对大量物质进行罗列式描写,形成富有冲击力的视觉效果,呈现出鲜明的迷恋物质的特征。

在现代市民小说的公共空间叙事中出现大量名词性的物质片断,对物质的极大关注实质上可以凸现出现代物质生活对于他们的巨大影响。穆时英在《黑牡丹》中写道:"譬如我,我是在奢侈里生活着的,脱离了爵士乐,狐步舞,混合酒,秋季的流行色,八气缸的跑车,埃及烟……我便成了没有灵魂的人。"在他们的小说中经常会见到以实名出现的标志这个时代特征的品牌:别克、福特、雪铁龙、给 gigolo 看的时装杂志等。这些外在的物质细节就构成他们孜孜以求的生活。作者津津乐道地一一陈述,把物质化景观当作一种审美对象,实质上是把物当作一种现代生活幻象,寄托了现代市民对物的惊羡与依赖情怀。在跳舞场、百货公司、大饭店等这些充满了消费色彩的公共空间向全体市民敞开的同时,也意味着工商业时代的物质欲望开始向全体市民敞开。这些消费空间以精美的装饰与诱人的货品刺激着市民的消费欲望,也直白地表达着物质至上的观念。穆时英等人的市民小说开始毫不避讳地礼赞物质,这也是为商业社会的价值原则所决定的。在20年代的新小说和鸳鸯蝴蝶派通俗小说中,对物质的欲望都是被批判的对象。以情为大,以德为高,文人绝不为三斗米摧眉折腰事权贵。然而到了30年代的上海,商品原则摧毁了官本位的传统社会,经济尺度使得对物质追求的正面描写第一次有了正式登上文学史的可能。

在现代市民小说的日常生活叙事中,对琐碎物质与生活细节的列举式描写更为泛滥,在公共空间叙事中这种列举还比较客观,到日常生活叙事中,则充满了温情,并负载了一定的叙事功能。《沉香屑·第一炉香》中有一段描写薇龙在姑妈家给她准备的衣橱里看到"金翠辉煌的衣服,家常的织锦袍子,纱的、绸的、软缎的,短外套,长外套,海滩上用的披风,睡衣,浴衣,夜礼服,喝鸡尾酒的下午服,在家见客穿的半正式的晚餐服",色色俱全。"薇龙一夜也不曾合眼,才合眼便恍惚在那里试衣服,试了一件又一件",正是对服装带来的虚荣生活的向往,使薇龙解除了最后的防线,决定留在姑妈身边。这些对衣橱中服饰的沉迷性描写极具美感与浪漫气息,某种程度上表达了张爱玲对薇龙最终堕落的深切理解与同情。在薇龙的道德选择过程中,代表着虚荣与物质的服饰起了决定性的作用。《花凋》中川嫦临死之前感念的是花花世界里种种令人愉快的东西:"橱窗里的东西,大菜单上的,时装样本上的,最艺术化的房间,里面空无所有,只有高齐天花板的大玻璃窗,地毯与五颜六色的软垫。"这些物质就是她切实可触的生活空间,带给她生之快乐与死之悲伤。这些琐碎的细节呈现出一种鲜明的生活质感。正是这些琐碎而温情的生活物品,才使川嫦的早逝让我们叹惋不已。

相对于精神的高蹈与价值的虚无,现代市民利用对物质的迷恋来抵御生存的压力,体现了他们物质理性的价值选择。

从现代市民小说中,我们可以看到,物质充斥着现代市民的生活,现代市民则表现出对种种物质构成的津津乐道。现代市民对物质本身的迷恋,某种程度上是他们对抗虚无的一种方式。这种虚无一方面来自城市发展自身进程,另一方面来自战争给予上海市民的朝不保夕的生存危机感。现代城市的发展日新月异,没有什么是长久不变的,也没有什么是可以永恒的,能够把握的东西越来越少。特别是40年代以来,战争威胁日益严重，人类的文明随时有可能毁于一旦。为了减轻自己在不断流逝的时光中的虚无感，许多市民把感情倾注在一些细小的物质细节中，试图通过这些无生命的物体留下有形的时光记忆。实际坚硬无情的物质被人为倾注了温暖情感，成为现代市民逃避虚无的精神家园。现代市民小说特别关注生命中那些琐屑但是温暖的物质细节，正如普鲁斯特所说："我们生命中每一小时一经逝去，立即寄寓并隐匿在某种物质对象之中，就像有些民间传说所说死者的灵魂那种情形一样。生命的一小时被拘禁于一定物质对象之中，这一对象如果我们没有发现，它就永远寄存其中。我们是通过那个对象认识生命的那个时刻的，我们把它从中召唤出来，它才能从那里得到解放。"①现代市民小说就是借助这些物质的表象来把握生活的本质。

现代市民小说广泛采用物质拟人化和人拟物质化的转换性描写。现代市民作家通过主观感受来表现客观现实，表现出物质的审美愉悦与价值倾向。比如穆时英描写建筑物，就把人的感受赋予本身并没有生命的建筑客体，他说："睡熟了的建筑物站了起来，抬着脑袋，卸了灰色的睡衣，江水又哗啦哗啦地往东流，工厂的汽笛也吼着。"描写学生放学离开学校，不是写"学生成群的走出门"，而是说"校门口吐出了一群一群的学生"。本身是无机的物质，却在作家的主观感受下获得了自主的生命力，这些物体在作家的笔下，像人一样生活，具有人的情感、意志和行为。

与客体主观化对应，在现代市民小说文本中，还表现出主体客观化的倾向，也就是我们所讲的"物化修辞"。穆时英的《被当作消遣品的男子》中，交际花蓉子把她的恋人看作雀巢牌朱古力糖、Sunkist（橘子）、上海啤酒、糖炒栗子、花生米，把他不喜欢的男子比喻成"四周浮动着水草似的这许多男子"，"天

---

① ［法］普鲁斯特：《驳圣伯夫·序言》，北京：中国社会科学出版社，1995年版，第1页。

天给啤酒似的男子包围着",而她喜欢的男子则是治愈她消化不良症的"辛辣的刺激物"。在现代市民小说的作品里,不仅人会被物化修辞,就连感情也用客观的物体来修辞。例如《圣处女的感情》中恋爱的方式由"五四"式的"谈情说爱"变成了感官的盛宴,约会把双方都"变成了烟酒商人","红印威司忌,黑印威士忌,骆驼牌和水手牌,樱桃酒和薄荷酒,鸡尾酒……",对于"各种名贵的酒的醇味,各种酒的混合味,酒和烟的混合味,两种烟的混合味"的品尝,替代了情感的缺乏。

在这种物质拟人化和人拟物质化的转换性描写中,我们可以感受到现代市民小说对物质世界的偏爱与欲望。相形于对物质的沉湎与热爱,他们往往不注重对人的描写。比如穆时英在《圣处女的感情》中描写主人公站在高层建筑的阳台上,眺望都市街道夜景的感受:

> 街上接连着从戏院和舞场里面回来的,哈士蟆似的车辆,在那条两座面对着勃灵登大厦和刘易施工与造成的狭巷似的街上爬行着。街上稀落的行人,全像倒竖在地上的,没有人性的傀儡似地,古怪地移动着:在一百多尺下面的地上的店铺和橱窗里陈列着的货物,全瞧着很精巧细致的,分外的可爱起来了。

在《上海的狐步舞》中穆时英写到:

> 跑马厅屋顶上,风针上的金马向着红月亮撒开了四蹄。在那片大草地的四周泛滥着光的海,罪恶的海浪,幕尔堂浸在黑暗里,跪着,在替这些下地狱的男女祈祷,大世界的塔尖拒绝了忏悔,骄傲地瞧着这位迂牧师,放射着一圈圈的灯光。

两段同样是写夜色中的建筑的文字,我们可以看到人性化的建筑表现出一种对物化的人类的压抑,行人如同"没有人性的傀儡",而建筑则"骄傲地"俯视着脚底的一切。建筑高大而傲慢,占据了我们视线所及的大部分空间;也形成了对人群的压抑。通过这种富于感情意味的修辞方式,我们看到现代市民对物质的审美愉悦与价值倾向。

在物化修辞中,我们还可以发现现代市民小说呈现出全新的意象系统。传统以自然界的物质为比喻主体的写作方式已经逐步被全新的现代意象系统所取代,体现了现代市民内部价值体系的转变。《金锁记》里写长安:"她再年轻些也不过是一棵娇嫩的雪里蕻——盐腌过的。"《花凋》写川嫦:"她是没点灯的灯塔。"《沉香屑·第一炉香》中写葛薇龙第一次见到香港自然风光时:"(太阳偏西后的半山),大红大紫,金丝交错,热闹非凡,倒像雪茄烟盒上的商标画。""月亮才上来,黄黄的,像玉色缎子上,刺绣时弹落了一点香灰,烧煳了一小片"。"中午的太阳辉煌地照着,天却是金属品的冷冷的白色,像刀子一般割痛了眼睛"。"天完全黑了,整个世界像一张灰色的圣诞卡片,一切都是影影绰绰的……"不管是面包,还是雪里蕻;不管是刺绣,还是圣诞卡片,都构成了一个和传统风花雪月全然不同的意象系统。

修辞的作用是把别人不太熟悉的事物用一种更为熟悉的事物来进行类比,以得到更为明晰的认识。传统市民小说的修辞意象往往以自然界的物体为主。因为传统的农业社会,人类对自然更为熟悉。在我们习惯性的语言系统中,往往用闭月羞花来比喻女子的美貌,用黄莺婉转来比喻声音的动听,"蝴蝶"、"鸳鸯"来指代卿卿我我的爱情,主人公最擅长的是葬花、怜月、惜春,最常使用的意象是枯藤、老树、昏鸦,形成一个传统的陈旧的意象世界。但是在现代市民小说,我们却可以看到张爱玲用粉蒸肉来比喻上海女人,用糖醋排骨来比喻深目削骨的东南亚美人。这些修辞意象在三四十年代的上海已经无法再激发广大读者的同感,而形成一种陈词滥调。三四十年代的上海已经非常繁荣,作为大都市的标志,最重要的表象就是公共空间与现代物质的增多。摩天大楼拔地而起,商品消费异常繁荣。而且上海几乎与世界各地的港口、大城市都有经济、文化的往来,交通方便、信息灵通。人在这样的环境里生活,无疑与现代文明越来越近。人生活在第二自然中,也就是生活在一个物化的环境中。难怪张爱玲在《童言无忌》中说:"像我们这样生长在都市文化中的人,总是先看海的图画,后看见海;先读到爱情小说,后知道爱;我们对于生活的体验往往是第二轮的,借助于人为的戏剧,因此在生活与生活的戏剧化之间很难划界。"①现代市民小说通过他们的修辞意象系统告诉读者,现代市民已经处于一个物质泛滥的时代,现代物质改造了市民的生活,也改变了他们的思维系统。他们只能用与自己更为亲近的物质来表达对世界的认识和看法。

三四十年代上海现代市民小说通过物质来塑造人物,推动情节发展。个人价值通过外部物质得以体现,而外部物质成为判断市民个性的一个重要指标。

现代市民不仅生活在一个城市空间日新月异、时间相对萎缩、空间持续延展的现代都市空间中,而且生活在一个物质商品丰富、物质不断侵占个人生活并影响现代市民精神层面的商品社会之中。事实上,在现代市民小说文本中,实物的大量出现也是值得关注的一个文本现象。在现代市民小说文本中经常出现的具有叙事功能的实体物质包括都市生活中必不可少的汽车、电车、电话、电梯等。它们既存在于城市公共空间,又存在于市民日常生活中。它们构成了现代市民生活的物质层面。这些实物作为一种经济基础与生产力的缩微形象,不仅给上海带来新的物质景观,改造了都市人的生存环境,而且还给叙事带来了新的活力,在作品中起到一定的表意功能。

---

① 张爱玲:《童言无忌》,《张爱玲文集》,第 4 卷,合肥:安徽文艺出版社,1992 年版,第 90 页。

以汽车为例,20世纪初的上海已经有了汽车。汽车,与上海滩的建筑、马路一道,成为上海现代性物质景观中的重要内容。李欧梵写道:"30年代的上海早已是一个现代都会(虽然还需要被进一步现代化),一个电车、巴士、汽车和人力车的都市。20世纪早期,城里还有马车……到30年代,马车迅速消失了。"①如果我们翻阅现代市民小说的文本,就会发现在20年代前期张恨水等人的作品中马车还是一个比较重要的交通工具,到了20年代末的叶灵凤《落雁》,马车的出场就已经象征了一种过时的贵族气质和优雅风度。那辆马车和乘坐马车的美女最终把男主人公带到了一个古聊斋的鬼世界中,这个游离于现实之外的书生遇鬼的故事表现了一种不合时宜的传统文人气质在现代社会的沦落。到了30年代初穆时英、叶灵凤的市民小说中,香车美女已经联系起来共同成为现代都市生活的一种表征。通过对汽车的描写,表现了现代市民欲望至上、追求速度的个性特征;对汽车的迷恋反映了现代市民趋时求新的价值观。在刘呐鸥的《游戏》中,一辆1929年产的六汽缸汽车是"真正美丽,身体全部绿的,正和初夏的郊原调和"。反过来,在叶灵凤的《流行性感冒》中,一位被男主角爱恋的女人就像一辆车——"她,像一辆一九三三型的新车……鳗一样的在人丛中滑动着……迎着风,雕出了一九三三型的健美姿态:V型水箱,半球形的两只车灯,爱沙多娜邓肯式的向后飞扬的短发"。汽车的设计形式、物质外表和速度景观,都具有一种现代形式。这种全新的快感形态极大地激发了现代市民对新生活的欲望和趋时求新的心态。所以,刘呐鸥的小说《两个时间的不感症者》中的女主角宣布,她喜欢在飞驰的汽车上做爱。这表达出新的交通工具,与现代生活形态及其快感形式的结合。汽车的出现,使得现代市民从一个空间快速移动到另一个空间成为可

---

① 李欧梵:《上海摩登——一种新都市文化在中国1930—1945》,北京:北京大学出版社,2001年版,第44页。

能,极大改变了现代市民的生存状态,汽车在此寄托了现代人的恋物情感和趋时心态,成为30年代现代市民小说追捧的物质象征。

除了汽车以外,服饰也是现代市民小说热衷描写的一种物质形态。现代市民小说中,服饰已经远远超越了它的穿戴功能,起到了暗示故事发展倾向与标志人物身份的作用。现代市民小说往往把服饰等物质性的东西作为判断一个人生存位置的重要手段。威廉·詹姆斯在1890年出版的《心理学原则》一书中认为"自我"具有物质、社会和精神等多种品性。他把衣着看作自我建构中不可或缺的一部分,服饰纯粹属于外表的东西,但是在现实生活中人们往往免不了以貌取人,这是因为作为物体的衣着已经将穿戴者物化,并使其客体化,于是一定的服饰就成为个人自我表现的载体。拉希(Christopher Lasch)认为,商业社会造就的自我说穿了就是"别人眼中的形象"。①正是由于物质越来越与人的个体具有同一性,现代市民小说中的物质细节才具有了越来越强大的叙事功能。

现代市民小说通过服饰语言来表现人物个性,推动情节进程。服饰本身就具有暗示意义。就如昆汀·贝尔所指出的,"我们的衣服对于我们大多数人来说都太是我们的一部分了,我们不可能对环境完全漠不关心:穿在我们身上的那些仿制品就像是我们的身体乃至灵魂的自然延伸。"②《沉香屑·第一炉香》中葛薇龙第一次见到姑妈:"扶了铁门望下去,汽车门开了,一个娇小个子的西装少妇跨出车来,一身黑,黑草帽沿上垂下绿色的面网,面网上扣着一个指甲大小的绿宝石蜘蛛,在目光

---

① James William: The Principles of Psychology. Vol. 1. Cambridge: Harvard University Press, 1981. Lasch Christopher. The Culture of Narcissism: American Life in an Age of Diminishing Expectation. New York: Norton, 1991.

② [英]乔安妮·恩特维斯特尔著、郜元宝等译:《时髦的身体——时尚、衣着和现代社会理论》,桂林:广西师范大学出版社,2005年版,第33页。

中闪闪烁烁,正爬在她腮帮子上,一亮一暗,亮的时候像一颗欲坠未坠的泪珠,暗的时候便像一粒青痣。那面网足有两三码长,像围巾似的兜在肩上,飘飘拂拂。"这一段描写鬼气森森,给人不祥预感。结果,她没有经住这个"鬼世界"的蛊惑,终于身不由己向下坠去。《花凋》中川嫦和云藩约会的时候,川嫦没有开灯,在云藩眼里,"她穿着一件葱白素绸长袍,白手臂与白衣服之间没有界限;戴着她大姐夫从巴黎带回来的一副别致的项圈,是一双泥金的小手,尖而长的红指甲,紧紧扣在脖子上,像是要扼死人"。这一不祥的画面暗示了川嫦不幸的结局。徐訏的《鬼恋》中,女主人公一出场就一身纯黑打扮,天气非常冷,她的衣服却太薄,"像是单的,大衣也没有皮,而且丝袜,高跟鞋",这种迥异于常人的打扮就给人以诡异之感,使得读者在一开始就被带入扑朔迷离的叙事氛围。

在现代社会中,城市化的发展和工作性质的日益工业化使现代市民的日常生活日益脱离了自然的节奏,城市公共空间如同现代生活的一个公共舞台,人们从四面八方来到这个舞台,"陌生人"在这里遭遇,没有长久的时间了解内心,也没有深入交往彼此感知,只能在稍纵即逝的时间里通过外在的物质的东西给对方留下印象。在这种情况下,汽车、服饰、食品、生活细节等外在的东西发挥着日益重要的作用。人们通过这些外面的物质细节来判断对方的个性特征、形象地位。表现在文学中,现代市民小说越来越倾向于用物质细节来标志人物性格、暗示情节发展,这种叙事策略直观地表现了现代市民物质理性的价值观。

三四十年代上海现代市民小说中,物质细节在情节进程中起到了重要的推动与标志性作用。以物质作为情节发展的标志,利用物质拓展叙事空间。

三四十年代上海现代市民小说往往以物质细节作为情节发展的标志。如《沉香屑·第一炉香》中的司徒协送给薇龙的手镯,标志着薇龙正式成为梁太太的傀儡,从此不是为梁太太弄钱,就是为梁太太弄人。《十八春》中曼桢遗失的红手套,成为两人感情升华的见证。利用服饰来表达男女之间暧昧的情感关系。《花凋》中云藩和川嫦最富意味的调情画面,发生在傍晚开灯的时候,川嫦的旗袍特别长,长袍下摆正好罩在云藩的脚背后,旋即移开,却已引起云藩异样的感想。《红玫瑰与白玫瑰》中振保对娇蕊不能自持,就起源于娇蕊的衣服,最初是"一件曳地的长袍,是最鲜辣的潮湿的绿色,沾着什么就染绿了。她略略移动了一步,仿佛她刚刚才所占有的空气上便留着个绿迹子。"动情之后,两人情感发展到了暧昧阶段,作者设计的情节是晚上两人在黑暗的甬道相遇"灯光之下一见王娇蕊,却把他看呆了。她不知可是才洗了澡,换上一套睡衣,是南洋华侨家常穿的沙笼布制的袄裤。""衬得屋子里的夜色也深了。这穿堂在暗黄的灯照里很像一节火车,从异乡开到异乡。火车上的女人是萍水相逢的,但是个可亲的女人"。服饰不仅仅起到了诱惑作用,更重要的是以家常的味道打动了振保的心,让他情感上开始有和娇蕊接近的欲望,这就使得最初单纯的肉欲转化为温暖的爱情。充满意味的是,振保意识到娇蕊对自己动情,是娇蕊独自一人痴心地坐在他的大衣之旁,让衣服上的香烟味来笼罩着她,甚至点起他吸剩的香烟。这段以物质为标志的情节也深刻证明了娇蕊爱上振保也是发自内心的,和她以前随便玩玩不一样,少了叽叽喳喳的喜悦,多了内心的感动与沉静。

现代市民小说有的文本善于利用电话、无线电等现代物质,扩展空间,增加叙事容量。电话作为连接不同封闭空间的信息传播工具,在现代市民小说往往发挥扩展空间、穿针引线的作用。张爱玲《桂花蒸·阿小悲秋》中描写苏州娘姨阿小在洋人家帮佣的生活就是从空间角度切入的。小说压缩在一天24小时之内,时间被挤压,空间却因为电话的加入而延伸。文本中的空间包括哥儿达的厨房、客厅、卧室、浴室和阳台,这样一个狭小的空间,本身应该带给人逼仄和烦闷,但是张爱玲把电话作为舞台空间的一个重要道具,从而使空间不再成为封闭的系统。小说中的人物性格,也通过这一具有物质意味的道具加入得以体现。例如,哥儿达在和李小姐的电话中,先是戒备,然后温声软语慰藉,说起幽会,又言归正传,再见的时候却又甜言蜜语、余音袅袅,刻画出一个典型情场浪子形象。李小姐和黄头发女人在文中没有出场,但是通过电话里几句交谈,李小姐的厚道与痴情、黄头发女人的虚伪与吝啬,都已经活灵活现。在 24 小时里,一个封闭的空间却因为电话的介入,扩展了空间,增加了叙事容量。无线电作为一种现代文明的表征,它的特性在于声音对于空间的占领。现代市民小说经常巧妙利用无线电这种特性,表现身处某一空间的人的孤寂感受。《郁金香》中"面临洋台的起坐间里开着无线电,正播送着话剧化的《王熙凤大闹宁国府》。灯光明亮的房间里热热闹闹满是无线电人物的声音,人却被攒到外面的黑暗里去了。"金香是阮公馆里的"遗少",前朝太太留下来的丫头。宝初是老姨太抚养的去世的那位姨太太的儿子。宝余也是寄人篱下。老姨太尽管有出洋经历可以自夸,"但听她炫耀的不过是一些女仆下人而已,甚至连在'大家风范'的女仆荣妈面前,老姨太心理上还矮了一截。"家中最尊贵的姐姐阮太太也不过是"填房"。每个人的生存空间都受到挤压。无线电声音营造出物质对人生存空间的占领,而宝初的感受:"究竟不是自己的家,这奇异的地方。在这里听着街上的汽车喇叭声也显得非常缥缈,恍如隔世。"其实可以说是从宝初的角度写出了家中每个人的心理。《红玫瑰与白玫瑰》中用无线电的声音去占满整个空间,和《郁金香》中的空间感受如出一辙。无线电没有感情的热闹更显示出主人公内心的孤寂,人与人之间的不可沟通。没有生命的声音甚至可以比人与人之间的亲密交流更令人具有安全感。这实际是现代市民内心日益深重的孤独感的体现。

现代市民小说以物质形式为中心的意象系统和修辞系统，在叙事中起到重要的推动与深化意义，这种物质修辞手法使三四十年代上海现代市民小说形成了一种独特的叙事景观。

首先，物质修辞这种全新的叙事方式是如何产生的，当然情况非常复杂，其中有西方城市文学资源的影响，也有传媒空间如电影、杂志的渗透，但有一点较少被人论述，就是现代市民生存方式的改变对市民深层价值秩序的改造。现代市民小说以一种空间化、恋物化特征标志了现代市民新的思维模式的诞生，也标志着现代市民深层价值观的转变。

早在19世纪20世纪之交，就有社会学家西美尔等人将村落与城市比较，指出村落的社群里人与人直接交往，对彼此的工作、历史和性格都十分熟悉，他们的世界相对来说是可以预知的。反之现代城市则是陌生人的世界，人与人互不相识、互不相知，乡村的宁静平和为都市的喧嚣骚动所取代。从现代市民生活方式来讲，现代市民小说中的人际交往，完全不同于乡村社会那种靠血缘、邻里等传统关系，而是以流动的个人身份介入流动性的公共空间。体现出都市人的某些特质："一是人际间接触的表面性、短暂性、局部性与匿名性；二是人物成分复杂而流动性增强，感情淡漠；三是密集的人群互不相识，作为交换媒介的金钱成为人们交往的衡量标准，更容易见出弥漫于都市社会的拜金主义。"①在这种情况下，"其后果之一，就是特别强调城市居民生活态度的外部的和物质方面的价值"。② 都市物质的不断丰富与对社会文学各方面的巨大影响，使得现代市民作家快速把握到了物质对于文学的意义。表现在文本中，作家也倾向于表现外部物质对于市民精神的影响，进而以都市生

---

① 张鸿声：《新感觉派小说的文化意义》，载《华中师范大学学报》，第38卷第4期，第129页。
② 伊恩·P·瓦特著：《小说的兴起——笛福、理查逊、菲尔丁研究》，高原、董钧译，上海：生活·读书·新知三联书店，1992年版，第200页。

活中的物质细节作为叙事的某种方法与推动力。开埠后的上海,在东西方文化的碰撞中,迅速接受了西方现代物质文明。城市公共空间的改变也日新月异,城市景观在短短十几年时间发生了天翻地覆的变化。城市空间与物质生活的改变也对文学产生了巨大的影响。可以说,市民小说策略中这些新的变化都是缘于现代市民生活的改变。物质空间的改变使作家从日常生活中汲取到不同于传统的感受经验,形成了全新的意象和叙事系统、全新的思维方式和审美理念。这些物质建立起了与他们息息相关的现代市民的精神状态,也使得现代市民作家自然而然借助物质修辞来表达自己的市民想象和价值取向。

其次,物质修辞的叙事策略是现代市民小说区别于其他小说流派的最鲜明的特征。在其他的小说流派中,都市生活符号都不会成为文本主体,更不会在写作中形成巨大的推动力,产生一定的叙事功能。

现代市民小说呈现出一种与以鸳鸯蝴蝶派为代表的传统市民小说截然不同的特性。茅盾所讲的"百货商店的跳舞场电影院咖啡馆的娱乐的消费的上海"以一种前所未有的空间化、物质化特征呈现出来。传统市民小说注重情节和人物塑造,以事件的因果线索来结构全文,追求完整的叙事框架;而现代市民小说以公共空间作为结点推动事件发展,采用散点透视方法,不追求完整框架,呈现出对瞬间与片断的迷恋。传统物品往往只起到故事背景的作用,现代市民小说却形成了物化修辞、借助物质塑造人物性格、推动情节发展、创造全新的意象系统的叙事功能;在左翼小说中,公共空间与物质细节的描写往往被忽视,即使有,也是为了显示现代大都市上海的工商业背景,这些符号并没有起到任何叙事功能,而只是作为背景存在,为小说的政治性主题服务。而现代市民小说中,这些符号本身就充满意味。他们代表着现代市民物质理性的审美选择,代表着他们趋时求新的价值取向和个人至上的思维模式。现代市民小说没有让这些符号负载任何精神内涵的企图，也从没有赋予他们政治意义，而是将符号本身的意义扩展到最大化。这本身就体现了现代市民回到日常生活本身，消解一切意义和内涵的价值观。作为一个特例，我们在茅盾和丁玲等作家的某些小说里可以看到这种公共空间与物质细节的描写，但这种对城市符号的迷恋，某种程度上暗示了他们潜隐的现代市民价值观。比如茅盾的小说中会出现对汽车、电灯、洋房、沙发等物质细节化的描写，和穆时英等人的现代市民小说一样，流露出一种恋物的物质理性价值观。在丁玲的《阿毛姑娘》、《一九三零年春上海》等中也可以看到同样的例证。对都市符号的沉湎与叙事策略的转换，都是标志现代市民小说身份的重要特征。

再次，现代市民小说以都市生活符号为中心的叙事策略是符合写作一般规律的，是一种更为贴切自然的表现方式。相对于鸳鸯蝴蝶派叙事和左翼小说略显刻板的表现方式，现代市民小说更具有真诚的力量。

传统的鸳鸯蝴蝶派小说具有明确的商业目的，在泄情和消闲的动机之下，教条式的说教和悲切的言情，都带有某种游戏性质。像《玉梨魂》中风花雪月的、戏台化的背景，程式化、概念化的情节和人物言谈举止，表演的性质十分明显。发展到极端，"言情"都具有可操作性，将言情类型化，使得作品日益游戏化，严重损伤了其艺术性。左翼小说充斥着速写式的小说，其政治属性要求作者进行模式化的、说教式的、口号式的革命叙事，并要求叙事话语也从个人话语向大众话语转移。这种要求迫使左翼小说放弃"真实的自我"而扮演民间大众，抛弃自身的真实感受去浮光掠影地描述具有概念性的社会事件，大大降低了作品的艺术水准。现代市民小说则从鸳鸯蝴蝶派叙事"准个人"的游戏文字、左翼小说社会化的公众言说中脱离出来，从个体的真实感受出发，偏重世俗生活的写实描摹，真实还原了现代市民生存图景。在写实的基础上，现代市民小说物质修辞的叙事策略表现出真实自然的特征。

　　荣格曾指出,受心理经验影响,创作"处理的是从人类知觉领域汲取来的材料例如生活的教训,情绪的震动,激情的体验,以及人类命运中通常遇到的危机,这一切,构成了人的知觉,特别是他的感情生活。这种材料被诗人吸收到心里去,被从平常的高度提高到诗意的高度,并加以表达,把读者平时回避、忽视或只是昏昏噩噩地感觉到的东西全部完全塞进他的意识,使他具有更清楚、更深刻的人类洞察力。诗人工作时解释和说明意识的内容、人类生活中必然发生的无穷无尽的悲哀和欢乐的体验。"① 这段话提示我们,作家的感受往往是从现实的日常生活而出的。作家的特异之处在于他们能将日常生活的平庸事物从平常的高度提高到诗意的高度。所以作家的表达也往往会受到这种日常生活的影响。当作家的知觉领域主要集中在大自然时,他的作品就会充满了自然的意象与审美;当作家的知觉领域转移到城市生活中时,他的作品也会往往充满了城市的意象与审美。

---

① [瑞士]荣格:《心理学和文学》,戴维·洛奇编,《二十世纪文学评论》(上),上海:上海译文出版社,1987年版,第318页。

第四章　性别特质：三四十年代上海现代市民小说的女性风格

三四十年代上海现代市民小说整体上具有一种偏向于阴柔风格的女性气质。这种女性气质是相对于阳刚的男性气质而言的。传统文学史中，三四十年代的中国现代文学中占据文坛主流地位的是左翼文学。它关注国家民族、关注社会变革、倾向于革命的宏大叙事，形成一种颇具阳刚气质的倾向于男性特征的叙事风格。而上海现代市民小说则关注日常生活，重视物质细节，沉湎于凡人生活，形成一种具有女性气质的倾向于阴柔的叙事特征。

这种女性气质的形成与现代市民价值观紧密相关，或者说，现代市民价值观的价值内涵在性别角度上更倾向于女性特征。在现代市民价值观的主导下，现代市民小说呈现出独特的女性的写作风格。但是，正如女性在男性世界的边缘地位一样，具有独特女性气质的现代市民小说，也往往被主流文学史所遮蔽。

第一节　三四十年代上海现代市民小说
女性气质的文本表现

作为现代市民价值观的表现载体，我们在三、四十年代的现代市民小说中会发现，这些市民小说或多或少都呈现出一种女性气质。30年代穆时英等人的市民小说往往将女性作为城市的隐喻,并呈现出女强男弱的叙事模式;贯穿三、四十年代的予且虽为男性作家,却热衷描写琐事和八卦,呈现出鲜明的"婆婆妈妈"的女性特征;40年代张爱玲、苏青等女性作家的市民小说独领风骚;徐訏、无名氏等作品呈现自恋、优雅的风格,与阳刚、粗犷的典型男性特征相去甚远。

一、现代市民小说的女性隐喻特征

现代市民小说中往往将女性作为城市的隐喻。"女性"形象构建是现代市民小说叙事中确认自己、想象市民及现代生活、重建现代市民与外界关系的一条路径。李欧梵认为这一时期刘呐鸥、穆时英的作品"形成一个以'现代尤物'为代表的都市词藻序列。"①穆时英等现代市民作家用一个个妖娆、性感、健康、活力的女性形象象征资本主义经济上升时期充满激情与叛逆的现代市民生活。性别关系的隐喻在某种程度上成为市民与城市关系的隐喻,对梦中的女人追逐而不得,正呈现出现代市民小说作家对于真正市民生活的疏离,和对突然崛起的城市的畏惧。

在现代市民想象中,城市与女人交融在一起,是可以互换的两种意象,女性成为城市的象征。现代市民作家从张资平开始,都具有一种倾向:将城市摩登女性形象物化、魔化、不可知化,以此来指称一种富有魅力而又不可把握的都市生活。这些人物是舞厅、咖啡馆、电影院和跑马场中"活的设施"。她们形象摩登优美,身心健康性感,观念欧化前卫,言行独立超脱,如同一头"美丽的野兽",具有自主性和操控性,是激情与欲望的化身。我们在30年代的现代市民小说中,经常可以看到城市与女人互相置换的描写。如在《上海的狐步舞》中对街道的描写:"上了白漆的街树的腿,一切静物的腿……REVUE似的,

---

① 李欧梵:《上海摩登——一种新都市文化在中国1930—1945》,北京:北京大学出版社,2001年版,第181页。

把擦满了粉的大腿交叉地伸出来的姑娘们……白漆的腿的行列。"物质的城市拟人为女性之后,忽然具有了生命力,变幻、娇艳、充满欲望、五光十色。在现代市民小说中,我们可以惊奇地发现:女性与物质与城市在现代市民想象中,已经具有了同一性。"新感觉派赋予上海的意义是工业的、暴力的,与男性的、征服的,它将对上海城市的体验化为世界资本主义的冒险性经历,如性、赛马、竞技、烈酒、恐怖与高大建筑物。"有意味的是,"女性正像是巨大的城市本身","城市自身物质、暴力性特质恰恰被赋予在女性人物身上。"①

男性对女性追逐而不得的想象系统,正暗示着现代市民作家对忽然到来的城市进步与现代市民生活的畏惧感与疏离感。在30年代现代市民想象中,女性往往在两性关系中占据主导地位。"与'观看者'的男主人公相比,这些女人更能与城市融合,某种意义上说,她们体现着这个城市的精神,而小说中的男主人公却只是这个都市的'看客',他们具有边缘者或者旁观者的身份,在与这些被'看'、被'注视'的女性的关系中,他们仍处于被动地位。这些女性如同城市一样,是他们无法控制无法捉摸的飘浮物。"②这些小说中的两性关系中,男性对美艳不可方物的女性甚至充满畏惧感,作为叙事主体的男性呈现"去势"局面。穆时英《被当作消遣品的男子》中的蓉子,无聊时把男人当作"辛辣的刺激物",高兴时把男人当作"朱古力糖似的含着",厌烦时男人就成了被她"排泄出来的朱古力糖渣"。刘呐鸥《游戏》中的女主人公,把爱和贞操给了自己最爱的人,但是把婚姻给了一个能为她买六汽缸"飞扑"的富商。这些文本的构成往往都是一个占据强势地位的女子和一个被动的、无所适从的男子。女性成为男性人物焦虑性心理体验的根源。刘呐鸥小说

---

① 张鸿声:《文学中的上海想象》,载《文学评论》,2005年第4期,第165页。
② 陈晓兰:《文学中的巴黎与上海——以左拉和茅盾为例》,桂林:广西师范大学出版社,2006年版,第246页。

中的女性人物具有客体环境的隐喻性含义,作为一种异己的力量,实际也体现了现代市民作家对现代文明的距离感,而他们小说中的女性形象就是这种现代文明的隐喻性体现。

"城市文学中的性别关系暗示了个人在城市中的地位、成功与失败。大街作为城市的血脉,与女人结合在一起,体现城市的欲望化特征,是城市文学常用的修辞手段。"①在三四十年代上海现代市民小说中,男性与城市的关系需要通过女性的中介才得以建立,女性作为城市的隐喻极大改变了现代市民小说的书写风格,整体上体现出一种阴柔气质。

二、"女强男弱"的叙事模式

30年代现代市民想象中,与女性的强势地位相对的,是男性的阴柔化与女性化。这种性别特征的互换,形成了独特的"女强男弱"的叙事模式。李欧梵也注意到了这一叙事特征:"穆时英和刘呐鸥笔下的舞女经常被写成'大于'生活,也就是说,她们比男人更热情,常扮演控制男人的角色;作为男人欲望的对象,她们也大胆地把自己的欲望投射在男人身上。"他认为这些女性在被看作"城市物质文化的载体,因此她们一个个显得活力四射,对她们自身的'主体性'也更有信心。"②

30年代现代市民想象中的女性在个性上都具有男性化的强势特征。相反,我们探究一下这些小说中的男性形象,就会发现这些现代男性市民具有"花样美男"的某种特征。

上海的现代意义主要由一批由时尚孕育的拥有现代形象的人物填充,而且主要是女性。这些女子现代而且热情、世故而又天真。"自由和大胆的表现象是她的天性,她像是把几世

---

① 陈晓兰:《文学中的巴黎与上海——以左拉和茅盾为例》,桂林:广西师范大学出版社,2006年版,第241页。
② 李欧梵:《上海摩登——一种新都市文化在中国1930—1945》,北京:北京大学出版社,2001年版,第35页。

纪以来被压迫在男性底下的女性的年深月久的激愤装在她的口里和动作上。"①在外表上，她们是有被太阳晒黑的皮肤和弹性的肌肉，热情、健康、大胆、直率的 sportive 型、男性化的都市新女性。性感的外形使她们代替传统男子的主动地位，成为情欲的操纵者。刘呐鸥《风景》中的女子甚至改变了传统女性被观看的地位，主动去欣赏一个男人直线的美，并主动向男子提出了下车的邀请。而男人虽然并不懦弱，却从一开始就处于不断受惊的地位。当女子主动搭讪时，他"稍为吓了一下"；当女子赞美他时，"他的惊愕增大了"；在女子邀请他到外面时，他对女子的命令有点"不服"，却没有反抗；当女子让他脱衣时，他又是"被她吓了一惊"。传统的两性关系，永远是女子处于被动且受惊吓的位置，流露出小鸟依人的美感。在30年代的现代市民想象中，男女的性别身份发生了置换。同时，女性的爱好具有男性化特征。汽车作为机械文明的产物，一直是雄性的、具有阳刚气质的消费品，是男性的爱物。然而，更多文本中汽车成为现代女性的爱物。《两个时间的不感症者》中的女主人公宣布她喜欢在飞驰的车上做爱，享受这种速度与快感。《游戏》中的女主人公酷爱野游车，她用充满感情的语气描述自己的"飞扑"："六汽缸的，意国制的一九二八年式的野游车。真正美丽，身体全部绿的，正和初夏的郊原调和。它昨天驰了一大半天，连一点点呼喘的样子都没有。"《被当作消遣品的男子》中的蓉子是一个"在刺激和速度上生存着的姑娘，jazz，机械，速度，都市文化，美国味，时代美……的产物的集合体。"通过女性爱好的男性化位移，富有意味地彰显了她们的现代精神。

在现代市民小说中，男性主人公往往是瘦弱苗条、缺乏油脂的直线型身材，他们急切而且自大的行为更接近于"小男孩"。间或有人具有强壮的手臂，有考尔门那样文雅的胡子，但

---

① 刘呐鸥：《风景》，《都市风景线》，杭州：浙江文艺出版社，2004年版，第15页。

是这些外貌特征更接近于好莱坞影片中的男主人公。叶灵凤的小说中的男主人公往往带有阴柔气质的秀美。《游戏》里的女主人公眼中的男子"太荒诞,太感伤,太浪漫"。《禁地》中的男子"很带有点近代美的色彩,似是曾经加过人工的修饰似的。"这张脸"面形是椭圆,皮色于红润中带点憔悴的意味,这一点憔悴,当对了面仔细看时,更增加了他的面部的美好不少。"特别是眼睛十分灵活,"更超过了女人的秋水的称喻。"①作者甚至详细描绘了这个自恋的男子的化妆过程,其中包括他对镜子中的自己做媚态,并且拥有一般时髦妇女都不一定拥有的全套化妆品。他的个性具有贾宝玉的温文尔雅和传统才子的感伤,喜欢光顾电影院和舞厅以制造邂逅。不仅文本中的人物如此,据回忆,当时"叶灵凤既写小说,又画琶亚司勒式的画,有时穿着廉价的三友实业社出品的自由式布衣服,蓝雪花纹的大褂,外加上红雪花纹的马甲,真像冒充王尔德,见了叫人吓一跳。"②穆时英、刘呐鸥也是经常混迹舞场、注重修饰的翩翩公子。徐訏、无名氏的小说也呈现这样一种"女强男弱"的叙事特征。他们的小说中往往塑造一个"贾宝玉"式的男子,这个受众人拥戴的男子往往具有优雅、纤细、感情细腻、学识丰富的女性化特征,他们不再是把事业、功名放在首位的传统形象,而是为了爱情可以放弃一切。这种重视感情忽视功名的男人形象也是不符合传统男性审美观念的,这种男人往往会被指责为女性化。

在情节模式上,这种"女强男弱"的特征更为显著。30年代现代市民小说最常见的模式是:一个男性叙述主人公无望地追求一个外表极其摩登的女子,最后以失败告终。其中,小说中的女性不仅是男性幻想与追逐的对象,同时也是情节的推动力,她的行为与性格以一种绝对的优势地位推动故事发展。在

---

① 叶灵凤:《禁地》,《灵凤小说集》,上海:现代书局,1931年版,第426~427页。
② 楼适夷:《从三德里谈起》,载《新文学史料》,1982年第4期,第196页。

两性关系中,传统的男女地位在30年代发生了倒置。女性如鱼得水在都市放纵生存,甚至把爱情当作游戏,把婚姻作为手段。她们不再是传统中忍气吞声的妻妾,而成为欲望的主体。生活中既要寻找一个可爱的情人来填补她们情感的空虚,又要一位有钱的爱自己的丈夫来做自己生活的保障,另外还需要讨厌的消遣品"天天如啤酒泡沫恣肆的男子们保卫者"满足他们女性的虚荣。

40年代张爱玲、苏青等的市民小说,一改30年代以男性主人公形象结构全文的模式,变成了以女性主人公为叙事主体,女性是这个城市真正的主体。相对于坚强、智慧、富于力量的女性,40年代的男性世界则是一个孱弱的、走向没落的群体。40年代市民小说中塑造了一系列在生的尘埃里顽强挣扎的女性形象。如苏青《结婚十年》中的苏怀青。她只是一介弱女子,遵从社会与父母的安排,在该结婚的时候结婚,该生小孩的时候生小孩。可是她具有责任感,就算丈夫用情不专,自己亦有人爱恋,她还是选择家庭,维护婚姻幸福;当她与丈夫的裂痕越来越大时,她也能够勇敢担负起家庭的责任,甚至选择离婚,靠自己的双手赚取生活费。和苏怀青相比,她的丈夫则完全是未长大的孩童。新婚之时就冷落妻子,事业顺利时趾高气扬,事业低谷时迁怒于人,屡屡婚外留情,给自己的爱人和孩子造成了巨大的伤害。在《结婚十年》续集中,苏青说文中的女主人公"不像一个女人",那是因为她面前的男人不像一个男人,他们经不起女人的审视的目光。

在三四十年代的现代市民小说中,我们也可以明显感受到文本中的女性对城市更有亲和力,而男性则依然对城市存在隔膜。30年代现代市民小说中,男性形象往往表现出对忽然崛起的都市的惶惑与隔膜,女性形象却仿佛天生就生长于都市,深谙都市的欲望本质与物质属性。穆时英作为洋场文学的"圣手",却时常写作《父亲》、《旧宅》等这样一些充溢着农业道德与怀旧感伤的故事。施蛰存则善于描写乡下人在上海的遭遇,如《春阳》、《鸥》,读这些小说,"如置身于都市中的乡村,或者拉开更大的时空距离,似觉置身在宏大乡村世界的一个边缘城市"。① 40年代张爱玲的小说中,城市中的男性往往有乡村的背景,如《留情》中的米晶尧、《不了情》中的虞先生等,他们精神的丝缕往往联系着往日的时光。而小说中的女性则自如地行走在城市的大街上,看着电影,吃着糖炒栗子,衣履光鲜去打牌,逛百货公司。她们就像这个城市的一部分,承载着这个城市的精神内核。张爱玲的小说《留情》中敦凤和米先生一起去杨太太家打牌。敦凤一路上吃着糖炒栗子,看着路边风景,兴兴头头打扮自己,和整个城市融为一体,她本身就是这个城市生活方式的一部分。而米先生虽然对她言听计从,却掩饰不住内心的悲哀,他挣钱给自己年轻的太太花,也是一件很有面子的事,可内心还是丢不下乡下的前妻,那是他生命的重要的部分。他骨子里是传统的,是与这个城市无关的。予且的《如意珠》中后楼先生耽于空想、性情懦弱、随波逐流,直至最后不可挽回地丢去教职,而前楼小姐却敢说敢为,深谙都市的物质力量,亲自导演一场衣锦荣归的戏,最终帮后楼先生得回教职,自己也摆脱了舞女生涯。

三、现代市民小说的女性化思维模式

西克苏说:"一篇署有男名的作品本身并不排除女性特征,"②现代市民小说很多男性作家的作品却具有某种女性化的思维方式。

予且的小说具有琐碎化和细节化的女性特征。他从不拿

---

① 吴福辉:《海派的文化位置及与中国现代文学之关系》,载《苏州科技学院学报(社会科学版)》,2003年第1期,第88页。
② 康正果:《女权主义与文学》,北京:中国社会科学出版社,1994年版,第142页。

起架子来说教，也不负载精神的内涵，只是把生活中普通的人和事娓娓道来。写俗人的生活史，做常人的生活顾问。在《记予且》一文中，谭惟翰曾讲到予且收藏茶壶，还有一抽屉坏了的火车表，因他主张买廉价表，一年换两次，总戴新的。这种趋时求新的恋物癖，其实也是一种偏重内心与情感的思维特征。谭惟翰对予且作品的评价是"多风趣，通俗，不迷信题旨，描写平淡，注重心理分析，用力在别人不留心的琐事上。"①予且精于命术，"喜阅子平星命诸书，"据予且好友丁谛说，他写作过一部叫《命理新义》的书，借现代心理学、哲学来说明我国旧的命理学。他为《大众》总纂钱公侠的批命曾经刊登于1943年的3月号上。他还写过一本以"谈命"教化大众的小说《利群集》，可以说，这本书比较集中地概括了予且的日常生活的意识形态。予且的小说中也经常出现测字算命的情节。小说《凤》中描写大学毕业后墨华和念兹工作无着，爱情不定，在街上测字算命。命运的神秘主义倾向是极富感性化的一种思维方式。予且的市民小说文本往往着迷于通过面相推断陌生人性格，通过言语行为推测事情发展规律，通过细节把握人物心理。这种感性化的思维方式也具有鲜明的女性特征。

予且对世俗人生的看法是从日常生活角度出发的。他不关心政治、也不传授道德，只是从世俗生存的角度去考量。"以日常性取代浪漫性是进入女性经验表达的一条有效途径。日常格局提供的不仅是一种生存空间，更是一种价值原则。它重摆人生事务内外有别的主次位置，化解重大事件与日常时间的等级差别，以琐碎化的策略减少道德、情义、美貌乃至功名利禄的压力，将日常纠葛摆在人生要务的位置上"，②他对世故人情的描写、对日常琐事的关注，也同样具有感性的女性化思维方

---

① 谭惟翰：《记予且》，载《天地》创刊号，1943年10月10日。
② 姚玳玫：《想象女性——海派小说(1892—1949)的叙事》，北京：中国社会科学出版社，2004年版，第77页。

式。予且具有令人叹服的生活智慧。他在长篇小说《金凤影》中写赵母怎么谈对来访的客人察言观色:"看人的内心,第一就要看她进门是什么样子,头向上抬着,定然是个高傲的人。头向下垂的,定然是个没有用的人。不抬不垂,眼光四射,会使用心机。进门先找主人,她心中定然是有事要解决。其次,就要看进门站的地位,在主人之上,无求于主人。在主人之下,有求于主人。和主人并立,即使一无所求可也不想人家向她要求什么。再次,就是要看入座,看入座是断定她身体康健不康健。坐得快,气虚;坐得慢,神虚。看而后坐,心灰意懒;坐而后看,神完气足。"这些人生经验突出了日常生活空间中的生存智慧与世俗情怀。对日常生活的关注与世态人情的把握实质是一种女性化的生存方式,可以说,予且与传统男性对国家民族的宏大叙事的关注不同,是更为偏向于女性家长里短的思维方式。

徐訏、无名氏亦具有自恋叙事的女性化特征。徐訏曾说过:"男人常要有一个美的女子,但这种美到男子身上就成为海派;因为男子不美者常是稳重可靠。"言下之意,海派散发着一种女性的气息,正体现了不稳重不可靠。徐訏、无名氏的市民小说,自恋、优雅,也同样散发着女性的气息。那卡索斯(Narcissus)是希腊神话中的美少年,由神克菲索斯与水中神女利里奥佩所生。他在河边玩耍,偶然看到自己在水中的影子,爱上了它却又得不到它,最后郁闷而死,神让他变成了顾影自怜的水仙花。这就是"自恋"一词的由来。由此可见,"自恋"最初是指美男子的顾影自怜,从徐訏、无名氏的现代市民小说中,我们可以发现文本中到处摇曳着水仙花的影子。

徐訏和无名氏都具有强烈的自我中心意识,徐訏的《一家》后记中写道:"我是一个最热诚的人,也是一个最冷酷的人,我有时很兴奋,有时很消沉,我会在狂热中忘去自己,但也有最多的寂寞袭上心头。我爱生活,在凄苦的生活中我消磨我残缺的生命；我还爱梦想，在空幻的梦想中，我填补我生命的残缺。在这两种激撞之时，我会感到空虚。"这段话我们可以看到两个特点，一是他认为自己经历的是一种"自我消磨"和"自我填补"的生命方式，一是在陈述上句句不离"我"，是典型的自我中心意识。徐訏的作品习惯于制造一个有缺憾的结局以恢复自我。他的小说中男女主人公总是没有任何实质性的交往，并且经常对女性身份进行猜疑，最后迫使她们复归神秘。如《鬼恋》，他反复侦察这个奇怪的黑衣女子的秘密，从不允诺和她们建立可靠的联系。《风萧萧》中，主人公"徐"打赢一场筋疲力尽的间谍战后，本来强烈渴望能与情人厮守，然而最后却决定在"秋风萧萧"的黄昏独自告别上海。这个意外的结局不仅可以解释为他对残缺美的依恋，而且，他对真实相处与现实圆满的习惯性的逃避，正表明了他对回到孤独保持自我的需求。无名氏的小说也关注自我，《海艳》中的大多数人物都可以自由自在地根据自己的意志生活。再比如印蒂，他不受任何物质和精神的束缚，也不需要背负道德义务的重担。他们生命的意义就在于自由自在地追求"自我"和新的目标。形成对应的是，唐镜青与景蓝受制于现实，由于失去了"自我"与"自由"，面对的只能是自我的毁灭。两相对比，无名氏向我们昭示了"自我"追求的重要性，他认为没有个人的解放，社会的解放都无从谈起。

徐訏、无名氏的小说大部分都是第一人称。他们笔下的主人公往往风流俊逸、气质高雅、品性高洁，虽然身为平民却富有高贵不俗的人格魅力，为众多美女所环绕，无往而不胜。如徐訏《风萧萧》中的"我"不仅和史蒂芬医生等相处甚好，而且在白苹、梅瀛子、海伦等才貌双全的女子的情感包围中游刃有余、悠闲自在。在《精神病患者的悲歌》中"我"也是不经意中被美丽的小姐白蒂和多情的侍女海兰共同热爱。其他如《鬼恋》、《阿刺伯海的女神》中的"我"都是这种美女如云的社交圈中的宠儿。这些主人公形象从某种程度上讲，是作者对于自我形象的一种理想设计,表现出一种鲜明的自恋式幻想。无名氏的小说也表现出了同样特征,如《塔里的女人》中的著名提琴家罗圣提,就是一个近乎完美的男人,这位艺术家兼医学家"投入一个辉煌的事业洪流",获得了巨大的成功。作者在描写这个人物形象时所倾注的感情充分表现了作者的自恋情态。在《野兽·野兽·野兽》等作品中,主人公印蒂也是这样一个值得艳羡的形象。将现实生活不可能实现的成功与美好都倾注在自己的人物形象中,表现出一种典型的自恋情怀。

自恋这种精神现象往往是与女性特征相联系的。"男性/女性"的传统个性对立往往形成"理性/感性"、"现实/理想"这样的二元对立结构。男性往往关注社会,女性往往关注心灵;男性注重解决实际问题,女性一般会逃避问题。自恋作为精神分析学的重要概念,其意义本身就可以由字面上显露出来。在弗洛伊德理论体系中,它成了具有普遍性的心理现象。而对于自我内心世界的探索,对于封闭的个人心理的关注,具有显著的女性思维特征。相对于关注国家、社会的男性宏观视野来讲,对自我的审视与迷恋具有鲜明的感性特点。自恋形象所诉诸的是某种对灵魂和内心来说富有诗意的东西。逃避残缺的现实世界,在幻象世界中形成一个纯粹的理想化的封闭的完美世界,这是一种女性化的解脱方式。

第二节　三四十年代上海现代市民小说性别特征的形成原因

一、性别:现代市民价值观的女性化特征

城市发展所催生的现代市民价值观与女性本质有不可分割的联系。城市和女性具有天然的亲和力。现代市民价值观主要包括三方面的内容,它是以人为本的,在经济属性上表现

为物质理性,在政治属性上表现为"生本位"。其中,现代市民价值观的以"人"为本,主要针对的是普通平民,传统上女性作为弱势群体在现代市民社会获得了更多地自我确认;物质理性主要表达的是切实生活的物质理想,与女性的物质喜好密切相连;"生本位"关注的是与国家民族等宏大叙事无关的个体日常生活。这种消解了意义深度、回避崇高的精神向度,从某种程度来讲,是更具有女性特质的一种表现。可以说,现代市民价值观是一种具有女性化倾向的价值观。

女性的物质认同与物质理性的现代市民价值观。女性与物质的天然关系,使得物质理性的现代市民价值观在她们身上得到了最为集中的体现。在柏拉图的宇宙发生论中,女人代表着向物质性的堕落,柏拉图所创构的二元对立思维模式——灵魂/食欲—男性/女性—理性/激情的等级制的宇宙发生论,男人居于一个本体论的金字塔顶端,女人是男人可怜又可鄙的复制品。男人是不食人间烟火的"去物质化"的理性身体,女人则代表了肉身和欲望。从女性解放的角度来看,现代化大都市的崛起,为女性提供了更多涉足公共领域的机遇和现代性物质体验。在现代市民小说中,物欲的膨胀主要集中在现代都市女性身上。穆时英《黑牡丹》中"黑牡丹"声称"我们这代人是胃的奴隶,肢体的奴隶……",后来她跑到圣五家,作了他的妻子,因为圣五是个有遗产的绅士,能够提供给他想要的一切。《游戏》中的移光和步青本是一对情人,但最后嫁给了送她"飞扑"轿车、黑脸车夫的资本家,并说多情善感的步青"太荒诞、太感伤、太浪漫"。她们都体现出鲜明的物质追求。都市创造了大量物质:街道、舞厅、汽车、服饰、化妆品、百货公司、美食等,这些物质本身的消费属性立刻得到了女性的响应。她们通过对物的消费修饰自身、创造美丽,从而达到自身价值的提升与价值的重构。"女人的生活贯穿在对服饰的孜孜以求上,城市的历史写在女人风水流变的服饰上。女性使城市物质生活艺术化,使城市曾被鄙薄的一面的美学品位得以呈现。"①可以说，男性创造了城市的物质繁荣，女性却是在享受这种繁荣。城市的物质性生存使女性获得精神的归属感，也获得了确认自身的自信。从这个角度来讲，女性对城市物质性生存本质更容易产生真切认同，这种物质理性价值观也在某种程度上呈现出一种女性气质。

女性"地母"特质与"生本位"市民价值观。从男女的个性差异来看，女性的个性特质与现代市民价值观天然契合。男性作家具有强烈的国家民族的社会责任感，女性则更关注生活细节与日常生活。传统观念认为男性为"天"、女性为"地"；男性要管理社会、建立体制、关注苍生、建功立业，女性则要处理家政、安抚男性、养育子女、安排生活。在这种先验的社会分工中，女性思维逐渐变得细腻敏感、注重细节、关注个人感受、懂得享受生活、善于营造和谐的人际关系与个人空间，是内向式的关注家庭、社区等个人生活空间的"小"思维，与市民生活对日常、个体、物质的关注不谋而合；而男性思维粗犷豪放、关注宏观和整体，更善于处理理性的复杂的社会问题，是外向式的关注国家、民族等公共社会空间的"大"思维。男性思维对于国家、民族、社会的天然关注与市民生活的琐碎是截然相反的，所以在市民小说领域内，男性不论是从作家群体，还是在创作中，都表现出一种弱势地位。

从个性角度来讲，女人与都市有某种天然的联系，都市是为女人而设的，为女人提供了施展自己的空间，波伏瓦曾一针见血地指出：女人的处境如同模子一样创造出了女人的"特性"。"女人的特性"，主要指女人"沉迷于内在性"。波伏瓦在《第二性》中提到这些所谓的特性，认为这是女性在特定的社

---

① 李娜：《亲和与悖离——论当代女性文学中女性与城市的关系》，载《湘潭大学社会科学学报》，2000年第2期，第62页。

会、经济和历史处境的整体制约下而形成的女性气质。① 而这种女性特质一旦形成,便具有相对稳定性。女性对于细节的偏好、物质的欲望以及生活的兴趣,在城市提供给市民的生活空间中得到了极大的张扬。正是因为城市的存在,才使得女性有更多机会实现自我、表达欲望。不论是对市井人生的描摹,还是对物质世界的不倦追逐,不论是对爱情婚姻的探索,还是对日常生活的关注,都无一例外地真正深入到城市的内部。都市对日常生活的看重、与家国叙事的远离,都与女性的思维习惯不谋而合。女性与城市在秉性上的天然相似,使得女性对城市没有偏见,更多表现出对现代市民价值观的认同。

女性叙事本身的特征是"以世俗性、日用性、常识性'躲避崇高',逃避所谓神圣、理想、永恒等男性中心价值观的虚幻及其对女性的压抑,为复杂而多元的社会保存更丰富的、贴近于原生态的生活"。"女性叙事伦理注重日常生活的审美化,让叙事回归大地,开辟了一个感性的平台。它彰显的是现代性的另一个层面,即关注日常生活的传统"。"她们在充分肯定世俗生活的前提下,借助日常生活本身的开放性和审美的丰富性,打开了一个错综复杂的意义空间。她们的日常现代性建立在对人的欲望与要求的满足上,充分尊重个人生活,保持个人生活的丰富与自由,代表的是个人生活主义。""它具有非历史、非政治的倾向"。② 从这段对女性叙事的描述我们看到,女性叙事对日常生活的关注、对世俗欲望的肯定与现代市民价值观的"生本位"取向是契合的,现代市民天然具有女性关注日常生活的"生本位"特征。

现代城市女性生存优势与"以人为本"的现代市民价值观。

---

① 西蒙娜·德·波伏瓦著、陶铁柱译:《第二性》,北京:中国书籍出版社,2004年版,第673页。
② 张凌江:《物化:消费文化语境中女性写作的新症候》,载《文艺研究》,2006年第5期,第19页。

首先,现代城市使得女性有机会确立自身,形成"以人为本"的观念。现代城市在促进个性独立方面对女性的建设意义远远超过了男性。城市作为工业文明发展的结晶和标志,对女性生存方式和道德观念的改变起到了极其重要的作用。近代工商业的发展打破了农业社会以性别差异为标准的社会分工。在城市里,现代工商业社会服务业兴盛、依靠智力与交际获得经济利益大于依靠体力、注重物质、追逐变化,重型的依靠体力的经济关系逐渐被轻型的依靠智力的经济关系代替,女性以交际的便利与智力的优势轻而易举在现代市民生活中如鱼得水,特别是女性与生俱来的柔软性,使她在适应瞬息万变的生活中比刚强的男性更富有成效。同时,"城市是现代工业成果的载体之一,经济发展、女性受教育程度提高、就业机会增多——这些直接体现在城市的发展中,也正是女性主体意识觉醒的客观条件。"① 从农业社会到工业社会,女性逐渐摆脱了农业社会对体魄和生理因素的限制,可以充分发挥女性的灵魂和智慧。可以说,城市打破了传统农业社会以性别差异为标准的社会分工,城市从根本上解放了女人,也成全了女人。女人千百年被遮蔽的个体追求与自我认同被城市生活大大激发。这也是现代市民"以人为本"观念的一个重大突破。

在进入城市这一违背自然的道路上,男人却具有比女人更难逾越的障碍。传统农业社会中,生产方式给予男性的优势被大大削弱,男性从传统的优势中一下子陷入无所适从的惶惑。城市与女人、乡村与男人其实构成了两组二元共谋的事实存在。男性是近现代城市文明的开启者和建设者,但传统的农业文明思想根深蒂固,潜意识里他们依然以农业文明为正宗。在工业文明占基础地位的现代城市中,传统乡村的纯朴与宁静、道德与秩序无处寻找,甚至完全背离。摩天大楼、霓虹灯、广告

---

① 李娜:《亲和与悖离——论当代女性文学中女性与城市的关系》,载《湘潭大学社会科学学报》,2000年第2期,第62页。

牌、人潮汹涌的街头、琳琅满目的商品展示……扑面而来的城市景象令人欲望膨胀、目不暇接。这种在传统价值体系里无法印证的现代文明令传统文化浸淫下的男性作家无所适从,而他们所坚守的价值观念也不断受到新生事物的挑战。从某种意义上讲,现代市民小说中男性缺席的状态来源于农业社会向工商业社会转型的过程中,男性的性别优势在市民生活中得不到体现而造成的心理失落与冲突。所以,我们看到,对城市新型价值观念的批判和对乡村传统的深切怀念,成为文学中不断被言说的主题。

二、现实:女性力量增长与市民文化软性风潮

从三四十年代的社会现实来看,女性在城市生活中占据了越来越重要的地位。从现实基础来看,本世纪的上海租界,女性随着城市的发展逐步获得更大的自由空间,社会性别构成随之发生转变。二三十年代的上海,青年女性在城市生活中获得了更多的自由。她们悄然走出乡村,在城市中读书、做工、学习技术,融入社会。"因为移植西方现代商业组织形式,适于一般未婚知识女性从业的秘书、打字员、速记员、办事员、店员、侍者的行当兴起(大中教员、医师、律师,比较高级),尤其是西方的婚恋观念,通过外国人、留学生、西书西报西方电影的不断传入,耳濡目染,单身女子在上海激增,未婚者集聚,使得男女社交变得普遍化、日常化,""社交生活大于家庭生活。"①这才给海派小说描写新式的两性关系,提供了可能。传统附属于男权系统的女性在现代社会中获得了更多的身份:女同学、女同事、情人、恋人、妻子、小妾、交际花、妓女等等。"她们义无反顾地投身城市漩流,因为它给女性带来种种充满诱惑的可能——接受教育、谋职就业、张扬个性、冒险与享受、获得金钱与财富、欲望

---

① 吴福辉:《都市漩流中的海派小说》,长沙:湖南教育出版社,1995年版,第45～46页。

的满足等。最主要的,是可能获得的经济独立、人格平等、自由的生活方式。这标志着女性解放在社会发展现阶段所能达到的最高水平,而实现这一切的机会几乎是只有城市才可能给予她们。"①不管从事何种职业,女性都以一种前所未有的独立面目出现,挑战着传统以男权为主导的价值观。李欧梵认为:"凝聚在她们身上的性格象征着半殖民地都市的城市文化,以及迅速、商品化、异域情调和色情的魅惑,由此她们在男性主人公身上激起的情感——极端令人迷惑又极端背叛的——其实复制了这个城市对他们的诱惑和疏离"。②正如米卡·娜娃所言:"妇女在城市里谈钱论价,参与政治动荡,挑战社会正统观念,她们其实都努力让自己在现代生活的猛烈漩涡中游弋自如,将自己变成不仅仅是现代化的客体,也是其主体,不管这个过程有多么矛盾,多么痛苦,多么崎岖不平。"③

当时市民文化氛围的软性化风潮也是影响现代市民价值观女性化倾向的一个重要原因。"当城市被作为独立表现和命名的对象时,文学再现中的城市大多长着一张女性的面孔"。④虽然论者是针对当代文学现象做出的判断,但这种判断同样适应于三四十年代的上海。三四十年代的上海,充斥着相当多的适合女性阅读口味的媒体。《良友》、《紫罗兰》、《妇女杂志》、《玲珑妇女杂志》等等,喋喋不休谈论着美容美发、服饰搭配、饮食口味、恋爱心理、家庭生活等市民话题。李欧梵曾以30年代的《良友》为例,指出正是"《良友画报》的编辑感到大众在日常

---

① 张凌江:《物化:消费文化语境中女性写作的新症候》,载《文艺研究》,2006年第5期,第19页。
② 李欧梵:《上海摩登——一种新都市文化在中国》,北京:北京大学出版社,2001年版,第219页。
③ 米卡·娜娃:《现代性所拒与不承认的:女性、城市和百货公司》,罗钢、王中忱主编:《消费文化读本》,北京:中国社会科学出版社,2003年版,第181页。
④ 贺桂梅:《人文学的想象力——当代中国思想文化与文学问题》,开封:河南大学出版社,2005年版,第169页。

生活层面可能需求一种新的都会生活方式,于是对此作了探索"。"在上海,现代性,正如它的译音'摩登'所示,已成了风行的都会生活方式"。① 而这种摩登生活正是通过女性的改变而呈现出现的。李欧梵也注意到《良友》"里面的许多照片和画面也是以女性为主的","是围绕着女性的新角色进行'叙述'的"。这种以女性为中心的叙事系统,从某种程度来讲,实质喻指"完全不同的一种生活方式"。②

三四十年代的上海,呈现出一个女性化的消费文化语境。在文化程度日益提升的背景下,以当代都市的"新市民"(有较高文化教育程度的都市青年)、"白领"(较优裕的物质条件基础),为主要阅读对象的文学品种开始出现。《妇女画报》、《良友画报》之类的新媒体,将文学与生活打通,既设小说栏,也设恋爱随笔、美容时装、避孕新术、摩登生活讲座等软性生活栏目,这些刊物非常类似今天的时尚杂志,提出"你应该成为嘉宝"的建议,指导你"身体如何像蛇一样",怎样拥有一双"妖媚的眼睛",如何注意"手的表情"、"皮毛围巾的表情"等。更用30%篇幅穿插各种美女图片,如宋庆龄、陆小曼、关紫兰、胡蝶、杨爱立等,都是这种美女明星。李欧梵认为她们身上倾注了"全新的含义和伦理价值",③"《良友》"等培植出一种城市的小资情调以及能够接受并欣赏这种情调的上海第一代中产阶级读者"。④ 女性对自我的追寻与激扬其实是现代社会的产物,而都市无疑为女性自我意识的确认提供了极其重要的条件。

---

① 李欧梵:《上海摩登——一种新都市文化在中国 1930—1945》,北京:北京大学出版社,2001 年版,第 69 页。
② 李欧梵:《上海摩登——一种新都市文化在中国 1930—1945》,北京:北京大学出版社,2001 年版,第 69~77 页。
③ 李欧梵:《上海摩登——一种新都市文化在中国 1930—1945》,北京:北京大学出版社,2001 年版,第 77 页。
④ 姚玳玫:《想象女性——海派小说(1892—1949)的叙事》,北京:中国社会科学出版社,2004 年版,第 45 页。

三、文学史反观：被"国家/民族"男性叙事系统遮蔽的女性叙事

从文学史发展我们也可以得到印证。传统的市井小说处于城市边缘，在农业的乡民价值观的基础上，带有浓厚的农业文明色彩，在文本创作中，以男性作家和男性眼光为主导；五四启蒙文学作为国家、民族宏大叙事的重要组成部分，契合男性作家的外向思维，亦是以男性为主的"家国"叙事，唯美主义文学、自由主义文学等注重文学的精神性追求，脱离日常生活，是一种精神高蹈的文学，也是男性作家擅长表现的题材领域。只有现代市民小说，因其日常性、琐碎性和物质性，使男性作家无法纳入自身思维体系，从而形成了"失语"状态。

有关上海和女性之间的书写渊源由来已久，如王德威所说："早在 1892 年，韩邦庆就以《海上花列传》打造了上海/女性的想象基础，之后，30 年代的左翼作家茅盾，曾以烟视媚行的女性喻上海，写成了《子夜》有名的开场白；新感觉派作家更塑造了艳异妖娆的'尤物'意象来附会上海的摩登魅力；而鸳鸯蝴蝶派的遗老遗少，则在上海刚刚现代化之际，就开始缅怀旧时风月了。"①30 年代现代市民小说的作家基本是由男性构成，他们的市民想象也沿袭了传统男性宏大叙事的传统，穆时英一直企图写作 1931 年上海的全貌，他们的市民文本中充斥着工业、机械、城市外景、速度等雄性的元素，但一旦落笔到人，就显示出力不胜任的虚弱，无法塑造出一个具有骑士精神与英雄气质的市民形象，反而让女性成为 30 年代现代市民的代言人。一些研究者认为，三四十年代市民小说文本中的男性形象还保留着"过时的父系制的道德感性"，而女主人公则是城市的"现代性产物"，"凝聚在她身上的性格象征着半殖民都市的城市文化，以及速度、商品文化、异域情调和色情的魅惑。由此她在男

---

① 王德威：《海派作家又见传人》，载《读书》，1996 年第 6 期，第 41 页。

性主人公身上激起的情感——极端令人迷糊又极端背叛性的——其实复制了这个城市对他的诱惑和疏离。"① 所以，才会在当时的文学中形成这种特异的现象:男性作家往往倾向于乡土叙事或左翼小说,穆时英、刘呐鸥等人虽然被誉为"都市之子",创作了大量市民小说的作品,但在作品中却呈现出"女强男弱"的女性化特征。这种状况到40年代更为明显,40年代市民小说长袖善舞的都是女性作家,张爱玲、苏青等人写专栏、出小说集、开座谈会,把现代市民的物质精神讲得入木三分。予且等男性作家也放弃了"家国"思路,关注家庭日常生活,形成了富有市民特色的琐碎叙事。徐订、无名氏则以自恋、优雅的叙事风格形成了独特的女性化特征。

现代市民小说女性化的阴柔气质体现了它的文化身份和性别倾向。这种"女性"特征与主流地位的"民族/国家"叙事所呈现的某种"男性"特征相对立,形成了两种文学观的对比。一种是关注平民百姓的非主流的女性化话语,一种是感时忧国以启蒙救国为中心的男性主流话语。现代市民小说的女性化特征与它的现代市民价值观息息相关,是一种建立在物质理性、"生本位"、以人为本价值观基础上的女性倾向,同时由这些现代市民的深层价值秩序所决定。所以,现代市民小说的女性特征是特异的,也是标志现代市民小说文化身份的。现代市民小说的女性话语和"五四"的妇女解放话语截然不同,它自立于整个左翼传统之外,自觉疏离男女平等、女性自立等左翼乌托邦幻想,忠实于女性自身经验,贴近女性真实生活,体现了现代市民小说一贯的价值选择。在20世纪上半叶中国的"民族救亡"、"国家解放"的主流话语压迫下,现代市民小说以自觉的"女性化"倾向,构建了一种与主流话语截然不同的个性言说。这种脱离主流系统的另类文化姿态保证了其独特性与存在的

---

① 史书美:《性别、种族和半殖民主义:刘呐鸥的上海都会景观》,载《亚洲研究》,55卷4期,1996年,第947页。

合法性。正如女性本身在社会相对于男性的弱势地位，日常生活话语相对于启蒙中心话语也是弱势地位，体现了女性气质的现代市民小说不可避免地被主流文学史所遮蔽。但同时，这种女性化气质也成为标志现代市民小说的一种文化身份，体现了现代市民小说的独特性，并从而形成了一种可以与主流叙事相抗衡的文学潜流。

第五章 都市漫游者:三四十年代上海现代市民小说的主题研究

三四十年代上海现代市民有一个共同的特征,就是他们与城市的关系日益亲密。城市,成为他们主要的创造激情的来源。即使像施蛰存热衷于描写城市与乡村的穿梭、精神的羁旅,张爱玲喜欢用大量的篇幅来描写内室、阳台这些相对私密的空间,他们的背景依然是都市。他们的都市情怀甚至比其他作家还要强烈。或多或少,他们身上都具有波德莱尔笔下的"城市漫游者"的特征。穆时英、刘呐鸥、叶灵凤等这些似乎专为都市而生的作家自不待言,他们是"都市漫游者"最积极的实践者。这种"漫游者"特征不仅表现在题材的选择上,也体现在他们的叙事技巧和思维模式上,这种新的都市意象的形成潜藏了巨大的价值观转型意义。

所谓"都市漫游者",也就是波德莱尔曾经提到的"巴黎漫游者"。"都市漫游者"的概念最初来自于波德莱尔的《现代生活的画师》,他将漫游者描述成一位19世纪漫步街头、四处光顾的艺术家兼哲学家,在都市的瞬息变化中寻求永恒的美感。现代城市改变了都市市民的空间结构,也改变了市民对生活的认知和感受方式。20世纪三四十年代的现代市民,也和波德莱尔一样,在都市的怀抱里漫游,审视着这个日新月异的新的空间体,在一定意义上,他们也是一个"漫游者",带着最初的现代性体验。

在"都市漫游者"不断书写的过程中,这一概念不断丰富、完善,具有越来越强大的生命力与解释力。随着都市文化多元化的趋势,都市漫游者也呈现出多元化的诠释维度。这一概念不仅适合19世纪的巴黎,放在20世纪三四十年代的上海,它也同样适用。它既可以是一种社会文化研究的观察方法论,通过都市漫游者的流动的目光呈现、记录并解释现代都市文化现象;也可以是一种文学主题,在文学的叙事中,通过对"漫游者"形象本身或者"漫游者"观察到的都市进行描述,在漫游者的主题与视角中实现对都市时空的重新认识,呈现对城市的全新理解;它更可以是一种叙事策略,在写作中通过漫游者的视角实现新的文学技巧的突破。本文就试图用从主题、技巧、生成等方面来描述三四十年代上海现代市民"都市漫游者"的叙事景观。

第一节　都市漫游者的理论谱系

关于"都市漫游者",王卓教授做出过详尽的梳理。[①] 从出现开始,这个概念就成为各个时代文学文本不断转述、引用、补充、翻新的一个文学母题。直到今天,"都市漫游者"已经扩展成为一个跨文本、跨文类、跨领域的理论谱系。波德莱尔、爱伦·坡、本雅明、戴维德·弗瑞斯比、杰奈特·沃尔夫、朱迪斯·沃克威茨等人都为这一概念的丰富做出过贡献。

"都市漫游者"最初的文化定位是波德莱尔笔下的"世界人"和"国际旅行家"。他们是文化的观察者和描述者,是"隐身于人群中的观察家王子",是"完美的游手好闲者",是"对可见、有形的事物极其热爱的哲学家。"波德莱尔的都市漫游者概念体现的是人与都市的现代性关系:都市漫游者是都市文化的涉入者、反思者和中介者。到了20世纪初,本雅明对都市漫游者

---

① 王卓:《都市漫游叙事视角下的美国犹太诗性书写》,载《英美文学研究论丛》,2009年第2期。

的哲学和文化建构又具有表现其时代特征的新维度。漫游者形象成为资本主义经济和文化、商品时代和消费社会的文化代言人,同时也成为本雅明"解构写实主义的利器",他们以异化的目光凝视都市,但同时也被都市文化裹挟着成为其"同谋者"。这种同谋身份在本雅明看来是一种人性的迷茫和无奈。他们在资本主义生产和商品交换的时代中,体现的是人格分裂、图像泛滥和商品移情等都市生活的本质。在《发达资本主义时代的抒情诗人》中,对此有进一步的描述:"街道成了游荡者的居所,他靠在房屋外的墙壁上,就像一般的市民在家中的四壁里一样安然自得。对他来说,闪闪发光的珐琅商业招牌至少是墙壁上的点缀装饰,不亚于一个有资产者的客厅里的一幅油画。墙壁就是他垫笔记本的书桌,书报亭是他的图书馆,咖啡店的阶梯是他工作之余向家里俯视的阳台。"①巴黎的城市化的副产品即是"都市漫游者"。这一群"Dandy"混迹在妓女、乞丐、拾垃圾者、革命密谋家、诗人中间。本雅明说他们是"在柏油路上采集植物"。本雅明进一步将文人与"都市漫游者"和拾垃圾者相提并论,因为他们都有其本质上的相同之处——观察行为本身。到了柯瑞斯·詹克斯,"都市漫游者"已经身兼"比喻和方法论的双重角色",成为构建都市空间与都市文化体系的"表述策略"和分析方式。"都市漫游者"因此具有了一种构建"空间意向的心理构图"的能力。在都市文化的构建中,都市漫游者既是人群的中介者又是构成者。他们在"情感的介入"和"疏离的距离"的游戏中自由穿行。在研究欧美小说时,帕森斯(Parsons)指出,首先"漫游者可以视为不受地理与时间的约束。譬如,作为社会现象,本雅明在十九世纪中期的巴黎具体确定漫游者的存在,但作为概念,本雅明又在第二帝国时期的巴黎、艾伦坡的伦敦、霍夫曼的柏林等语境里谈论漫游者,

---

① [德]瓦尔特·本雅明著,张旭东等译:《发达资本主义时代的抒情诗人》,上海:生活·新知·读书三联书店,第56页。

进而将漫游者视为二十世纪现代艺术家的比喻。"① 其次，帕森斯认为，将漫游者同时视为社会人物、批评概念与修辞比喻的这种三分法，能够使得我们对漫游者的概念有所扩展，不仅指街道的冒险者，同时也指那些"楼窗边"的固定不变的旁观者；不仅指漫游中有思考能力的知识分子，也包括普通的路人。

  在中国的"都市漫游者"研究中，最初关注到这一现象的主要是一些与西方理论关系密切的海外汉学家。李欧梵和史书美都讨论过这一问题。李欧梵认为，1930 年的都市风光让"新感觉派"作家们心醉神迷，但他们并没有掌握"行走的艺术"，也没有巴黎的漫游者那种和街道风景保持距离进行思考的能力。史书美认为，上海三四十年代以"新感觉派"为代表的"都市漫游者"极端缺乏统一、稳定的人格，因此上海人物所形成的"半殖民的主体"最终类似"后现代的主体"，因为后者同样也是多重或"分裂的人格"。她在《现代的诱惑》(2011)中认为，刘呐鸥和穆时英笔下典型的主要人物既不是波德莱尔笔下自我自在的漫游者，也不是西梅尔所描述的靠玩腻了的姿态保护自我的陌生人，而只是"都市经验流动中的参与者"，即使如此，也并不能把他们认为是真正的参与者，因为他的参与权力并没有完全发挥，他们只是靠视觉在消费城市。张英进则认为这种以"新感觉派"为代表的现代作家："他们像漫游者一样步行上海街头、穿越异国情调十足的都市风景，寻找新的感觉（惊讶、过度刺激）、新的空间（经验方面的与文本方面的）、新的风格（写作上的与生活上的）。漫游性由此为这些作家提供与现实主义迥然不同的另类的空间实践，探索与都市中高深莫测、不可预计的事物的偶然相遇等类似经验的短暂性。"②

---

① ［英］德波拉·帕森斯：《在都市街头行走：女性，城市与现代性》，伦敦：牛津大学出版社，2000 年版，第 31 页。
② 张英进：《批评的漫游性：上海现代派的空间实践与视觉追寻》，人大复印资料，2005 年版，第 5 页。

不管理论如何变迁,但有一些共同特质是大家所公认的:"首先,都市漫游者不是简单的个体具象,而是社会文化研究的一种方法论。他的引入旨在透过视觉呈现都市浮世绘,记录现代或后现代社会文化整体框架的延续。其次,都市漫游者已经衍生为一种文学主题,在众多作家笔下为历史时空支起都市特有的维度。再次,都市漫游者其实是一种表述策略,一种带有自反性的书写位置,具有魔幻纪实性与距离涉入性。"[①]

第二节 作为文学主题:三四十年代上海现代市民小说中的都市漫游者形象

与19世纪巴黎惊人相似的是,20世纪上半叶的上海也同样经历着上个世纪巴黎所经历过的都市现代化进程,到了30年代,上海城市已经充分现代化了,在以新感觉派为代表的海派小说中,我们惊人地发现了十九世纪巴黎都市漫游者形象:舞女、文人、白领、资产阶级和小资产阶级、妓女、大学生等等。而新感觉派作家自身——穆时英、施蛰存、刘呐鸥、叶灵凤、邵洵美等与波德莱尔和本雅明一样,首先他们自己即是"都市漫游者"形象,尽管时空相隔,但历史却在此处实现了中西交汇,其意义值得我们深入探讨。如果以"都市漫游者"为中心,作一个主题研究的话,三四十年代上海现代市民小说可分为四种主题:凝视、相遇、侦探、思考。

一、凝视

R·威廉斯说:"对现代城市新特征的感觉从一开始就与

---

① 张鑫:《美学沉沦、否定批判与隐喻剧场——论华兹华斯〈寄居伦敦〉中的都市漫游者与伦敦印象》,载《解放军外国语学院学报》,2011年第5期,第90页。

一个男人漫步独行于街头的形象相关。"①震惊来源于街道经验，三四十年代的上海现代市民作家们漫步在街头，体验自己怎样被人流簇拥，同时又怎样去凝视(Gaze)。而他们凝视的街道中最经典的三个形象，正如波德莱尔所说，就是文人、乞丐和妓女。

　　三四十年代上海现代市民小说中的男主人公经常以作家、大学教师、学生等这样的知识者形象出现。

　　　　览赏着这幅秘藏的风土画的游人们便在嘴上，
　　毫没来由地，嘻嘻地笑着。
　　　　嘻嘻地笑着，潘鹤龄先生在这街上出现了。
　　　　给这秘藏的风土画的无忧无虑的线调感染了
　　似的，在这街上出现的潘鹤龄先生迈着轻快的大
　　步，歪戴着毡帽，和所有的游人一样地，毫没理由
　　地，嘻嘻地笑着。(《PIERROT》)

　　潘鹤龄这个行走在街头的文人的形象在文章中有进一步的表征："在一间不十分大的书室里边，充塞了托尔斯泰的石膏像，小型无线电播送放器放送着的《春江花月夜》，普洱茶，香蕉皮，烟蒂儿和烟卷上的烟，笑声，唯物史观，美国文化，格莱泰嘉宝的八寸全身像，满壁图画，现代主义，沙发，和支持中国文坛的潘鹤龄先生的一伙熏黄了手指和神经的朋友们。"他就是一个典型的"街道漫游者"，他既是街道中漫游的一部分，又是街道的凝视者。他的知识者身份使他与周围的世界区别开来，既是体验者，又是观察者。在很多小说中，作者直接就把男主人公命名为"作家"，或者通过这样的描写"中国的悲剧这里边一定有小说资料 1931 年是我的年代了《东方小说》《北斗》每月一篇单行本日译本俄译本各国译本都出版诺贝尔奖金又伟大又

---

① 于坚：《诗歌精神的重建——一份提纲》；陈旭光主编：《快餐馆里的冷风景》，北京：北京大学出版社，1994年。

发财……(《上海的狐步舞》)""末了这嘴唇的花在笔杆上开着,在托尔斯泰的秃脑袋上开着,在稿纸上开着……在绘有蔷薇花的灯罩上开着……(《被当作消遣品的男子》)"来表明作者的作家身份。

《上海的狐步舞》中描写了一个伪装为老婆子的老鸨形象,她装可怜把作家骗到小胡同,其实是带他去见暗娼,也即所谓"皮条客"。而且这位老鸨非常熟练地对作家说请他去看一封信,让作家不起疑心地跟她走,可见她对于经常漫游于街头的这个群体的熟悉程度。

> 桃色的眼,湖色的眼,青色的眼,眼的光轮里边展开了都市的风土画:植立在暗角里的卖淫女,在街心用鼠眼注视着每一个着窄袍的青年的,性欲错乱狂的,棕榈树似的印度巡槽,迟紧了嗓子模仿着少女的声音唱《十八摸》的,披散着一头白发的老乞丐;有着铜色的肌肤的人力车夫;刺猬似的缩在街角等行人们嘴上的烟蒂儿,褴褛的烟鬼;猫头鹰似的站在店铺的橱窗前,歪戴着小帽的夜度兜销员,摆着史太林那么沉毅的脸色,用希特勒演说时那么决死的神情向绅士们强求着的罗宋乞丐……(《PIERROT》)

正如上文所描绘的,乞丐与妓女是都市街头最常见的街景。不过,这里的妓女并不一定是以出卖自己的肉体为生的、卑贱的女性。相反,他们笔下的女性往往具有极其性感的外表,招摇于街头,狩猎着男人也等着被男人狩猎,一旦从男人手中获得自己想要的东西便全身而退,她们既具有妓女的游走觅食的特征,又具有妓女没有的情感独立性与操控性。而她们这种貌似独立的性格也是男性叙述者赋予她们的,正如章克标在他的一篇小说里,把女性划分成母性型和娼妓型的两类。实际上,在现代市民作家的小说中,大部分女性被作为娼妓型来塑造。

穆时英、刘呐鸥、叶灵凤等人的小说中最常见的就是对街道中行走的女性的凝视。他们笔下的女性是物化的、机械式的。他们的很多作品中都有都市的性感尤物。她们外形奔放,具有典型的西方女性特征,如《风景》(刘呐鸥)中的女子就是具有"男孩式的短发和那欧化痕迹显明的短裙的衣裳"的"近代都会所产"的女性。但是这些女性往往没有鲜活的内心,只是图式化的存在,更像是都市"漫游者"的欲望投射物。与这些物化的女性相对应,他笔下的"漫游者"也同样是缺乏灵魂的、脸谱式的,像个永不停歇的跳舞机,在城市的街道不停旋转,但是没有内心,也没有真实的情感。

在刘呐鸥的《两个时间的不感症者》中,男主人公 H 在跑马场邂逅了一位散发着 Cyclamen 香味的现代女性,他以俯瞰的男性姿态怜悯地注视着"猎物",请她喝饮料,把她像手杖一样挎在腕上散步,他甚至自鸣得意地以为在这个情欲游戏中自己完成了现代恋爱的一切要素。然而,他们碰到了 T——他与女子早已有约在先。当他们三人来到舞厅跳舞时,女子却宣布他们的约会已经结束,她要去赶赴另外一个约会。这里男性漫游者的身份是主动的、自以为是的,对女性的观照也是一种单向度的观照。他们像欣赏花瓶或者欣赏汽车一样打量女性,他们会将女性比作 1929 型 Fonteganac 轿车,把女性当作实现他主观欲望的无生命客体,也即"都市漫游者"里面经常提到的作为男性消费物的"娼妓"型女性。但是他们的主观与自大在现实中遭受了致命一击。李欧梵曾经总结过:"这种女人是'超现实'的,是男人——特别是像刘呐鸥那种洋化的都市男人——心目中的一个幻象,而故事中的男主角对她的恋慕和追求,一如男影迷对女明星的崇拜,所以,他们之间的关系不能引发感情或导致性格的冲突或转变。"①

到了施蛰存,他的漫游者开始具有灵魂。和穆时英等人相

---

① 李欧梵:《现代性的追求》,上海:生活·新知·读书三联书店,2000 年版,第 118 页。

似的是他一部分作品中,漫游者相遇的对象也仅仅是"Gaze"对象,是缺乏灵魂的,她们只是"漫游者"本人的情感投射物或者情感激发物。

他的名篇《梅雨之夕》中,主人公是一个机关职员,也具有知识分子的背景,他最大的爱好就是漫无目的地闲逛。下雨的时候,他不愿意坐电车,宁愿自己撑伞散步回家。因为"在傍晚时分,街灯初上,沿着人行路用一些暂时安逸的心境去看看都市的雨景,虽然拖泥带水,也不失为一种自己的娱乐。"这种情调和意境颇似戴望舒的《雨巷》:"撑着油纸伞/独自/彷徨在悠长、悠长/又寂寥的雨巷/我希望逢着/一个丁香一样地/结着愁怨的姑娘"。这种漫游都市渴望邂逅与偶遇的知识者形象也是典型的"都市漫游者"。男子在雨中从江西路走到四川路桥,突遇暴雨,他饶有兴味地以一个"观察者"的身份观看雨中人群的"众生态"。

> 我数着从头等车里下来的乘客。为什么不数三等车里下来的呢？这里并没有故意的挑选,头等座在车的前部,下来的乘客刚好在我面前,所以我可以很看得清楚。第一个,穿着红皮雨衣的俄罗斯人,第二个是中年的日本妇人,她急急地下了车,撑开了手里提着的东洋粗柄雨伞,缩着头鼠窜似地绕过车前,转进文监师路去了。我认识她,她是一家果子店的女店主。第三,第四,是像宁波人似的我国商人,他们都穿着绿色的橡皮华式雨衣。第五个下来的乘客,也即是末一个了,是一位姑娘。她手里没有伞,身上也没有穿雨衣,好像是在雨停止了之后上电车的,而不幸在到目的地的时候却下着这样的大雨。我猜想她一定是从很远的地方上车的,至少应当在卡德路以上的几站吧。

漫游者以最饱满的热情,投入到他的"大街上的现代主义"事业中去,而他的观察对象,正是街道上熙熙攘攘的"人群"。如果说漫游者是街道的主角之一,那么街道的另一主角便是人群。对于"人群",爱伦·坡在《人群中的人》中这样写道:"绝大多数行人有满足的,公务在身的表情,而且好像只想着走出拥挤的人群。他们皱着眉头,眼睛飞快地转动着;在被其他行人冲撞时,从不表现任何不耐烦,而是整理一下衣服,继续向前。还有另一类为数不多的人,他们的行动烦躁不安,脸色红涨,口中念念有词,并向自己做各种手势,好像就是因为周围的人太拥挤而感到孤独。"① "人群中的人"是街道理性的同谋者,更是资本主义生活秩序的代言人,就在这样匆忙的、日复一日的机械行走中,他们成了马尔库塞笔下"单向度的人"。

此时,一个美丽的少女吸引了他的注意。

> 她走下车来,缩着瘦削的,但并不露骨的双肩,窘迫地走上人行路的时候,我开始注意着她的美丽了。美丽有许多方面,容颜的姣好固然是一重要素,但风仪的温雅,肢体的停匀,甚至谈吐的不俗,至少是不惹厌,这些也有着份儿,而这个雨中的少女,我事后觉得她是全适合这几端的。

这个偶遇的女子引起了他瞬间的震撼体验:

> 我也便退进在屋檐下,虽则电车已开出,路上空空地,我照理可以穿过去了。但我何以不即穿过去,走上了归家的路呢?为了对于这少女有什么依恋么?并不,绝没有这种依恋的意识。但这也决不是为了我家里有着等候我回去在灯下一同吃晚饭的妻,当时是连我已有妻的思想都不曾有,面前有

---

① [美]爱伦·坡:《人群中的人》,《爱伦·坡集》,上海:生活·新知·读书三联书店,1995年版,第70页。

着一个美的对象,而又是在一重困难之中,孤寂地只身呆立着望这永远地,永远地垂下来的梅雨,只为了这些缘故,我不自觉地移动了脚步站在她旁边了。①

男子从对人群漫不经心的关注到将目光的焦点完全集中在这个女孩身上,他忍不住去幻想她身体的轮廓,想象她是自己初恋的那个 14 岁的少女,同学,邻居。找机会为她撑伞,与她搭讪,打听她的家乡,她的姓氏,同时在心中引发联想。与穆时英、刘呐鸥等新感觉派作家不同的是,在这个交往的过程中,他并没有把女子作为情欲的对象物,也没有将其物化,而是他个人情感的诱因,在这个美丽的女子身上看到了自己的情感。没有肤浅的相遇和机械化的电影情节,他只是一个被"美丽"吸引的男子,在这个美丽的女子身上联想到自己的初恋、妻子,并在想象中完成了和女子的情感交流。事实上,他们真实的交流少而简单。到小说结尾的地方,男子向妻子撒了谎,这一段想象的冒险的旅程就此结束,一切犹如从未发生,体现出典型的漫游意味。

男子在漫步的途中,总是用一种从容而犀利的目光,"凝视"和"想象",充满着旁观者的睿智与知识者的优越感。知识分子的身份与复杂深刻的内心活动使得他们与普通路人区分开来,恰似本雅明所谈到的城市知识分子与人群间的联系。在貌似冷漠平静的目光背后,作者更为强调漫游者个人的情感体验和思绪飞扬。他所遇到的一切都只是诱因。正如在文章开篇对雨中形形色色避雨的路人的描绘,这个女子也不过是路人中的一员,只不过这个女子更为值得关注,尽管他们相遇、并肩而行、交谈,到最后随着雨停,一切归为结束,这个女子与其他路人没有差别,只是他思想的背景。在施蛰存的小说中,"都市

---

① 施蛰存:《梅雨之夕》,新中国书局出版社,1933 年版。

漫游者"强调的不是情节性的"相遇"故事,而是"相遇"碰撞出的心理感受。

到了《魔道》,这种倾向更进一步,作者索性让相遇对象成为哑巴,男主人公的相遇不需要交流,不需要互动,他拒绝倾听来自"善女人"的任何表白,而是沉浸在一己的幻想之中,渴望着"超现实"的色情。在他的笔下,相遇对象成为真正的凝视的对象,这个对象是不需要生命也不需要个体存在的,只是作为漫游者感受的对象而有意义。同时,漫游者的知识背景又决定了他们不可能爱上生活方式过于现代的都市女孩,像穆时英笔下那种记着"373种烟的牌子,28种咖啡的名目,5000种混合酒的成分配列方式的尤物"①,根本不可能引起知识者的任何欲望。这里,漫游者的爱欲问题被突出出来,他们似乎无法找到一种合适的类型与之匹配,因此,男主人公过着独居的生活,这种禁欲生活给他们的心理带来了两方面的问题:一方面,这使得他们对欲望的渴求达到了无以复加的程度,现实中没有女性能够满足;另一方面,他们对女人又充满了深切的异己感、厌恶感,使之不惮以最污浊、恐怖的形象,如妖妇、夜叉,来想象女人。在作品中,这两方面被纯化为两种颜色,白色代表欲望,黑色代表厌恶。从城市到乡村的旅行给男主人公们带来的正是放纵情欲的契机,平衡被打破,两方面都被推向了极端,"漫游者"的精神趋向分裂。

这些作品中的男性"漫游者"与路人既亲切又疏离的感情正是来自于城市人对路人的陌生人既近又远的感受,正是因为身边人无法捉摸无法把握,才带来了"漫游者"独特的情感体验。他们在"Gaze"的背后漫无边际的跳跃式的联想是作品的一大特色。

施蛰存所提供的"漫游者"形象和刘呐鸥、穆时英作品中的

---

① 施蛰存:《魔道·十年创作集》,上海:华东师范大学出版社,1996年版,第59页。

男主人公比起来,在精神上更加完满自足。他们具有更加鲜明的知识分子背景,以冷静、从容的姿态对都市加以审视。如果说穆时英、刘呐鸥等新感觉派作家更注重城市的表象、浮华的情节的话,我们可以说施蛰存真正赋予了现代都市以内心的深度。

值得注意的是,以街道漫游者为中心的观察视角,总是不经意凸现一种性别目光,这种情况尤其出现在30年代以"新感觉派"为中心现代市民小说创作中。张英进用"动感凝视"来描述波德莱尔笔下的"巴黎漫游者",认为漫游是一种男性观察、感知城市的方式:"在波德莱尔和本雅明的表述中,漫游性都是一种男性感知都市、捕捉瞬息即逝美感的动态视觉消费。男性是都市观察者,女性是观察的对象(时装、发型、眼神、体态、身材等),而步行街头的女性则千篇一律地被视为'妓女',集'商品'与出卖商品者于一身。"① 在30年代的市民小说创作中,主人公总是一个在大街上漫步的男人,穿越上海的大街小巷就是他们的功课,在任意的大街上引起他们兴趣的永远是大街和女人。在穆时英的《上海的狐步舞》中,那交错着汽车弧灯光线的铁道交通门,使人联想到"拉了白脸红嘴唇,戴了红宝石耳坠子的"女人,"上了白漆的街树的腿,一切静物的腿"与"擦满了粉的姑娘们的大腿"组成腿的行列,构成了寂静大街的风景画。叶灵凤《流行性感冒》中,有着1933型的健美姿态的女人,散发着外国香水味。但是,到了40年代女性开始执掌话语权时,对街道的观察也同样开始凸显女性的特征。其实,就城市和女性的亲和力而言,女性是城市更为适合的代言人,现代市民小说真正的高峰出现在张爱玲身上,就可见一斑。

---

① 张英进:《动感模拟凝视:都市消费与视觉文化》,载《当代作家评论》,2004年第5期,第132页。

二、相遇

詹克斯概括"都市漫游者""能在空间和人群中以一种使他能够取得有利视野的黏着性(Viscosity)移动……漫游者拥有一种力量,可以随自己的意志行走,自由自在,似乎漫无目的,但同时又具有探索的好奇心,以及能够了解群体活动的无限能力"。本雅明说,人群中总有一些热情的观察者,像是不自愿的侦探,或者速写作家,记下一闪而过的灵光,把他们固定成永久。波德莱尔的诗歌《给一位叫交臂而过的妇女》正是这样的一道灵光:

> 大街在我周围震耳欲聋地喧嚷,
> 走过一位身穿重孝、显出严峻的哀愁,
> 瘦长苗条的妇女,用一只美丽的手,
> 摇摇地撩起她那饰着花边的裙裳;
> 轻捷而高贵,露出宛如雕像的小腿。
> 从她那孕育着风暴的铅色天空,
> 一样的眼中,我像狂妄者浑身颤动,
> 畅饮销魂的欢乐和那迷人的优美。
> 电光一闪……随后是黑夜!——用你的一瞥,
> 突然使我如获重生的,消逝的丽人,
> 难道除了在来世,就不能再见到你?
> 远了!远了!太迟了!也许永远不可能!
> 因为,今后的我们,彼此都行踪不明,
> 尽管你已经知道我曾经对你钟情!
> ——《致一位交臂而过的妇女》①

诗里描绘了大城市里男女相遇的经典场景。在喧嚣的大

---

① 夏尔·皮埃尔·波德莱尔:《致一位交臂而过的妇女》,《恶之花选》,北京:人民文学出版社,1989年。

街上,一个女子擦身而过,他惊鸿一瞥,"像狂妄者浑身颤动",然后擦肩而过,不知所终。如果这里并不是人群,他可能会把这位美丽而又静穆的女子带走,把这种一见钟情的爱欲带走,但是恰恰相反,不间断的向前拥挤的人群,带走了这一天雷地火的一瞬,一见钟情(Love at first sight)变成了永别的深情(Love at last sight)。正像普希金所说:"一切都是暂时的/转瞬即逝/而那逝去的将变为可爱。"

刘呐鸥的《热情之骨》写的是法国血气方刚的青年比也尔与东洋的花店女郎玲玉的故事。比也尔在法国受过僧侣书院的禁锢,出国这一年来都是不愉快的事情居多。但一见花店女郎便为之倾倒。

> 他真不相信这么动人,这么可爱的菊子竟会这么近在眼前。他想一想,觉得她的全身从头至尾差不多没有一节不是可爱的。那黑眸象是深藏着东洋的热情,那两扇真珠色的耳朵不是Venus从海里生出的贝壳吗?那腰的四围的微妙的运动有的是雨果诗中那些近东女子们所没有的神秘性。纤细的蛾眉,啊!那本任一握的小足!比较那动物的西欧女是多么脆弱可爱啊!这一定是不会把蔷薇花的床上的好梦打破的。比也尔一想到这儿只觉得心头跳动。

第二天再见便妙语传情,第三天同去看日戏,感受到女郎的热情。后来,月夜泛舟中他们由相爱到做爱,卖花女郎突然说到向他要钱,使他震惊、梦想幻灭,意识到女郎的热情的骨子里只有金钱而已。一见钟情变成一盆冷水兜头泼了下来。作者直白地展示情欲,他所描绘的一见钟情充满了激情的震撼和激情过后的空虚与冷寂。

施蛰存所反复书写的男主人公往往有着知识分子的温文尔雅,具有城市背景,漫步在城市的大街小巷或者往返于城乡之间，不断地邂逅女子，与之交谈，发生感情，然后迅速分手告别。他们漫游的步伐构成了作品叙述的动力。在两性关系中，这些男性形象往往是主动发起进攻的，在处理感情的过程中，具有现代人的特点，热情直接同时又有理性的节制。这类形象就具有典型的漫游者特征。《闵行秋日纪事》中叙述者"我"看待女性的眼光已经和穆时英、刘呐鸥等早期新感觉派作家有很大不同。"我"在客车上和那个美貌的少女相遇，值得注意的是，施蛰存描写了陌生人之间相遇的复杂性。这个少女不仅仅是我的相遇对象，同样也是车上众多乘客的邂逅对象，他们或者嫉妒，或者默然，或者羞涩，或者爱慕。但是文中着力突出了"我"的独特反应，也即一个具有典型"都市漫游者"特质的现代人的反应。男主人公抱着一种游戏的态度，用"一种坚强而持久的目光"注视这个女子，从而使这个处事老练的少女微微露出了一丝窘态。之后，我和这个女子又有了进一步的接触。值得注意的是，叙述人一再跳出来声明自己对这个女子并没有染指的企图，自己并非放纵的浪子，对女子的热情只是单纯对于美貌的兴趣。他在这场相遇的游戏中，是一位清醒的主导者。既没有穆时英等人色情暧昧的眼光，也没有郁达夫等人落魄知识分子的羞涩，更没有他自己其他小说中的道德负疚感。在车厢这样一个流动的现代性的空间，他和女子的感情是偶然发生的，既不用负责也不用铺垫，他以一个现代人的眼光欣赏、探究这个好，处理个人感情既放肆又抽离。

徐讦的《鬼恋》中"我"也是一个"都市漫游者"，"我"仅仅因为"贪恋着一份月色"，希望到黄浦江上看月，而在深夜城市的漫游中与女鬼相遇。作为"都市漫游者"，"他们与城市的关系是既投入又游离的：他们不能没有城市，因为他们迷恋城市的商品世界；而同时，他们又被这个不适应他们居住的城市边缘化。因为他们与人群是有距离的，而正是在他们疏离的注视下，城市被寓言化了。他的漫游一方面是他的姿态，一方面也是抗议"。①

张爱玲的《红玫瑰与白玫瑰》中,在英国留学的振保是位典型的"都市漫游者"形象。身在巴黎,他相遇的是一个妓女。在巴黎旅游的一天傍晚,他没事可做,步行回偏僻的公寓,此时"街灯已亮,可是太阳还在头顶上,振保一路走来,带着荒凉的心情,仿佛乱梦颠倒,无聊得可笑"。此时他邂逅了一个黑衣妇人,黑蕾丝下面穿着红衬裙,正是一个妓女。这个相遇没有波德莱尔笔下主人公的"惊鸿一瞥",也没有施蛰存笔下主人公的胸有成竹,对于振保来说,更多的是耻辱与不适,一方面是偶然,一方面是偶然中自己透露出来的傻气。但与其他漫游者相同的是,这种相遇都是偶然与随性的,似乎是漫无目的,实质却是体现了他们对未知的都市探索的好奇心。到了安分守己的中年,振保就再也没有过这种"漫游者"的激情了。

三、侦探

本雅明笔下有三个著名的形象:文人、妓女和乞丐。所谓的乞丐也就是拾荒者,而拾荒者与侦探的形象又非常类似,他们自始至终与城市保持着若即若离的暧昧关系。漫游者身处芸芸众生之间,却又能以抽离的姿态旁观世事,这使得他们与拾荒者和侦探的形象重叠在一起。与拾荒者相似,漫游者也在步行的过程中,拾掇被现代叙事所遗弃甚至遗忘的意象;漫游者警惕的目光同时也是侦探的目光,他正是以侦探的身份,秘密地对隐入人群中的罪犯进行着搜捕。而这罪犯所拥有的,正是被还原了的大城市的真正面孔。

"在人人都像密谋者的恐怖时期,人人都处于扮演侦探角

---

① 李欧梵:《上海摩登——一种新都是文化在1930—1945》,北京:北京大学出版社,2001年版,第243页。

色的情形中。游荡给人提供了这样做的最好机会"。① 本雅明笔下的19世纪巴黎的恐怖气氛与20世纪30年代的上海颇为相似。不过都市漫游者并非为了揭发"密谋者",而只是想探求一个具有吸引力的神秘女子的真实身份而不自觉地扮演了侦探的角色。漫游者注视着人群,试图将这个神秘的人从人群中分离出来,最后通过一个意外的细节侦破案件。《鬼恋》中男女主人公穿行在1930年前后的上海,从最繁华的路段走向最荒僻的路段:南京路、徐家汇、斜土路,南京路和霞飞路上的咖啡馆成为他们的休憩之所。而对"女鬼"的身份的探寻,正体现了典型的都市漫游者侦探式的凝视目光。他们的相遇就是一次典型的"震惊"性体验。"震惊的体验作为潜意识的内容通过'非意愿记忆'被赋予了一种诗的结构,这种震惊便成为震惊的形象"。② 当男主人公在人群中注意到这个女性,被她的外貌与行为所吸引,而进一步想要探求她的身份时,接下来揭开谜底的过程,在中国式的叙事体验中叫"聊斋式的叙事元素",而在西方则是19世纪街头巴黎漫游者的典型特征。

《鬼恋》中的男女主人公在都市中的相遇源于偶然。男主人公就是"都市漫游者"中典型的文人形象,在一个冬夜的南京路口买烟时,遇到一个全身黑衣的女子,装束神秘,美艳不可方物,她要买的烟恰是"我"正抽的Era,女子向"我"问路,而她身上的种种异于常人的特质引起了"我"的兴趣。

> 月光下,她银白的牙齿像宝剑般透着寒人的光芒,脸凄白得像雪,没有一点血色,是凄艳的月色把她染成这样,还是纯黑的打扮把她衬成这样,我可不得而知了。忽然我注意到她衣服太薄,像是单

---

① 瓦尔特·本雅明:《发达资本主义时代的抒情诗人》,张旭东等译,上海:生活·新知·读书三联书店,2002年版。
② 瓦尔特·本雅明:《发达资本主义时代的抒情诗人》,张旭东等译,上海:生活·新知·读书三联书店,2002年版。

的,大衣也没有披,而且丝袜,高跟鞋,那么难道这脸是冻白的。我想看她的指甲,但她正戴着纯白的手套。

首先,女子在寒冷的冬夜穿着单衣,脸色如雪,不是正常人的装扮,"这脸庞之美好,就在线条的明显,与图案意味的浓厚,没有一点俗气,也没有一点市井的派头";其次,她问路的时候自称"鬼",而叫对方"人";同时,她在繁华的南京路,问路要去的地方却是荒凉的斜土路。这样的相遇是极具震撼力,也极为神秘的,引起了"我"极大的探究的兴趣,我决定陪她回家,并反复用言语和各种恐怖的鬼故事来试探对方,这是相遇并"侦探"的第一回合,"我"怀着恐惧的心情离开,再见的时候甚至不敢回头看她。"因为实在可怕。美得可怕,是的,美得可怕。我在回来的路上一直想着这份可怕的美,与这个美得可怕的面容"。经过几次约会后,"我"依然对她兴味浓厚,但摸不着头绪,这种约会便是典型的都市漫游,漫无目的,随意而行。有一次在龙华附近遇到大雨,没有雨具,也没有任何地方可以避雨,女子把"我"带到了她的住所,陈设古旧,她竟然还有丈夫。"难道这真是坟墓么?我想,白色该是石栏,灰绿色该是青草,黑色该是泥土……她同丈夫在土里,而我在她们的土外……""我"非常失落,此时"我"对女子的探究也带着强烈的爱慕,而女子却告诉"我""丈夫"也是她自己假扮的,她自己就是自己的丈夫。故事更加扑朔迷离。第二个回合,"我"完全被女子打败,并且深深地爱上了她。第三个回合,"我"的感情继续推进,寻找她却被老婆婆告知并没有这样一个人存在,鬼故事的神秘意味更加深厚。第四个回合,"我"又去她的住所探究她的身世,此次被告知这家的女儿已死,虽然鬼故事依然扑朔迷离,但"我"的爱情火焰却越来越旺盛:

  我想起聊斋上许多人被鬼迷的故事。但是她可没有迷我,而我还是不确信她一定是鬼。我想我的憔悴枯瘦或者只是熬夜的缘故,所以我并不想因此同她断绝友谊,但是我的不自然情感已使我不能有这种友谊,我不得不向她求友谊以上的情爱。

"我"在绝望之余,决心放弃,重新开始都市里醉生梦死的生活,但这种人为的麻醉依然无法使"我"解脱,"我"决心听从女子的劝告去远方旅行。"我"试图通过湖光山色来治疗这种都市病,但是疗效甚微。此时,转机出现了。第五个回合,"我"又来到她所居住的龙华附近,偶遇她却是尼姑装扮,这次,"我"的诚意感动了女子,她将身世和盘托出,原来她竟然曾经是一个秘密的革命党:

"我暗杀人有十八次之多,十三次成功,五次不成功;我从枪林里逃越,车马缝里逃越,轮船上逃越,荒野上逃越,牢狱中逃越。

后来我亡命在国外,流浪,读书,一连好几年。一直到我回国的时候,才知道我们一同工作的,我所爱的人已经被捕死了。当时我把这悲哀的心消磨在工作上面。"她又换一种口吻说:"但是以后种种,一次次的失败,卖友的卖友,告密的告密,做官的做官,捕的捕,死的死,同侪中只剩我孤苦的一身!我历遍了这人世,尝遍了这人生,认识了这人心。我要做鬼,做鬼。"

女子告诉"我"她住的是爱人的家,他们依她的要求,以鬼的身份来待她。她起初从来不出门,每天读书过日子,后来夜里出去走走,再后来打扮成出家人白天也出来,所以才会和"我"相遇,并引发了这样的奇遇。"我"和"鬼"的奇情以"鬼"离开,"我"大病一场告终。但是有意味的是,故事并没有由此结束,而是由"我"生病,"鬼"秘密探望,引发了看护的周小姐对假扮男装的"鬼"女子的爱慕,她也重复了"我"当年的痴狂,由相遇的震撼到迷恋,到侦探般地苦苦寻找。开放的街道永远都不缺乏发生这种奇遇的可能性,而现代市民求新求奇的本性又会使得他们对这种欲求而不得,充满神秘与诱惑力的爱情无力抗拒,如飞蛾扑火。

施蛰存的《闵行秋日纪事》作品中的"我"有着一定的知识修养,但经济上并不宽裕,似乎是个混迹在上海的无业游民。叙述者"我"应友人邀请,到闵行小住,在车上看见一个美丽又神秘的女子,后来汽车遇到意外,只能徒步前往目的地。途中"我"与这美丽的女子攀谈,觉得这个拿着大包裹的单身女子处处透着诡异。后来在镇上"我"又遇见了她,暗暗跟踪,发现她好像在做非法的勾当。一天晚上"我"又跟踪她,却差点被子弹打中。后来才从朋友的仆人口中得知,她常常到上海去私带鸦片和吗啡,再派人用小船偷带到城市贩卖。吴福辉曾指出,《闵行秋日纪事》叙事风格扑朔迷离,这也是施蛰存小说的一个重要特点。尽管作者把叙述的线索放在历险者"我"对该名陌生女子不由自主的着迷上,在历险的情节之上建立了另一复杂的心理层次,这篇小说读起来仍很像一篇历险故事。与《渔人何长庆》相似,小说中的城市总是与罪恶(贩毒)相关,但这篇小说特别的地方在于叙述者的身份。他是一个往乡郊度假的城市人,闵行之旅赋予他展开无穷的浪漫狂想(Fantasy)的机会,但却无法使他摆脱城市罪恶的干扰。

《魔道》就是一个充斥着幻想的"妖怪"故事。与《闵行秋日纪事》的开端一样,这篇小说写主人公接受朋友的邀请到郊外做客,在乘火车的途中,碰见了一位神秘的老妇人。在阅读过各种文学文本的影响下(西洋妖妇骑扫帚捕捉小孩、《聊斋志异》中的黄脸老妇、The Romance of Sorcery 中的妖术等),主人公开始认为坐在对面的老妇是个妖妇,因而十分恐惧,产生了种种可怕的联想。到了朋友家中,他仍不时地看见老妇正在远远地窥伺着他。更为严重的是他出现幻觉,以为朋友的妻子也是那个妖妇的化身,于是他逃回城市,老妇的身影和幻觉却仍然挥之不去。

《夜叉》征引了古典志怪小说中的传统女鬼形象,并将之与恐怖的心理幻象编织在一起。《夜叉》讲述了一个都市人怀疑在乡村遇到"鬼怪"的恐怖故事。主人公乘小船游览古庵,瞥见一位浑身白衣的女性。这位白衣女子本来只是个普通女子,但是在男主人公所阅读的传统志怪小说的互文作用下,她最后"化身"为夜叉。

广而言之,"都市漫游者"带来"侦探"的可能性,实质上是都市社会的流动性、陌生化带来的。在稳定的农业社会,人口结构相对单纯稳定,很少有神秘的陌生人出现,也不存在两个陌生人之间的相互试探、相互探究。张爱玲的《色·戒》也是这样的作品。王佳芝本是革命者,为了刺杀易先生而来到上海,一个香港到上海的漫游者,很快就借助跑单帮的身份获得了易太太的信任。对于易先生来说,她也是一个陌生人,但同时又是一个美丽可亲的自己送上门来的女人,通过打麻将他们认识并开始了地下情,虽然爱情并未开始于街头,但王佳芝是有意为之。他们秘密开展地下情的过程便是王佳芝接近并刺探易先生的过程。

四、思考

张爱玲笔下的"都市漫游者",如波德莱尔所说,他们是"居于世界中心,却又躲着这个世界"的人,他们对城市的感觉既投入又游离,他们不能离开城市,却又在城市中自觉边缘化。什么是"都市漫游者"?本雅明说,大都市并不在那些由它造就的人群中的人身上得到表现,相反,都是在那些穿过城市,迷失在自己的思绪中的人那里被揭示出来。

街道,是张爱玲笔下一个经常出现的日常空间形态,尤其在她的散文里,更是频频落笔的聚焦点和辐射处。《道路以目》一文,就干脆将她起居生活的街道见闻铺陈篇章,她看的是街道,写的却是路人。她写人行道上正在卖的烘山芋,坐在自行车后面的风姿楚楚的年轻女人,自行车上自己装的滚动的红灯,橱窗里的木制模特,上街买菜巧遇封锁时呼天抢地要回家烧饭的女人,坐在踏板上的黄包车夫……如同即兴的素描和速写。在《烬余录》里,她也多次写到战争期的香港街道,热衷于描写街上人群的吃喝玩乐,写战后疯狂的人们如何满街找寻冰激凌和嘴唇膏,把买东西当成一种消遣,写衣冠楚楚的洋行职员如何在街边的小风炉上炸小黄饼吃……但是张爱玲对"漫游者"的体验并非是简单的"凝视",或者"相遇",她是一种基于"凝视"的思考,是对"相遇"的颠覆。张爱玲对"都市漫游者"的处理具有强烈的思想者的气质,兼具现代的反思和后现代的反讽意味。

小说《留情》就是在"凝视"中融入思考,并且浑然天成。敦凤和米先生一起出门去见朋友,张爱玲用漫游者的眼光分别描写了两人所见街景和所思所想。同样是移步换景,同样是漫不经心,却又有情有义。在住宅区的一条马路:"路边缺进去一块空地,乌黑的沙砾,杂着棕绿的草皮,一座棕黑的小洋房,泛了色的淡蓝漆的百叶窗,悄悄的,在雨中,不知为什么有一种极显著的外国的感觉。"米先生想起了他从前留学的时候,想起了自己第一个小孩的玩具,想起从前的太太,"没什么值得纪念的快乐的回忆,然而还是那些年轻痛苦,仓皇的岁月,真正触到了他的心,使他现在想起来,飞灰似的霏微的雨与冬天都走到他眼睛里面去,眼睛鼻子里有涕泪的酸楚"。敦凤停下车来买栗子,米先生又想起敦凤的好,想到他们客气但是带点隔膜的相处模式,"他对从前的女人,是对打对骂,对她,却是有时候要说'对不起',有时候要说'谢谢你',也只是'谢谢你,对不起'而已"。而与此同时,三轮车自顾自走向前去:"三轮车驰过邮政局,邮政局对过有一家人家,灰色的老式洋房,阳台上挂一只大鹦哥,凄厉地呱呱叫着,每次经过,总使她想起她那一个婆家。本来她想指给米先生看的,刚赶着今天跟他小小地闹别扭,就没叫他看。她抬头望,年老的灰白色的鹦哥在架子上蹒跚来去,这次却没有叫喊;阳台栏杆上搁着两盆红瘪的菊花,有个老妈子伛偻着在那里关玻璃门。"这样的街景中,她想到的是"从婆家到米先生这里,中间是有无数的波折。郭凤是个有情有义、有情有节的女人,做一件衣服也会让没良心的裁缝给当掉,经过许多悲欢离合,何况是她的结婚"?

三轮车一路飞驰,两人的半生经历已经像过电影一样过了一遍。很多有情的有意的,无情的无意的,无法向身边的人当面说,而漫游的街道上那些日常的变化的随性的情景却承载了他们的很多内心曲折。

> 他们告辞出来,走到巷堂里,过街楼底下,干地上不知谁放在那里一只小风炉,咕嘟咕嘟冒白烟,像个活的东西,在那空荡荡的巷堂里,猛一看,几乎要当它是只狗,或是个小孩。
>
> 出了巷堂,街上行人稀少,如同大清早上。这一带都是淡黄的粉墙,因为潮湿的缘故,发了黑。沿街种着小洋梧桐,一树的黄叶子,就像迎春花,正开得烂漫,一棵棵小黄树映着墨灰的墙,格外的鲜艳。叶子在树梢,眼看它招呀招的,一飞一个大弧线,抢在人前头,落地还飘得多远。
>
> 生在这世上,没有一样感情不是千疮百孔的,然而敦凤与米先生在回家的路上还是相爱着。踏着落花样的落叶一路行来,敦凤想着,经过邮政局对面,不要忘了告诉他关于那鹦哥。

明处写街景,写漫游,暗处写的却是他们感情的千疮百孔。欲说还休,待要不满意却还有满意的理由,待要满意却还有点不服。作者没有一处实笔,但漫游的思绪已经跃然纸上。

《等》有一种动人心魄的美感:

> 白色的天,水阴阴地;洋梧桐巴掌大的秋叶,黄翠透明,就在玻璃窗外。对街一排旧红砖的巷堂房子,虽然是阴天,挨挨挤挤仍旧晾满了一阳台的衣裳。一只乌云盖雪的猫在屋顶上走过,只看见它黑色的背,连着尾巴像一条蛇,徐徐波动着。不一会,它又出现在阳台外面,沿着栏杆慢慢走过来,不朝左看,也不朝右看;它归它慢慢走过去了。
>
> 生命自顾自走过去了。

在张爱玲的写作中,街景已经不只具有"凝视"的意义,已经不仅仅是"相遇"并"侦探"的舞台。大街就是她笔下主人公的生存空间,是他们思想的背景,街道的生活方式已经根深蒂固,写街道实质就是写情,街道已经与主人公融为一体。

《色·戒》中描写王佳芝的刺杀行动败露之后,她的心情慌乱、忐忑、空虚、不安……但对于种种复杂的情绪作者并没有直接进行描写,反而写了一段街景:

> 她有点诧异天还没黑,仿佛在里面不知待了多少时候。人行道上熙来攘往,马路上一辆辆三轮驰过,就是没有空车。车如流水,与路上行人都跟她隔着层玻璃,就像橱窗里展览皮大衣与蝙蝠袖烂银衣裙的木美人一样可望而不可及,也跟他们一样闲适自如,只有她一个人心慌意乱关在外面。

王佳芝此时头脑中一片空白,马路上依然人来人往,但这些都与她无关,或者已经抽离她的生命。这时的王佳芝,真正是"居于世界中心,却又躲着这个世界"的人。

> 平安戏院前面的场地空荡荡的,不是散场时间,也没有三轮车聚集。她正踌躇间,脚步慢了下来,一回头却见对街冉冉来了一辆,老远的就看见把手上拴着一只纸扎红绿白三色小风车。车夫是

个高个子年轻人,在这当日简直是个白马骑士,见她挥手叫,踏快了大转弯过街,一加速,那小风车便团团飞转起来。

团团转的小风车充满了生命的活力与快乐,一生最快乐的就是在这放手的刹那。王佳芝隐忍了这么久,郁闷了这么久,终于水落石出,有了个结果,虽然是最坏的结果,因为一念的动心,她要陪上自己的性命,但是这又有什么呢?她终于放开了自己,她解脱了。

张爱玲另一部分小说则是对波德莱尔笔下所描写的"相遇"的震撼体验的颠覆。张爱玲《年轻的时候》中潘汝良并不是一个积极的探索者,但他和沁西亚的相遇是真正的震撼体验。他到语言专修学校念德文,在休息室里看到校长室的女打字员,上半身的影子落在报纸上,她的侧面正是他从小东涂西抹画到现在的唯一的侧面。"他从心里生出一种奇异的喜悦,仿佛这个人整个是他手里创造出来的"。他们开始聊天,知道了沁西亚小时候在哈尔滨,从前会说一口中国话,她有几分姿色,但并没有自己想象的那么美:

> 现在他所看见的是一个有几分姿色的平凡的少女,头发是黄的,可是深一层,浅一层,近头皮的一部分是油腻的栗色。大约她刚吃完了简便的午餐,看见他来,便将一个纸口袋团成一团,向字纸篓里一抛。她一面和他说话,一面老是不放心嘴唇膏上有没有黏着面包屑,不住地用手帕在嘴角揩抹。小心翼翼,又怕把嘴唇膏擦到界线之外去。她藏在写字台底下的一只脚只穿着肉色丝袜,高跟鞋褪了下来,因为图舒服。汝良坐在她对面,不是踢着她的鞋,就踢着了她的脚,仿佛她一个人长着几双脚似的。

张爱玲笔下的"漫游者"总是很快就回到现实,把浪漫主义的"震撼体验"全部颠覆。他把沁西亚和自己梦想的一切归在一起,试图借助她逃离自己现在的环境,"汝良不要他母亲那样的女人。沁西亚至少是属于另一个世界里的。汝良把她和洁净可爱的一切归在一起,像奖学金,像足球赛,像德国牌子的脚踏车,像新文学"。汝良要的是一个梦想,但沁西亚只是一个真实的、愁嫁的生活环境比她还要不堪的大龄剩女。结尾的时候,汝良到她的家中看病中的沁西亚,"她闭上眼,偏过头去。她的下巴与颈项瘦到极点,像蜜枣吮得光剩下核,核上只沾着一点毛毛的肉衣子。可是她的侧影还在,没大改——汝良画得熟极而流的,从额角到下颔那条线"。他们相遇是因为这个侧影,现在这个侧影还在,但她并不是梦想的她。张爱玲的反讽中有极大的悲凉。

小说《封锁》里也存在着张爱玲作品中惯有的颠覆。作者仿佛就站在赫德路的一个小小的阳台上,冷眼旁观着眼底的这些人和事。小说的主人翁是城市中最普通的人,一个是"得不到太太同情"的银行会计师,一个是"永远不快乐"的英文助教,在永恒重复着的日常生活中,他们对现实有着自己的不满,包括对待家庭和工作,并且内心深处一直觉得孤独。小说中的街道成为他们情感爆发、理智与感情交错的纽带。当封锁的摇铃声"切断了时间与空间"后,在这突然形成的非常态的空间领域中,小说人物在一系列的巧合下逐渐将自己真的情愫与思虑释放出来:对家庭的不满,对一个"真的人"的渴望,憧憬一段真的爱情甚至另一段婚姻。在这个与外界隔离的空间内,宗桢和翠远才开始对另一种生活生起了追求的勇气。而封锁结束后,宗桢回到了原来的位置,翠远也依然还是那个无法快乐的英文助教,最终屈服于力量强大并遭人厌恶的现实了。这是都市人物的社会化本性所导致的必然结果。多数人是喜欢身不由己地安稳于现世的,小说里翠远和宗桢虽然有些可笑,但更多的却是一份悲怆、一份无奈,只是这样的苍凉与无奈,并不只存在于张爱玲在上海的日子,而是存在于任何一个属于人类的时代。

但是,也正是街道,让主人公们在日常生活的循规蹈矩中逃离出来,释放自己内心隐秘的情感。街道人与人的自由,街道人与人的陌生,街道人与人的坦诚,街道上人们没有责任,街道上人们可以死不认账,都让主人公们突然获得了现实生活中一个自由的真空。也正是街道提供的这样一个空间,才使得人性中的悖论、纠结体现得尤为集中和深刻。一方面,我们可以看到"真伪"的对立。翠远渴望遇见一个"真的人",一个愿意和她讲"真的话"、对她付出"真的感情"的人。在短暂的谈话过后,翠远隔着阳光看见宗桢,突然觉得"他是一个真的人",虽然"他不很诚实,也不很聪明",但此时的宗桢一心注意的却只是自己极力想要避开的侄子。同样在封锁的过程中,宗桢仿佛触碰到了自己真实的想法和渴望,虽然他的渴望似乎是不合礼法的,却的确是"真实"的,而封锁结束后回归原位的宗桢不过和电车里其他的乘客一样又模糊了轮廓变成虚伪的"好人"。张爱玲构建的世界就是这样:一些人内心认为真实的东西本质是虚假的产物,而一个人内心的真实对社会而言可能不过是违背伦理的罪恶,虚假的自我反而为这个世界所接受。这种真伪的交错使得人在束缚中很难找到真实的自我个体。另一方面,张爱玲的颠覆有一种类似于昆德拉式的彻底:在张爱玲的作品中,为现代人所重视的家庭是不完满的,爱情的开始是虚伪的调情,之后是不了了之的结局。现实生活中的翠远是个没有个性的大众化的女子,她的白洋纱旗袍"很有点讣闻的风味","头发梳成千篇一律的式样,唯恐唤起公众的注意","她的整个的人像挤出来的牙膏,没有款式"。在现实生活中她肯定是不会吸引到宗桢的,所以封锁的开始宗桢对翠远并没有兴趣,她不是宗桢喜欢的类型,他积极的搭讪不过是逃避侄子的一种有效手段,与感情确是没有半点关系的。他对翠远的感情显然是虚假的,但这时的宗桢却依然是一个真实的社会人,搭讪的举动是社会人宗桢为处理一段复杂的人际关系而作出的自然反应。

封锁的街道上的一节电车提供了一个奇妙的舞台,宗桢没有别的选择,只能认真去打量身边的这个女子,后来竟然"他们恋爱着了"。宗桢看到眼前这个女人的可爱甚至产生了重新结婚的打算,这时的宗桢也确是动了真的感情了。那个告诉翠远许多话、"无休无歇的话"的宗桢是一个真情流露的男人,是一个仅仅作为个体的"真的人",虽然他流露的真情并不是对翠远的爱意而只是对自身孤独的一种宣泄。同样,对受过高等教育的翠远而言,宗桢或者也不是她应该会倾心的男人。他们的感情在真实与虚幻里来回游荡但并不显得那样可笑。因为只有人物的孤独是绝对真实的,"他们的激情只不过是没有对象的在想象中的独语",整个上海在封锁的街道上做了一个不近情理的梦,都市漫游者最终还是要离开这个自由放纵的可以做梦的空间,回到自己的现实生活中去。

  张爱玲值得称道的一点,就在于她恰当地处理了观察者与人群之间的关系。波德莱尔在他的《现代生活的画家》一文中说:"对于完美的漫游者而言,对于热情洋溢的观看者而言,在芸芸大众的中心,在人流的退涨之间,在捉摸不定和无限之间搭起房子来是一种巨大的快乐。离开家但又处处觉得是在家里;去看看世界,去成为世界的中心,但仍与世界捉迷藏。"这一描述的关键之处在于它强调了漫游者作为现代生活英雄的最为动人的品质——置身于人群时既投入又抽离的姿态。漫游者们"在其中陶醉的同时并没有对可怕的社会现象视而不见。他们保持清醒,尽管这种清醒是那种醉眼朦胧的,还'仍然'保持对现实的意识"。① 张爱玲就是这样一位清醒的旁观者,内心对人群的炽热、对人生的投入,使她热衷于"凝视",但是清醒的内心又使她拉开了与"人群"的距离,她既不参与故事,也不进入角色,而是远距离审视故事中的人物与事件,以保持旁观者

---

① 波德莱尔著、郭宏安编:《现代生活的画家》,杭州:浙江文艺出版社,2007年版,第77页。

的立场与冷静的头脑。"云端里看厮杀似的"是何等热闹,落在张爱玲笔下,却是超脱的淡然与平静,她了解一切而又悲悯一切。

第三节 作为写作方式:以都市漫游者为中心的叙事方式

都市的兴起带来物质空间的改变,物质空间的改变带来体验方式的转变,从而给作家带来新的写作灵感与写作方式。主要表现在以街道漫游者为中心的叙事视角、叙事时间的错综复杂,叙事结构的符号化与开放性。

一、以街道漫游者为中心的叙事视角

弗莱伯格(Anne Friedberg)曾将漫游者特有的目光——"移动的凝视",与福柯的"全景敞视式"的凝视加以比较,指出前者是后者的反转——它强调的不是抑制与质询形式,而是移动性和流动的主观性。① 事实上,这两者都是"都市漫游者"在叙事时会采用的典型视角。

传统的叙事者是全能的上帝,无所不知,无所不在,但是缺乏读者的切身体验。三四十年代现代市民小说大量采用了第一人称的主观叙述,以街道上的漫游者"独语"的姿态,把叙述者从无所不知的上帝宝座上拉下来,使得叙述者寄居在某个人物身上,借助他的意识和感官,叙述其所闻所思;或者作为小说中人物心灵的窥探者,叙述者通过人物内心世界这面镜子来反射外在的人与事,也即所谓的内聚焦式视角。通过这种"独语",写作者可以宣泄自己的愤怒、欲望、欢乐、痛苦和悲伤等。穆时英本人就承认:"我却就是在我的小说里的社会中生活着

---

① 罗岗、顾铮主编:《视觉文化读本》,桂林:广西师范大学出版社,2003年版,第328页。

的人,里面差不多全都是我亲眼目睹的事。"

首先,三四十年代上海现代市民作家自觉以街道为观察基点,用散点透视的方法描绘街道的漫游体验。散点透视是来自于中国传统卷轴画的技法,它不同于西洋绘画中单视角的深度透视,而是回环的动点透视,即视点不固定在一个点上,而是按一定规律做各种方向和线路的移动,这样能够把多个视点有机组合在画面上。而这种透视方法天然就适合方向与线路无限延展的街道,西方现代绘画中,利用这种散点透视的技法进行创作的《一条街的忧郁与神秘》(基里柯)就是以街道为创作中心的。

散点透视这种动态视点被充分运用在三四十年代上海现代市民小说的写作中:

> 街。
>
> 街有着无数都市的风魔的眼:舞场的色情的眼,百货公司的饕餮的蝇眼,"啤酒园"的乐天的醉眼,美容室的欺诈的俗眼,旅邸的亲昵的荡眼,教堂的伪善的法眼,电影院的奸猾的三角眼,饭店的朦胧的睡眼……
>
> 桃色的眼,湖色的眼,青色的眼,眼的光轮里边展开了都市的风土画:直立在暗角里的卖淫女,在街心用鼠眼注视着每一个着窄袍的青年的,性欲错乱狂的,棕榈树似的印度巡槽,迟紧了嗓子模仿着少女的声音唱《十八摸》的,披散着一头白发的老丐;有着铜色的肌肤的人力车夫;刺猬似的缩在街角等行人们嘴上的烟蒂儿,褴褛的烟鬼;猫头鹰似的站在店铺的橱窗前,歪戴着小帽的夜度兜销员,摆着史太林那么沉毅的脸色,用希特勒演说时那么决死的神情向绅士们强求着的罗宋乞丐……

以穆时英为代表的 30 年代被称为"新感觉派"的系列作

家,酷爱描写街道与街道上正在发生的悲欢离合。刘呐鸥的小说集命名为《都市风景线》,穆时英小说直接命名为《街景》,施蛰存《汽车路》、《在巴黎大戏院》……通过这些标题,我们就可以想象到一个以街道为被观察对象的正在呈现的上海。经常被引用的片段如穆时英的《上海的狐步舞》中,"上了白漆的街树的腿,电杆木的腿,一切静物的腿……Re－vue(按:法语,轻歌舞剧)似的,把擦满了粉的大腿交叉地伸出来"。《夜总会里的五个人》中:"红的街,绿的街,蓝的街,紫的街……强烈的色调化妆着的都市啊!霓虹灯跳跃着——五色的光潮,变化着的光潮,没有色的光潮——泛滥着光潮的天空,天空中有了酒,有了烟,有了高跟儿鞋,也有了钟……"

张爱玲也是热爱街道的作家,在散文中她说自己喜欢闻汽油的味道,喜欢听市声,非要听见电车声才睡得着觉。散文《道路以目》、《中国的日夜》中,随处可见街道上的独特体验。《道路以目》写的就是她日居生活的街道见闻。她立脚点是街道,看的是路人,同样采用散点透视的写作方法:

  读万卷书不如行万里路。我们从家里上办公室,上学校,上小菜场,每天走上一里路,走个一二十年,也有几千里地,若是每一趟走过那条街,都仿佛是第一次认路似的,看着什么都觉得新鲜稀罕,就不至于"视而不见"了,那也就跟"行万里路"差不多,何必一定要漂洋过海呢?街上值得一看的正多着。黄昏的时候,路旁歇着人力车,一个女人斜欠坐在车上,手里挽着网袋,袋里有柿子。车夫蹲在地下,点那盏油灯。天黑了,女人脚旁的灯渐渐亮了起来。

  烘山芋的炉子的式样与那黯淡的土红色极像烘山芋。

  小饭铺常常在门口煮南瓜,味道虽不见得好,那热腾腾的瓜气与"照眼明"的红色却予以人一种"暖老温贫"的感觉。

寒天清早,人行道上常有人蹲着生小火炉,扇出滚滚的白烟。我喜欢在那个烟里走过。煤炭汽车行门前也有同样的香而暖的呛人的烟雾。多数人不喜欢燃烧的气味——烧焦的炭与火柴、牛奶、布质——但是直截地称它为"煤臭"、"布毛臭",总未免武断一点。

克拉考尔说:"意识形态的衰落使我们所生活的世界处处布满了碎片,而一切进行新的综合的尝试也都归于无效。在这个世界里,不存在任何完整的东西,这个世界毋宁说是由零碎的事件组成的,它们的流动代替了有意义的连续。因此,个人的意识必须被认为是信仰的片段和形形色色的活动的一种聚合物。"[①]对于街道用散点透视的方式进行描绘,其实是对街道的碎片化、非连续性、流动性的一种主观意识投射。人类所能处理的现实是他可以把握的现实,是他头脑中的现实、语言中的现实。

以街道漫游者为中心的叙事视角还表现在都市漫游者漫步在林立的高楼中间,从不同角度观察都市,这个也应用在了他们的写作中。俯视、平视、仰视,角度多变。

在刘呐鸥的《两个时间的不感症者》中,有这样一段街景的描写:

> 晴朗的午后。游倦了的白云两大片,流着光闪闪的汗珠,停留在对面高层建筑物造成的连山的头上。远远地眺望着这些都市的墙围,而在眼下俯瞰着一片旷大的青草原的一座高架台,这会早已被为

---

① 恩斯特·波佩尔:《意识的限度》,北京:北京大学出版社,1995年版,第123页。

赌心热狂了的人们滚成为蚁巢一般了。紧张变为失望的纸片,被人撕碎满散在水门汀上。一面欢喜便变成了多情的微风,把紧密地贴着爱人身边的女儿的绿裙翻开了。

这段描写先是大全景,视角很广,我们可以看到天空中的白云和远处的建筑物;接着是远景,通过俯视,高空的白云成为高层建筑物的装饰,阔大喧闹的赛马场成为蚁巢,人群变成蝼蚁。深远的镜头景观中人只在画面中占很小的位置,但是马上,视角转向特写的人,一面欢喜变成微风,竟然把女儿的绿裙翻开了,充满了细节的热辣。

午后的街头是被困静浸透了的,只有秋阳的金色的鳞光在那树影横斜的铺道上跳跃着。从泊拉达那斯的疏叶间漏过来的蓝青色的澄空,掠将颊边过去的和暖的气流,和这气流里的不知从何处带来的烂熟的栗子的甜的芳香,都使者比也尔熏醉在一种兴奋的快感中,早把出门时的忧郁赶回家里去了。

夜半的水上是寂无人声的。月光使水面跳着金色的鱼鳞。从船窗望去,蒙雾里的大建筑物的黑影恰像是都会的妖怪。大门口那两盏大头灯就是一对吓人的眼睛。(刘呐鸥《热情之骨》)

同样是从平面上看到的都市,前者是叙述者走在街头看到的午后的街景,金色的秋阳、和暖的气流让人充满一种莫名的兴趣,预示了在充满希望与兴奋感的内心中将会有什么故事发生。而后者则是在水上看到的街景,同样,建筑物就如同怪兽,人类似乎会被这种不断生长的都市文明吞噬,预示着作者所认为的爱情正在受着都市道德沦丧的考量。

跑马厅的屋顶上,风针上的金马向着红月亮撒开了四蹄。在那片大草地的四周泛滥着光的海,罪

> 恶的海浪,慕尔堂浸在黑暗里,跪着,在替这些下地狱的男女祈祷,大世界的塔尖拒绝了忏悔,骄傲地瞧着这位迂牧师,放射着一圈一圈的灯光。(穆时英《上海的狐步舞》)

跑马厅高大的屋顶,风针快速地转动,像这个都市高速运转的节奏。在高大的大世界的塔尖下,慕尔堂变得谦卑而渺小,仰视着这些浮华世界的高大建筑,无形中一种压抑感油然而来。

在高速运转的都市中,虽然街道漫游者只是旁观者,但是都市的节奏无时无刻不在给他们以震撼,感染着他们的情绪,表现在写作中,就是叙事节奏的加快。

> 人们是坐在速度的上面的。原野飞过了。小河飞过了。茅舍,石桥,柳树,一切的风景都只在眼膜中占了片刻的存在就消灭了。火车站走近了。水渠的那面是一座古色苍然,半倾半颓的城墙。两艘扬着白帆的小艇在那微风的水上正像两只白鹅从中世纪的旧梦中浮出来的一样。(刘呐鸥《风景》)

传统小说习惯于用从容舒缓的叙述方式来表达宁静恬淡的乡村风光,而三四十年代的现代市民小说家,则是用机械的速度来描写城市风光。

同时经常被采用的方式还有省略的、不连续的句法,如《上海的狐步舞》中"奥斯汀孩车,爱山克水,福特,别克跑车,别克小九,八汽缸,六汽缸……大月亮红着脸蹒跚地走上跑马厅的大草原上来了"。用一个个短镜头快速连缀成一个连续的长镜头,可以获得一种节奏感。

> 蔚蓝的黄昏笼罩着全场,一只 Saxphone 正伸长了脖子,张着大嘴,呜呜地冲着他们嚷,当中那片光滑的地板上,飘动的裙子,飘动的袍角,精致的鞋

跟,鞋跟,鞋跟,鞋跟,鞋跟。蓬松的头发和男子的
脸。男子衬衫的白领和女子的笑脸。伸着的胳膊,
翡翠坠子拖到肩上,整齐的圆桌子的队伍,椅子却
是零乱的。暗角上站着白衣侍者。酒味,香水味,
英腿蛋的气味,烟味……(穆时英《上海的狐步舞》)

全段几乎都是省略句,或者缺少谓语,或者缺少宾语,整部小说由无数个画面、场景的碎片构成,形成万花筒式的审美结构。

漫游者们在都市街头漫步,光怪陆离的都市生活对他们而言,就像是一次次视觉景观的冲击。他们通过视觉、听觉、味觉、触觉的客体化,让笔下的都市更具有可感性。

"《大晚夜报》!"卖报的孩子叫嚷着,露出牙齿
和舌尖儿。他的对面闪烁着一排五光十色的霓虹
灯,一会儿呈高跟儿鞋形,一会儿呈大酒瓶形。在
霓虹灯的照耀下,他的嘴,牙齿,舌尖儿,一会儿变
蓝,一会儿变红。
街上也被霓虹灯装点得五颜六色。霓虹灯的
明暗在夜空中幻化出各种各样的形状,有酒,有灯,
有高跟儿鞋,有了钟……(穆时英《夜总会里的五个
人》)

卖晚报的孩子的叫卖声与周围的闪烁霓虹灯光融合在一起,形体、声音、光线、色彩等各种可感因素相互交织,形成了一个立体的时空。

漫游和观察,事实上也就是一个进入城市内部结构、窥探和发现城市秘密的过程。值得我们注意的是,在漫游过程中所采用的颇具主观色彩的叙述视角。"叙事视点不是作为一部传达情节给读者的附属物后加上的,相反,在绝大多数现代叙事

作品中,正是叙事视点创造了兴趣、冲突、悬念乃至情节本身"。① 从这个意义上讲,与"街道漫游者"的形象相伴而生的主观化叙事视角更有力地在形式上支持了对"漫游者"心态的表达。

二、叙事时间的错综复杂

传统的叙事时间是经验型的,重视反映、记录过去或现在正在发生的事情,时间观念是线性的,具有规律性和经验性;重视因果与完整,时间具有现实意义,基本是写实的写法。漫游性叙事却正好相反,它是跳跃性、混合性的,并不一定要具有现实基础,也不一定符合日常生活的规律,有时甚至会脱离现实,进入历史或者梦境,类似于现在颇为流行的"穿越剧",具有比较强的现代意识。

在《发达资本主义时代的抒情诗人》中,本雅明将"同质的,空无的"钟表时间替换掉,采用了属于非意愿性记忆的时间。这样的时间不是线性地、连续地流动着的时间,而是"中断、停止、断点和喘息"(三岛宪一)。"思考不仅包含了思想的川流,而且也包含了思想的梗阻。当思想在一个充满张力的构形中突然停止,它就给了这个构形一次震惊,思想便由此结晶成一个单子。历史唯物主义这只有在遇到作为'单子'的历史主体之处才把握了这一主体"。②

在这样的时刻里,过去和未来在一种时间的"阻滞"中汇聚于一点。张旭东这样解读这一充满张力的共时结构:"这种时间(回忆的时间)立足于现在的存在,但却以一种基于未来的目光把现在投射到未来的某一点上去。这样,'现在'在叙事的时间中以'过去'的口吻说话,成为过去发生过的事情的回头注

---

① 华莱士·马丁:《当代叙事学》,北京:北京大学出版社,1990年版,第150页。

② Illuminations, Hannah Arendt ed. New York: Schocken Books, 1978, p261。

望,成为梦幻的意象,这造成了一种充满张力的时间的构造,它把历史的平滑和空泛的流动阻滞在个体的记忆空间中。"① 正是在这一层面上,体现了"漫游者"在时间观念上的特质。他们将"此时此刻"置于"同质,空洞的时间之外",从而"在行动的当儿意识到自己是在打破历史的连续统一体"。②

三四十年代的现代市民小说创作中叙事时间经常被分割,作者用大量的蒙太奇手法加以剪辑处理,省却其中用于交代和穿线的叙述,各个不同的叙事时间靠分镜头来组合,而这种连接依赖的是跳跃的情感与感觉,而非传统的线性因果关系。施蛰存《梅雨之夕》写下班回家的"我"邂逅一位避雨的美貌姑娘,主动送她回家,并且一路上对她想入非非,一会儿把她幻想成初恋的少女,一会儿又把酒店女子想象成自己的爱妻,一会儿又想到日本名画《夜雨宫诣美人图》,妻子、酒店女子、初恋少女、雨中姑娘几个形象的蒙太奇叠化,可见鲜明的时空漫步特征。穆时英的《PIERROT》中展开多层次的时空画面:"街有着无数都市的风魔的眼:舞场的色情的眼,百货公司的饕餮的蝇眼,'啤酒园'的乐天的醉眼,美容院里欺诈的俗眼,旅邸的亲昵的荡眼,教堂的伪善的法眼,电影院的奸猾的三角眼,饭店的朦胧的睡眼。"借鉴电影蒙太奇的手法,把不同的大街场景并置在一起,造成一种主观感觉上的纷繁与错乱。著名的《夜总会里的五个人》,在并列组合结构的基础上,作者先分写五个互不相干的人,他们各自在自己的时空里活动,自成五个封闭系统;接着写五个人在同一时空活动,形成小说的中心部分;天明时分,五个人将要分开,破产者胡均益开枪自杀,形成高潮;最后写剩余四个人送殡。交错重叠又散乱的画面,把生活的连续性全部打乱。

除了对日常生活时间的打乱,三四十年代现代市民小说还

---

① 张旭东:《批评的踪迹:文化理论与文化批评》,上海:生活·读书·新知三联书店,第258页。
② Illuminations, Hannah Arendt ed. New York: Schocken Books, 1978, p261.

常常涉及精神上的漫游:超时空和现代背景的相互交织,历史与现实的自如穿越。叶灵凤曾经自己评价他的《鸠绿媚》、《落雁》、《摩伽的试探》等作品,说:"这三篇都是以异怪反常、不科学的事作题材……但是却加以现代背景的交织,使它发生精神综错的效果,这是我觉得很可以自满的一点。"①

叶灵凤的《鸠绿媚》叙述的本是一个极为传统而香艳的故事,但是作者对叙事时间大胆改造,不但消解了故事清晰的时间刻度,而且在现实与梦境、古与今的随意并置中拒绝透露时间转换语。这篇小说讲的是小说家春野君和一个骷髅的奇情穿越故事。春野君得到朋友馈赠的一个骷髅,这个骷髅有不凡的经历。这是一个古代波斯公主的头盖骨仿制品,这位公主曾经爱上自己的家庭教师,但因父王反对而殉情。后来,这位年轻的老师秘密盗出她的骷髅,放在枕边,从此日日重演他们波斯宫廷的醉人生活。春野君也握着骷髅入睡,结果在梦中与公主开始了恋情,重演了多年前公主和老师之间的香艳恋爱,直到公主殉情,春野君梦醒,骷髅摔碎。小说中传统叙事时间被打碎,小说主人公轻松穿梭于历史事件与梦幻之间,在不同的时空中自由漫步。

徐訏的《荒谬的英法海峡》则表现了梦境与现实间的自由漫步。在英法海峡的渡轮上,"我"感叹着资本主义国家把大量金钱都投入战争之中,结果被海盗劫持,来到一个如同理想国的小岛,在这里经历了一场奇特的爱情,醒来却发现是南柯一梦。在他的另一篇同样具有异国风情的作品《阿拉伯海的女神》中,主人公邂逅一位美丽的阿拉伯少女,两人互生爱慕,但主人公已有家室,只能与自己心目中的女神双双跳海殉情,最后醒来也不过是一梦。徐訏的很多故事都是这样,依靠梦境和幻觉展开,出入于超验与经验领域。

---

① 叶灵凤:前记《灵凤小说集》,上海:现代书局,1931年6月版。

施蛰存取材于历史的小说《鸠摩罗什》、《将军底头》、《阿褴公主》等同样淋漓尽致地体现出时间混合的特征,但是又更有现代感。施蛰存借助弗洛伊德的"利比多(Libido)"将历史和现实杂糅在一起。将"现代人"的影子放进了历史,在时间观念上,更多表现出历史和个人的重叠错位。在《鸠摩罗什》中,大智高僧鸠摩罗什历经十几年的苦修而自认为是一个"德行很高的僧人","一切经典的妙谛他已都参透了",但当青梅竹马仙女似的表妹向他投来如火的爱情后,他"心猿动了",并最终娶了她。在她死后,他以为已了却"要这个明媚的表妹为妻这一重孽缘",然而他还是被"魔难引着",陷入情欲之中不能自拔,过着"日间讲译经典,夜间与宫女妓女睡觉"的生活。在鸠摩罗什的内心,他的二重人格始终发生着冲突,想要潜心修炼以成正果却又抑制不住情欲的冲动。在他的内心,佛性与人性始终在进行着尖锐的斗争,但情欲最终冲破了宗教道义的锁闭,他也过上了生命本真得以舒展的凡人生活。施蛰存大胆想象了高僧的私生活,将现代人的感情放在一个历史故事中展开。在《魔道》中,施蛰存将这种时空交错的"精神漫步"更是表现到了极致。整篇小说笼罩着浓厚的神秘的黑色氛围。黑色老妇、西洋妖怪、《聊斋》里的黄脸妇人、木乃伊等,营造了一种超时空的背景。历史和现实、过去与现在并非一条单纯的纵向线索,而是在纵横交错中展开故事。

除此以外,在时空的感受上,现代市民小说表现为叙事中的虚实相生,这在张爱玲的作品中尤其明显。

> 柳原道:"我们到那边去走走。流苏不做声。"
> 他走,她就缓缓的跟了过去。时间横竖还早,路上散步的人多着呢——没关系。从浅水湾饭店过去一截子路,空中飞跨着一座桥梁,桥那边是山,桥这边是一堵灰砖砌成的墙壁,拦住了这边的山。柳原靠在墙上,流苏也就靠在墙上,一眼看上去,那堵墙

> 极高极高,望不见边。墙是冷而粗糙,死的颜色。她的脸,托在墙上,反衬着,也变了样——红嘴唇、水眼睛、有血、有肉、有思想的一张脸。她柳原看着她道:"这堵墙,不知为什么使我想起地老天荒那一类的话……有一天,我们的文明整个的毁掉了,什么都完了——烧完了、炸完了、坍完了,也许还剩下这堵墙。流苏,如果我们那时候在这墙根底下遇见了……流苏,也许你会对我有一点真心,也许我会对你有一点真心。"(张爱玲《倾城之恋》)

叙事中并没有时空的穿越,也没有叙述顺序的打乱,男女主人公依然在场,故事还在继续,但是"流苏也就靠在墙上,一眼看上去,那堵墙极高极高,望不见边。墙是冷而粗糙,死的颜色。她的脸,托在墙上,反衬着,也变了样——红嘴唇、水眼睛、有血、有肉、有思想的一张脸"。她好像进入了跟现实甚至跟自己的境遇都没有关联的境界,仿佛忽然在叙述中迷失了,恰如人的"恍神",前一刻还在此处,下一刻已经不知身在何处。这种情况,就如同走在交叉小径的花园,忽然在某一瞬间迷失,而常常最让人低回不已、内心有所触动的,也正是她"恍神"的部分。关于这种奇异的疏离感,张爱玲自己谈道:"人们只是感觉日常的一切都有点儿不对,不对到恐怖的程度。为要证实自己的存在,抓住一点真实的,最基本的东西,不能不求助于古老的记忆。于是他对于周围的现实,发生了一种奇异的感觉,疑心这是个荒唐的,疏离的世界,阴暗而明亮的。回忆与现实之间时时发现尴尬的不和谐,因而产生了郑重而轻微的骚动,认真而未有名目的斗争。"[①]

张爱玲的这种疏离,实际源于对生活观察的细致和对正在

---

① 张爱玲:《自己的文章》,《张爱玲文集》,第4卷,合肥:安徽文艺出版社,1992年版。

消逝的画面那种不倦的热情。正是由于在街道中行进时对于每个转瞬即逝的画面的感悟与热爱,她投入地进入,然后抽离,从真实世界进入真际世界。她在投入人群之中的专注以及游离于现实之外的超然等方面,跟巴黎游荡者之间有惊人的相似。事实上我们在她和波德莱尔,甚至包括本雅明身上看到的这些特质,也是许多优秀作家共有的特质。利瓦伊斯(Frank Leaves)说,最出色的作家比如奥斯汀(Jane Austin)、艾略特(George Eliot)和詹姆斯(Henry James)都是"一种对生活的那种深刻严肃的兴趣的仆人",而这种对生活的深刻严肃的兴趣,正是游荡者不断捕捉正在消逝的画面那种热情的源头。另一方面,雨果(Victor Hugo)曾说:"对那些想要获得对世界的一份恰当的爱的人来说,自愿的无家可归是一种好的方式。"瓦特(Ian Watt)也说明过类似的问题:"像劳伦斯(David Lawrence),乔伊斯(James Joyce)和庞德(Ezra Pound)都表现了跟家庭、阶级、国家,以及传统信仰的切断联系,这就是获得精神上和心智上自由的必要方法。"

  与穆时英、刘呐鸥等人对叙事时间的打乱,施蛰存、叶灵凤等人对时空交错的偏好不同,张爱玲喜欢的叙事策略是从现实抽离,以疏离者的身份,带着悲悯的心情审视正在发生的现实,犹如灵魂出窍。正如李欧梵所说,这是"现实背景里的一种梦幻叙述",王德威则认为张爱玲发掘了第二种虚拟写实的世界:"她告诉我们,我们居之不疑、信以为真的世界其实早已是幻象罗列,任何写真还原的作为总是产生一连串买空卖空的文字交易。她嗜写鬼气森森的人物,似乎提醒我们生命其实是阴阳虚实难分。更重要的,张的风格总透露对'不能或忘地'或'难以再现'的事物,一种徒然的追求。"①

---

① 王德威:《现代中国小说十讲——名家专题精讲》,上海:复旦大学出版社,2003年版。

三、叙事结构的符号化与开放性

三四十年代现代市民小说的"都市漫游叙事"具有强烈的叙事的符号化与开放性。"人们在街道上是匿名的,既没有背景,也没有历史。在街上,人丧失了他的深度。人的存在性构成是他的面孔和身体。光线只是在他的表面闪耀。人,只是作为视觉对象和景观的人,是纯粹观看和被观看的人,是没有身份的人,是街道上所有人的陌生人"。①

三四十年代上海现代市民小说的叙事中呈现出强烈的符号化特征。穆时英、刘呐鸥等人的小说语言简短、叙事跳跃,不再着力描述客观环境,也不愿意交代事情的来龙去脉,只是一幕一幕的场景和短片。如穆时英《夜总会里的五个人》,写了五个失意人的狂乱心理和行为,以及舞厅内的形形色色。从表面上看,这些都是客观叙述的现实情景,其实,有许多场景都是符号化的过滤。故事的发生地点可以在任意一个舞厅,故事中的五个人可以与其他的天涯失意人随意替换,鉴别他们已经无法通过外貌、性格、身世等传统叙事手段,因为这已不是作者在意的表现对象。五个人共同的特点是都具有狂乱绝望的心理,因而舞厅的色彩、音乐、舞步、人群都染上了狂乱的色彩。除了这个心理是真实的之外,其他一切人物、地点、环境、事件都可以被替换。

在他们的小说中,频频出现的女性"尤物"形象也是一种显而易见的符号,她们都具有现代作风,都是摩登女性,更是一种色欲的化身。这些有着性感的身体与火热的性格、玩弄男性于鼓掌的摩登女郎,已经被作家的意识和潜意识抽象成工业文明和物质文明的化身和符号。与此同时,似乎在文本中占据审视和主导作用的男性实质也已沦为符号,他们不过是这些摩登女

---

① 汪民安:《街道的面孔》,《身体空间与后现代性》,南京:江苏人民出版社,2006年版。

性"游戏"和"消遣"的对象。男人在她们手中成为玩物,和汽车、服装、化妆品等一切可在橱窗展示的商品一样,男人和性爱也只是她们眼中的一种消费商品。更有甚者,性爱也已经成为她们换取人生实利的工具,成为她们追求物质满足的媒介。

不仅仅女性和男性成为符号,在三四十年代上海现代市民小说中,城市也成为一种符号。众所周知,现代主义文学兴起于城市,它的吸引和排斥为文学提供了背景、主题和美学。在文学中,城市与其说是一个客观的实在,不如说是一个隐喻。① 波德莱尔被誉为都市诗的鼻祖,②他笔下的都市光怪陆离,人的感官神经饱受冲击,梦想与现实混为一体。③ 波德莱尔的巴黎,聚集着一群失败者、不幸者和孤独者。诗人自我放逐于都会人潮中,自命为一个日夜游荡于都市迷宫里的游手好闲者(Flaneur),④他乐意观察众生百相,尤其是那些孤独者、伤心人和不幸者的目光、神情与姿态,悬想与体验其幽微错综的内在。⑤ 穆时英、刘呐鸥等人笔下的都市,虽然也有写实的地名和建筑,有对城市细节的描绘,但这些城市在外观上都是类似的,和东京、巴黎没有本质上的区别。在他们的写作中,城市其实已经在某种意义上成为一种寓体,他们把它当作一个必要的背景/舞台或者内心世界的外在化(Externalize),赋予抽象的情思以具体对应物,抒发都市给予个人的心理体验。张爱玲最擅长描写的上海与香港的"双城记",同样是这样一种符号式的象

---

① Monroe Spears, Dionysus and the City:〈Modernism in Twentieth-century Poetry〉, New York: Oxford University.
② Reinhardt H. Thum, the City:〈Baudelaire, Rimbaud, Verhaeren〉, New York: Peter Lang Publishing Inc, 1994.
③ Cleanth Brooks, Modern Poetry and the Tradition, Chapel Hill, N. C.:〈The University of North Carolina Press〉, 1979, p143.
④ Walter Benjamin, harles Baudelaire:〈a Lyric Poet in the Era of High Capitalism, trans. Harry Zohn , London.
⑤ Richard Daniel Lehan, the City in Literature:〈an Intellectual and Cultural History〉, Berkeley, Calif: University.

征。她的作品中,主人公经常从平凡的都市场景中抽离出来,整个城市成为他们悲欢离合的背景。平常的都市生活场景,纳入作为观察者的诗人眼中,折射出一种鲜明的主观色彩。最显著的是《倾城之恋》:

> 香港的陷落成全了她。但是在这不可理喻的世界里,谁知道什么是因,什么是果?谁知道呢?也许就因为要成全她,一个大都市倾覆了。成千上万的人死去,成千上万的人痛苦着,跟着是惊天动地的大改革……流苏并不觉得她在历史上的地位有什么微妙之点。她只是笑吟吟的站起身来,将蚊香盘踢到桌子底下去。

城市具有一种象征意义。城市是一个拥有成千上万生命的聚集体,其巨大的能量使其可以产生惊天动地的变革,而在这宏大的背景下,白流苏的小儿女情长变得卑微又悲哀,小人物的传奇与大城市的辽阔构成了鲜明的对立。

对应"都市漫游者"在漫游过程中的随性与开放,作家们的叙事中也表现出显著的开放性。"街道是不设防的,敞开的,流动的,并且十分广阔",街道的这种四通八达的特性带给人一种广阔的、开放的体验,在小说的叙事中,我们也看到一种开放的、自由的文体。有研究者评论张爱玲的《传奇》,认为"文字技巧很好,结构松,大致顾到一段,不能顾到全体"。[①] 虽然批评者是持批评的态度,但同时我们也可以看到这其实是三四十年代上海现代市民小说共同的特征。这种随意开放的小说结构在张爱玲的小说创作中俯拾皆是。《桂花蒸·阿小悲秋》描写阿小在主人家24小时的生活,笔触随意如同散步,开头是早晨上工时"丁阿小牵着儿子百顺,一层一层楼爬上来",结尾是第二

---

① 谷正槐:《传奇辑评茶会记》,《张爱玲与苏青》,合肥:安徽文艺出版社,1994年版,第28页。

天早晨,阿小到阳台上晾衣服,看见地上一地的菱角花生壳、柿子核与皮,她漠然想到:"天下就有这么些人会作脏!好在不是在她的范围。"没有明显的起承转合,没有着意的开头结尾,如同街头漫步,正好碰到这么个人,看到她一天的生活,她有点小洁癖,有点小放肆,但又有点小畏缩。她的一天可以从这里开始,也可以从这里结束。结尾是开放的,但并不留遗憾,反有一种坦坦荡荡地过日子的顺畅感。就算是结构很严密的《封锁》,开头和结尾也是同样充满开放感。整个故事发生在电车车厢里,电车遇到封锁,停了,到解封时,就像什么事都没有发生。"……封锁了,摇铃了。'叮玲玲玲玲玲',每一个'玲'字都是冷冷的一个小点,一点一点连成虚线,切断了时间和空间"。这个电车铃声的虚线正构成了对过去和未来的无限延伸。如果说穆时英、刘呐鸥等人的小说符号化具体到每一个叙事环节的话,张爱玲小说的符号化处理更像是一个寓言,翠远、阿小、振保……一个个人物似乎有理有据、眉目清晰,细想却是面目模糊,也只是芸芸众生里符号化的"那一个"。

第四节　都市漫游者与现代市民价值观

　　三四十年代上海现代市民小说中这种"都市漫游者"主题的出现,与相伴而生的叙事方式的改变,一方面与西方波德莱尔笔下的"都市漫游者"形象遥相呼应,另一方面也提示我们对当时文学的发生环境重新考察,寻找现代市民小说家们与波德莱尔在"都市漫游者"形象的写作上不谋而合的原因。其中有一点不容忽视,就是现代市民生存方式的改变对其深层价值秩序的影响。经济的发展、城市的兴起带来了街道的繁荣,现代市民走上街头,开始将这种街道漫游的体验付诸笔端,无形中更进一步促使了他们的思维方式与认知方式的改变。

　　漫游在何种条件下得以成为可能?本雅明的漫游者开始

于资本主义工业时代"拱门街"的发明。马路、咖啡馆、公园、电影院、大戏院……这些我们今天司空见惯的地方,在30年代上海的都市语境中却包含了前所未有的现代性因素。

上海在不到100年的时间里,从一个没落的边远渔村变成远东最大的都市之一,政治、经济、生活方式都发生了巨大的变迁。城市主体建筑从平面延伸的中国式村落改变为西方式向上林立的高楼大厦,街道不断延展,多元化族群混居,上海逐步形成了米歇尔·福柯(Michel Foucault)所说的"异位性(Heterotopias)"空间,它是含混的、分层的、不明晰的,用传统的、适用于乡村和城镇的同质性空间的"彻底阅读(Perfect Reading)"方式解读它已经有很大困难。正如福柯所说:"我们生活的空间并非是一片可以被各式各样的光亮随意改变色调的空无,我们生活在一系列规定了场域界线的关系之中,他们彼此间不能化约,也不能凌驾于对方之上。"① 他的观点强调了空间同样也具有绵延的关系,也具有生命力。

在史料的记载中,我们可以看到三四十年代上海市民的日常生活状态已经和街道息息相关。"谁买到了又好又便宜的东西,全弄堂为之艳羡,而且尊敬"。② "上海人能一眼看出你的西装是那条路上出品的,甚至断定是哪家店做的"。③ "平时坐电车或是公共汽车,人总是要挤。即使撤离乘客很少,等车的人也要拥在车门口"。④ "街道既是一个人群的综合,也是一个物质的集合。街道的真正秘密核心是商品。街道被各种各样的人群强制性地使用,进而生产出各种各样的意义,因此,它的语义变动不居。但是,街道仍然存在着一种固定的核心意义:它

---

① Edward Soja, History: Geography: Modernity, Simon During, eds. The Cultural Studies Reader.
② 木心:《上海赋(一)》,载《上海文学》,2001年第5期,第36~41页。
③ 木心:《上海赋(三)》,载《上海文学》,2001年第7期,第50~55页。
④ 鲁迅:《上海的少女》,蔡栋:《南人与北人》,北京:大世界出版社,1995年版,第164页。

是商品的寓所"。① 哈顿认为街道是"人与物之间的中介——街道是交换、商品买卖的主要场所,价值的变迁也产生于这里。在街道上,主体与客体、观看橱窗者和娼妓、精神空虚者和匆匆过路人、梦想与需求、自我克制与自我标榜在不断交替"。② 许多理论家指出,城市和乡村的生活空间有很大的差异。乡村作为一个共同体,村民生于斯长于斯,村中几乎每个人都彼此认识,甚至熟知对方的来历和性格。在乡村里,谁是本地人、谁是外来者,非常容易辨识。与之相反,城市是一个陌生人的世界,人口是流动的,都市愈国际化,人口流动愈厉害。街道上人们的偶遇,和传统农业社会走门串户式的交往方式相比,发生了质的改变,家庭成为私密的空间,街道的流动性与包容性具有极大的诱惑力和表现力。

三四十年代的上海正经历着它的全盛期,加速前进的都市化进程引发了社会结构的改变,这种改变又逐步异化着现代市民的心理结构。三四十年代上海现代市民小说作家也自觉以街道为观察视角,并且从某种意义上来讲,三四十年代的现代市民作家非常迷恋城市的漫游感,并热衷于在20世纪三四十年代上海这个"魔都"闲逛。正如施蛰存所说:"这种新意识是与社会环境、民族传统息息相关的:社会环境变化快,而民族传统不容易变。我跟穆时英等人的小说,正是反映1928至1937年的上海社会。"③以施蛰存为例,他虽然来自乡村,但很快便融入了都市的生活。1928年,他在上海认识了刘呐鸥,并与之组建了一个以刘呐鸥为中心的小团体,戴望舒、杜衡、冯雪峰也参加过一阵子。在1999年12月的一次接受访问中,施蛰存细致地形

---

① 汪民安:《街道的面孔》,《身体空间与后现代性》,南京:江苏人民出版社,2006年版。
② 奈杰尔·科茨著:《街道的形象》,卢杰、朱国勤译,罗岗、顾铮主编:《视觉文化读本》,桂林:广西师范大学出版社,2004年版。
③ 施蛰存:《沙上的脚迹》,沈阳:辽宁教育出版社,1995年版,第166页。

容了当时的生活:"我们是租界里追求新、追求时髦的青年人。你会发现,我们的生活与一般的上海市民不同,也和鲁迅、叶圣陶他们不同。我们的生活明显西化。那时,我们晚上常去 Blue Bird(日本人开的舞厅)跳舞,我不常跳,多半一个人坐在角落里'摆测字摊(上海方言,一人独坐一处)',喝一杯柠檬茶,观赏他们的舞姿。穆时英的舞跳得最好。我对跳舞的兴趣不大,多为助兴才去。和跳舞相比,我更爱吃日本咖啡、和'沙利文'的西式牛排。"

本雅明认为,震惊(Shock)是传统的经验与机械主义遭遇的直接结果。都市生活的快节奏——时间与空间的快捷改变使得人类集体性的公共记忆很难与外界的刺激性材料融合。当下性导致人们经验的断裂,更进一步引起了人们心理的空虚与焦虑,从而用创作重新认识世界和描绘世界。在施蛰存的小说中,就体现了这种都市生活对他的影响,在《梅雨之夕》和《善女人行品》等小说中,"街道漫游者"的形象比比皆是,也经常出现围绕"漫游"的消费、相遇、侦探等各种活动,如看电影、上外国餐馆或咖啡厅、到百货公司选购消费品、去跑马场或回力球场消遣,都是小说里常常出现的行为。以街道为中心的新奇的城市空间,建构了一个独特的漫游者的活动空间。只不过与同样过着西化生活的刘呐鸥和穆时英比较起来,施蛰存又明显倾向于较为静态的一面,少了一份竞逐声色的喧闹。

从施蛰存的写作体验我们可以看到,他们的文学创作来源于物质世界的改变。汪应果认为:"一般说来,各个社会形态的文化都可以包括下列三个同心圆层次:最外层是器物层,中间是制度层,内核是观念层。而对人的意识起绝大作用的就在于中层和内核。"① 在这里,他提到了"器物层",这一层貌似最形而下,却是一切转变的基础。正是物质的改变冲击了人的内心观

---

① 汪应果:《艰难的啮合》,北京:学苑出版社,1999年版,第171页。

念,现代市民作家基于"街道经验"的这种漫游式写作,是一种跟当时同在上海活跃的左翼文学、鸳鸯蝴蝶派文学以及自由主义作家、民主主义作家创作的文学不同姿态的文学。都市生活带来的现代体验,特别是漫游者的观看体验不仅使作家描写的事物更加丰富,还改变了作家的思维方式。漫游式的观察过程,实质上也是进入一个城市的内部结构,窥探和发现城市秘密的过程。"只有那些城市的异质者,那些流动者,那些不被城市的法则同化和吞噬的人,才能接近城市的秘密"。①

其次,市民与日常生活具有天然的亲和力,也使得他们热衷于观察街道,以都市漫游者的身份走上街头,观察世界。这是他们的生存方式,也是他们的价值所在。

日常生活中充满了最现实、最具体的生活实践,可以接触到各种日常事务。日常生活是平庸的、重复的、琐碎的、无可逃避和无可选择的。日常生活是人类赖以存在的最基本的平面,是各种各样的社会活动和社会关系得以产生的土壤。正如鲁迅所说,人无法拉着自己的头发而离开地面,人正是在日常生活的"地面"中形成并被塑造的。在西方思想史上,近代哲学的普遍趋势是向日常生活世界的回归,阿格妮丝·赫勒认为,"日常生活"是"个体再生产要素的集合","只有人才有生活,人也只表现为生活,离开了生活便没有人,离开了人也无所谓生活,生活即人的现实或现实的人"。② 因此,关注"日常生活",实质就是向现实的"人"回归,是思维方式和思想观念的改变。列斐伏尔指出:"在日常生活中,直接的东西,也就是意识形态的东西,一方面已把经济现实、现存的政治上层建筑的作用和革命的政治意识等包容起来;另一方面又将它们掩藏而隐匿起来。

---

① 夏尔·皮埃尔·波德莱尔著:《现代生活的画家》,《波德莱尔美学论文选》,郭宏安译,北京:人民文学出版社,2007年版。
② 李文阁:《回归现实生活世界》,北京:中国社会科学出版社,2002年版,第131页。

所以一定要撕破面纱才能接触真相。这种面纱总是从日常生活中产生着,不断地再生产着;并且把日常生活内含的更深刻、更高级的本质隐蔽起来。"① 看似单调、琐碎的日常生活隐藏着深刻的社会内容,它是一切活动的根基和枢纽,是人类一切社会关系的综合。

对于日常生活的关注,是在后现代的语境中出现的。有研究者指出:"如果我们把现代主义视为一个总的文化风格,一种文化大风格,那么,其总体上对日常生活的否定倾向十分明显……现代主义艺术是日常生活的彻底背离和颠覆,熟悉的世界和生活逐渐在艺术中消失了,取而代之的是一个充满了新奇和陌生事物的世界。"② 后现代主义的到来使我们重新认识通俗和日常生活。

在中国几千年的文学史中,从来都不缺少宏大叙事,国家、历史、社会变革成为文章表现的主题,"经国之大业,不朽之盛事"就是对文学价值的概括,"文以载道"是中国几千年文学一以贯之的宗旨。"五四"先驱们的文学"启蒙"、"救亡"等宏大话语依然和国家命运、民族前途紧密联系。"五四"文学依然是精英立场的文学,载道以立言。而三四十年代的现代市民小说发现了以街道为中心的日常生活,他们沉溺于街道日常情景的琐屑细节,关注饮食男女的世俗话题。街道与日常生活是紧密相关的,街道是世俗性的,它远离庙堂和圣殿,"城市在街道上既表达它清晰的世俗生活,也表达它暧昧的时尚生活"。这种清晰的世俗生活就鲜活地在张爱玲、予且、苏青等人笔下出现,而暧昧热烈的时尚生活则在穆时英、刘呐鸥、叶灵凤、施蛰存等人笔下蔓延。街道上上演着一幕幕日常话剧,或者说街道就是生活本身。

常态的生活本身就是世俗的、日常的、大众的,虽然在历史

---

① 吴宁:《日常生活批判——列斐伏尔哲学思想研究》,北京:人民出版社,2007年版,第159页。
② 周宪:《审美现代性批判》,北京:商务印书馆,2005年版,第407~408页。

发展中经常会有革命、变革、动荡等非常态的事件发生，但从历史维度来看，非常态的生活和政治化、精英化的生活总是暂时和局部的，更为恒久的还是平凡而琐碎的日常生活。"都市漫游者"们首先具备了市民的身份，他们脱离了土地，才有可能在商业的街道上漫游。他们关注的不是炮火和战争，不是精英和政变，而是街道上行走的人群、个人的去留、商业的文明，他们关注那些文人、乞丐和妓女，"无论是十九世纪的巴黎，还是二十世纪三十年代的上海，以及今天的北京和纽约。街道的形象和两边的建筑物在变化，但是街道的这三个经典人物形象却一直长存者"（汪民安）。这些在传统的眼光里看上去太过于卑微、普通的人物却是最早感受到现代都市生活中带给他们的自由与改变的。

最后，从个体角度来讲，街道以其本身的特性激发了个性主义的张扬，发现了个体的能量。传统中国是一个典型的宗法制等级社会，在这样的社会中，国家与统治者的权力是至高无上的，集体利益被强化，而个体存在的价值常常被忽视，甚至被挤压。表现个性成为一种不受鼓励的异端。随着朝代更迭，这种状况从来没有过实质性的改变。用鲁迅的话来说，中国人实际上只能在"想做奴隶而不得的时代"和"暂时做稳了奴隶的时代"之间作出选择。[①] 随着城市兴起，经济发展，传统的被固定在土地上的中国人开始有了移动的可能性。现代大都市对工商业的迫切需求使得个人在商品的制造与流通中增加了越来越多的交流机会，同时，现代工商业对于精细技术的要求使得个人的力量开始逐步凸显，生活在现代都市的人开始懂得肯定人性、高扬自我意识、赞美独立自主。而我们谈到的"都市漫游者"更进一步，他们是都市的自由人。他们不属于任何一块土地，流动就是他们的生活。他们从一条街走向另一条街，在漫

---

① 鲁迅：《灯下漫笔》，《鲁迅全集》，第1卷，北京：人民文学出版社，2005年版，第225页。

游中创造自己的经济价值,在漫游中感受自己也观察都市。他们不服务于任何机构、任何组织、任何人,他们是自己的主人,对自己负责,也拥有把握自己命运的权力。

正如汪民安说,"街道是所有人的共同背景,但却是每个个体的异质性背景:街道使人从一个熟悉的语境中挣脱出来,并且甩掉了庸常的制度和纪律"。① 街道作为一个背景,是一个廓大的自由的任你选择的背景,街道上有很多商铺、很多小贩、很多事件、很多人,漫游者可以任意选择其一去凝视,去观察,去探索,去思考。街道使人挣脱了自己的日常身份,也许你在日常生活中是职员、是父亲、是领导、是儿子,但在街道上人人平等,你没有任何从属关系的束缚。庸常的制度和纪律对漫游者不起作用,街道漫游的生存形态使得个人自由,使得个人能突出个性、进行独立的价值判断,发出自己个体的声音。"街道上的人群完全是异质性的:阶级、意识形态、财富、品味、性别、年龄、身体等方面的异质性。人们总是惊叹街道人群的多寡,而不是惊叹街道人群的贫富。没有任何的等级障碍使人们踏上街头的脚步羞羞怯怯。街道不会在心理上给人们添加等级和贵贱的负担:每个人都能找到自己的差异对象,但每个人在这里也能发现自己的同类,发现自己的归属阶层"。② 所以在张爱玲的笔下,宗桢才会向翠远这样的女子吐露真心。而在正常的日常生活中,他们两人绝无相遇的可能,更无相爱的理由。街道让他们变得平等,隔绝让他们吐露心声,从而找到自己内心的归属,哪怕只是瞬间。也正是如此,在徐訏的《鬼恋》中才能展开一段人和鬼的恋爱。常言说,人鬼殊途。街道人群的异质性使两个世界的人得以相遇,而不管他们的阶级、意识形态、背

---

① 汪民安:《街道的面孔》,《身体空间与后现代性》,南京:江苏人民出版社,2006年版,第117页。

② 汪民安:《街道的面孔》,《身体空间与后现代性》,南京:江苏人民出版社,2006年版,第119页。

后有怎样的故事。也正是这样的陌生与异质,才使得探索"鬼"的身份,揭开这个神秘的谜底成为全文一个颇有兴味的主题。"集体性的空间对内部的人群具有一种挤压性的塑造,这种空间塑造是有规律、有目标和方向的塑造。而街道并没有内外之隔,没有一个要奋力踏越的界限。街道是反空间的,是露天舞台性的,它不是在强制性地塑造人群,而是让人群作为自然的主角主动上演,如果说,街道是在改变个人的话,那也是激发性的改变,而不是压制性的改变,这种改变正是解放",[①]街道这一场景的特性激发了个性主义的张扬。

正如本雅明所说:"大城市并不在那些由他造就的人群中的人身上得到表现,相反,却是在那些穿过城市,迷失在自己的思绪中的人那里被揭示出来。"[②]对于现代市民作家来说,城市与写作者之间的关系是互相成就的。城市的发展造就了新型的市民生活书写者,改变了他们的思维方式与价值观念;同时,这些漫游于城市、迷失在自己思绪中的书写者,也以他们的文字传达着对城市的理解。

---

① 汪民安:《街道的面孔》,《身体空间与后现代性》,南京:江苏人民出版社,2006年版,第121页。
② 瓦尔特·本雅明著:《发达资本主义时代的抒情诗人》,张旭东等译,上海:生活·新知·读书三联书店,2002年版,第78页。

第六章　三四十年代上海现代市民小说的文学史意义

前文从内容、形式、风格等多方面分析了现代市民小说独特的叙事景观,并从现代市民小说文本内部重构了其独特的文学价值。本章将从现代市民小说外部环境入手,进一步凸显其独立品格,以现代市民这一全新角度对文学史的雅俗等问题作进一步研究,揭示这一角度在解决文学史具体问题,反观当代文学发展等方面所显示出的诠释活力。

第一节　文学定位:三四十年代上海现代市民小说的独立品格

在中国现当代文学史上,与上海现代市民小说同时或相继出现的主要叙事流派还有很多,要想确立现代市民小说的独特性,从对立面凸显其独立价值,是条有效的途径。现代市民小说不仅和国家、民族等维护整体、代表普遍利益的具有利他精神的"五四"、左翼小说相对立,也与文人、知识分子重精神、具有追求超越和人文精神的自由主义小说相对立。现代市民小说相对于占据主流的政治文化与文人文化来说,是异质的,也是独特的。本节试图探讨现代市民小说与其他小说流派的对立与源流关系,寻找其被主流文学史遮蔽的原因,从而进一步展现现代市民小说在文学史上的独特价值。

一、市井小说和现代市民小说：旧传统与新道德

市井小说实质就是以市井价值观去观照市民世界的小说创作。市井小说反映的是居住在城市但是依然具有传统的农业道德观念的市井细民的生产与生活状态，采取的视角是"平视"，也即作家感同身受，以市井细民的价值观反映市井细民的思想感情，达到通俗化的效果。鸳鸯蝴蝶派小说实质上更接近市井叙事，可称为"小市民小说"。

市民小说与小市民小说的区别很早就有研究者意识到。茅盾在主张市民小说的同时，旗帜鲜明地反对小市民小说。1920年初期，茅盾集中批判了"礼拜六派"，也即鸳鸯蝴蝶派；[①] 1920年代中期，他对古代文学中的性欲文学进行了批判；[②] 1930年代初期，他对"封建的小市民文艺"即畅销书中的武侠小说进行了批判。[③] 在茅盾看来，消闲性的不严肃的市民文学，不论是否反封建，他都是反对的。在这里，他倾向于市民文学的严肃性。在他看来，市民文学只能是严肃的、都市的、有产的、大众的、叙事的。市民文学中的低俗作品，他谓之为"小市民文学"而予以反对。茅盾对市民文学的界定接近于本书对现代市民小说的界定。现代市民小说是在城市发展到比较成熟的阶段，工商业生产方式成为市民主要生产方式，市民接受并认同了这种新的生产关系之后产生的一种文学。现代市民小说与鸳鸯蝴蝶派文学不同，描写对象是都市中处于商业关系中的现代市民，秉承的是现代市民价值观。现代市民小说作品在商业目的的驱动下会形成大众化的写作风格，但并不低俗。在

---

① 茅盾:《自然主义与中国现代小说》,载《小说月报》,第13卷第7期,1922年7月10日。
② 茅盾:《中国文学内的性欲描写》,载《小说月报》,第17卷号外《中国文学研究》(下),1927年6月。
③ 茅盾:《封建的小市民文艺》,载《东方杂志》,第30卷第3期,1933年2月1日。

本质上，它和市井小说是截然不同的。

二者的相同之处在于，现代市民小说与鸳鸯蝴蝶派市井小说都是在经济基础上形成的，具有商业特征。鸳鸯蝴蝶派小说的兴起，与现代市民小说的兴起类似。一方面源于大众传媒和印刷工业的发达，另一方面新教育促进了城市读者队伍的扩大。市民阶层的出现，市民生活方式、阅读需求、审美趣味的转变，以及城市文化市场的形成，都推动了鸳鸯蝴蝶派的发展。而随着教育水平与阅读层次逐步提高，形成了具有中产阶级特征的现代市民。就小说样式和文学创作而言，鸳鸯蝴蝶派作家专业化和商品化的写作，体现出他们适应读者市场的努力。他们早于"五四"作家3年使用白话文写作，题材贴近市民生活，创作类型有延续传统的才子佳人小说、侠义小说、晚清的官场谴责小说和公案小说等。现代市民小说创作题材更倾向于现实性、日常性，囊括了现代市民公共空间社交生活与日常空间私密生活的方方面面。归根结底，这是伴随着社会政治经济结构的改变和社会文化背景的变迁，城市文化和市民文化逐步走向成熟的表现。鸳鸯蝴蝶派小说和现代市民小说都具有商业特征，善于迎合市民读者市场。鸳鸯蝴蝶派作家具有自觉的文化市场意识和主动的消费叙事倾向，他们创办的刊物的数量和销量都远远超过新感觉派作家，而现代市民小说的代表作家几乎都是畅销书作者。可以说，鸳鸯蝴蝶派小说和现代市民小说都是在经济发展的基础上兴起的，适应了广大市民读者阅读口味的文学。调节这两种小说的杠杆机制都是经济而不是政治，所以它们都具有某种商业化特征，都符合大众化的审美品位。

二者的不同之处在于，鸳鸯蝴蝶派小说主要针对的是城乡转型过程中的小市民读者，而现代市民小说针对的是现代都市的中产阶级读者；鸳鸯蝴蝶派秉承的是旧道德，宣扬的是传统文化，而现代市民小说坚持的是现代市民价值观。两者在观念上有质的区别。鸳鸯蝴蝶派小说和现代市民小说最重要的区别在于,鸳鸯蝴蝶派作家无法放弃自身旧的道德立场,而现代市民小说作家则快速把握到新型价值观念的转型。盛行于20世纪初的鸳鸯蝴蝶派的作品也有日常叙事的隐性特征,提供了关注个人私密空间的叙述模式,作品或写个人爱情与社会的妥协,或写夫妻之间的小市民伦理,把爱情和现代人的具体谋生联系起来,承认日常生活的合理性。然而鸳鸯蝴蝶派是秉承旧道德的一个文学流派,它眷恋于传统的道德理性,无法对现代市民社会的价值形态产生认同。鸳鸯蝴蝶派作家往往具有传统文人的名士派头,虔诚守护旧道德,把从事文学当作名士的雅事,这可以从"星社"全盛时期作家们优雅而真挚的回忆中感觉得到,张恨水甚至认为"保守旧道德"与"维护共和制"的理念冲突造成他们这一代人轻度的精神分裂。现代市民小说则改变了鸳鸯蝴蝶派大团圆的结构模式、才子佳人的故事构架、重利轻义的道德取向,认为人生是残缺的,爱情是难以圆满的,物质理想是值得同情的。同样是平民女子嫁入豪门的故事,张恨水的《啼笑姻缘》和《金粉世家》都没有好的结果,凤喜和冷清秋的物质境遇的改善都伴随着精神的巨大痛苦。但在现代市民小说中的写作中,这些物质理想都变成了值得肯定的追求,张爱玲的《倾城之恋》中白流苏嫁给范柳原不过是为了经济的安全,《金锁记》中曹七巧的金钱欲也难以让人产生彻底的厌恶。在苏青、予且的笔下,为了金钱委身于他人是值得鼓励的,写作只为稻粱谋也是无可厚非的。

　　根据现代市民价值观的标准重新梳理市民小说史,就会发现,三四十年代,由于我国城市经济发展缓慢,除上海以外的广大地域都处于农业文明的笼罩之下,传统价值观念根深蒂固。以"乡土中国"的眼光批判新生的"市民",必然会产生价值观的错位。从而使一些具备现代市民精神,但是不符合传统道德的文学作品被市民小说史拒之门外。而一些描写市民生活,但是处于传统道德观照下,表现出农业文明思想意识的文学则被误认为是市民小说。如新感觉派作品虽然在新市民中有大量的读者,描写了现代都市新型市民的生活状态,表现出一种真正的现代市民价值观,但由于传统的"市井"意识作怪,一直被市民小说史所排斥;现在张爱玲、苏青等作家在市民小说创作上取得的成就都已被学术界公认,但是他们作品中真正体现出以人为本、物质理性、享受世俗、注重过程的这些市民精神的特征往往被忽视,引起市民小说研究者注意的反而是他们作品中与鸳鸯蝴蝶派作品类似的部分。如果以现代市民价值观为标准进行辨认,传统市民小说史中的鸳鸯蝴蝶派小说,如张恨水、老舍的市民小说等都是被笼罩在传统的农业文明价值观下的叙事文学。

二、"五四"小说与现代市民小说:深化与延续

现代市民小说是从新文学阵营里分化出来的一条支流。现代市民小说彰显的日常现代性是对"五四"所坚持的启蒙现代性的深化和延续。

首先,现代市民小说的一些重要作家来自于新文学团体,文学上具有关联性。"五四"的个人主义爱情叙事和现代市民小说对情爱叙事的热衷,是有着文学上的关联的,表现为以"自我"的性爱经历为题材的"私小说"曾风行一时,而热衷于写"私小说"的创造社,就成为"五四"小说与现代市民小说相汇合的一座桥梁。创造社的早期成员张资平、后期成员叶灵凤都是现代市民小说的早期作家。20年代中期,张资平描写肉欲的小说风靡一时,这些小说把个性解放、以人为本的观念与迎合市场需求的享乐主义文学结合起来,实现了"五四"小说与现代市民精神一定程度的融合。而叶灵凤、潘汉年、周全平等创造社作家以颓废式的文学表达、反传统的叛逆姿态,表现出现代市民求异求新、注重自我的精神,在"五四"主流文学占据上风的文坛独树一帜。"五四"新文学的文学资源使得现代市民小说

在刚刚出现就具有相当高的文学起点。

其次,现代市民小说在趋时求新的心理驱动下所进行的具有现代主义特征的创作技巧的探索,是对"五四"文学的一种延续和深化。"五四"时期西方现代主义文艺思潮、文学创作曾一度被广泛译介,当时统称为"新浪漫主义"。据史料记载,当时介绍新浪漫主义的杂志、报刊有《新青年》、《新潮》、《东方杂志》、《小说月报》、《戏剧》以及《晨报副刊》、《觉悟》等;鲁迅、宋春舫、沈雁冰、田汉、郭沫若、傅东华等作家和学者都参与过新浪漫派作品的翻译和评价;同时,《东方杂志》、《解放与创造》、《学生杂志》、《少年中国》、《创造周报》等都专门介绍过新浪漫主义的哲学思想。"唯物的自然派底全盛时期……已成为文学史上过去底事实了",①"今后新文学的运动是新浪漫主义的文学",②"德意志的新兴艺术表现派哟!我对于你们的将来有无穷的希望"。③ 虽然"五四"时期对现代主义的提倡不遗余力,但"五四"的现代主义文学创作成就并不尽如人意。究其原因,其中有一点,就是当时的中国缺乏现代主义文学赖以生长的土壤。同时,北京作为"五四"文学和新文化运动的发祥地,具有过于浓厚的乡土传统。在这样一个环境中,创作者和接受者都缺乏都市生活经验,没有对现代主义文化环境的真切体验,必然无法产生内心的共鸣。只有在三四十年代工业化、都市化和商业化相对成熟的上海才具有进行文学技巧上现代主义探索的条件。

再次,现代市民小说延续了"五四"时期追求个性解放的目标。在"五四"语境中,创造社以极端张扬"自我"和"个性"而著称。他们往往以两性关系为切入口,注重表现人的自我欲望。

---

① 昔尘:《现代文学上的新浪漫主义》,载《东方杂志》,第17卷第12号,1920年6月25日。
② 茅盾:《为文学研究者进一解》,载《改造》,第3卷第1号。
③ 郭沫若:《自然与艺术》,载《创造周报》,第16号,1923年8月26日。

"五四"运动不仅发起了一场文学与文化的革命,而且推动了一场释放本我、解放情感的人性革命。当时创造社的小说除了小部分以羁旅为写作题材,大部分都是描写"爱的苦闷"。据茅盾统计,1921年5月至7月,刊载于各类杂志的新小说有115篇,其中爱情小说就有70篇。① 这些作品直截了当地表达了人本能欲望的躁动。主人公们大都推崇自我,并以此来反抗封建意识。"这些人物,(1)现时感强,善于领悟现实变化并产生对应的能力,善于吸收新事物,不断地调整自己,不使自身退化;(2)富有自我独立性、怀疑精神,有生气,有创意;(3)具有爱的能力;(4)有理性,养成自我的反省、思考力"。② 他们比"五四"时期青年人更加提倡个性解放的发展,同时又比"五四"时期的青年人更加成熟、更加独立。而这些作品中的享乐型女性形象与茅盾等左翼作家笔下的革命型现代女性形象具有某种价值观上的共同特征。如穆时英《黑牡丹》中的舞女、施济美《圣琼娜的黄昏》里的交际花,在个性独立意识、在性爱关系的主导地位、在物质欲望方面,都和茅盾笔下的革命女性具有某种相似之处。但现代市民小说对现代市民个性解放的表现是基于"以人为本"的价值观。这种在经济基础上形成的对个人选择的尊重以及对个体欲望的强调是更为深远的一种现代性表达,其深入人心的程度远远超过了"五四"启蒙的力量。

"五四"的启蒙现代性,是建立在反抗社会、批判封建主义、充分肯定个人主义的基础上的。它是精英知识分子的现代性,是对历史的改造,对人的理性精神与生命自由的执着追求。启蒙现代性是对人生理想主义的追求,这强化了它对社会的批判,也加剧了它与真实人生的隔阂。它对社会的批判,是前瞻性的,是站在精英立场的,但同时也是脱离普通民众的。现代

---

① 郎损(茅盾):《评四五六月的创造》,载《小说月报》,第12卷第8期。
② 吴福辉:《都市漩流中的海派小说》,长沙:湖南教育出版社,1995年版,第221~222页。

市民小说的日常现代性则是知识分子大众化后,基于对人生活状态的深刻理解而形成的现代性。它拒绝精英知识分子的高蹈主义,也不赞成资产阶级庸俗的个人主义。从某种意义上看,日常现代性是启蒙现代性的延续和结果。

三、左翼小说与现代市民小说:从精英立场到世俗立场

20世纪20至30年代的上海,不仅是中国经济最繁荣的大都会,也是中国新文化的中心。从市场角度看,左翼小说和现代市民小说占领了当时主要的阅读市场。左翼文学的兴起以1928年创造社作家提出"革命文学"口号、成立太阳社为标志,"左联"是1930年正式成立的"中国左翼作家联盟"的简称。秉承社会理性主义的左翼小说,借助20世纪30年代社会中心主题——革命、救亡,通过对民族主义文艺、新月派、"自由人"、"第三种人"、"论语派"等非左翼话语的批判来强制推行"左"倾话语,逐步占据了文坛的支配地位,成为30年代中国文学的权威话语;而现代市民小说则在权威话语外,以独特的叙事技巧抚慰着大众人心。

首先,在写作对象上,左翼小说作家追逐伟大题材,倾向于表现真理的希冀、战斗的激情、民族的忧思;现代市民小说作家则关注日常生活,描写他们的吃喝拉撒、恋爱结婚,表现普通市民对现代物质的向往,描述世俗人生的苍凉悲欢。"左联"作家在《中国无产阶级革命文学的新任务》中谈到创作问题时,就从题材、方法、形式三方面"提示最根本的原则",即追逐伟大时代的伟大题材,从而也造成了创作与日常生活的隔绝。曾被"左联"开除的叶灵凤,把批判的矛头直指左翼小说的表现内容,认为左翼小说创作"已经变成一些千篇一律的刻板文字,不仅没有'艺术',而且早已不是'小说'",认为"题材的公式化和技术

的低落"是左翼创作最大的危机。① 在现代市民小说作家看来,作品表现的内容、题材是没有重要和非重要之分的。和左翼小说作家关注理想主义题材相反,现代市民小说所表现的"人们的日常生活的话语的存在则完全是另外一套与市场化和消费文化紧密相关的东西"。② 社会、人生是一个复杂的集合体,不仅包含了工农大众、阶级斗争,而且也有柴米油盐、婚丧嫁娶、衣食住行。穆时英宣称:"在我们的社会里,有被生活压扁了的人,也有被生活挤出来的人,可是那些人并不事实上,或者说,并不必然地显出反抗、悲愤、仇恨之类的脸来;他们可以在悲哀的脸皮上戴了快乐的面具的。"③他坚持认为自己的作品所描写的"人间的快乐,悲哀,烦恼,幻想,希望",④才是现实的、真实的人生。

其次,在文艺功能上,左翼小说作家坚持精英立场,以导师自居,强调文学的政治功能;现代市民小说作家则认同当下,站在平民的立场反映平民的喜怒哀乐,坚持文学的娱乐功能。在军阀混战、外患频仍的20世纪20至30年代,左翼作家以文学的政治实践品格,构筑了精英化的启蒙话语。"左联"成立大会上通过的纲领称:"诗人如果是预言者,艺术家如果是人类的导师,他们不能不站在历史的前线,为人类社会的进化,消除愚昧顽固的保守势力,负起解放斗争的使命。"⑤在左翼语境下,艺术家以启蒙者的身份出现在文坛,高呼:"无产阶级作家和革命作家,一切爱好文艺的青年,你们的笔锋,应当同着工人的盒子炮

---

① 叶灵凤:《关于短篇小说》,苇鸣、乃福编:《叶灵凤散文选取集》,天津:百花文艺出版社,1992年版,第9页。
② 张颐武:《"中等收入者"与文学想象》,载《文学自由谈》,2003年第1期,第15页。
③ 穆时英:《穆时英小说全集》,上海:学林出版社,1997年版,第4页。
④ 穆时英:《穆时英小说全集》,上海:学林出版社,1997年版,第6页。
⑤ 《中国左翼作家联盟的成立》,马良春、张春明编:《30年代左翼文艺资料选编》,成都:四川人民出版社,1980年版,第13页。

和红军的梭标枪炮,奋勇的前进!"①左翼小说打造的权威话语构筑了一个二元对立的精神世界:真理/谬误、斗争/妥协、精神/物质。这些对立的精神世界构成了泾渭分明的两极,而战斗、启蒙、理想成为左翼小说的主题。代表时代主流的左翼作家,明确宣布自己隶属于无产阶级领导的革命事业,把文艺看作阶级斗争的工具、革命的武器,把文学等同于宣传。正如李初梨所说:"文学,与其说它是社会生活的表现,毋宁说它是反映阶级的实践的意欲。""一切文学,都是宣传。"②现代市民小说作家认同现实生活,关注世俗人生。施蛰存认为文学的全部功用就是使读者了解人生。而他所谓的人生,是广义的、宽泛的人生,不仅仅是政治的、革命的人生。穆时英也声称自己创作小说只不过是抱着一种试验及锻炼自己技巧的目的,而"对于自己所写的是什么东西,我并不知道,也不想知道,我所关心的只是'应该怎样写'的问题"。③ 面对左翼的压力,他说道:"我是比较爽快坦白的人,我没有一句不可对大众说的话,我不愿意像许多人那么地把自己的真正面目用保护色装饰起来,过着虚伪的日子,喊着虚伪的口号,一方面却利用着群众的心理、政治策略、自我宣传那类东西来维持过去的地位,或是抬高自己的身价……说我落伍,说我骑墙,说我红萝卜剥了皮,说我什么都可以,至少我可以站在世界的顶上,大声地喊:'我是忠实于自己,也忠实于人家的人!'"④

再次,左翼小说是受政治影响,具有鲜明政治意识形态的文学;现代市民小说则是受经济影响,具有强烈的日常化追求

---

① 《中国左翼作家联盟的成立》,马良春、张春明编:《30年代左翼文艺资料选编》,成都:四川人民出版社,1980年版,第139页。
② 李初梨:《怎样建设革命文学》,载《文化批判》,1928年第2期。
③ 穆时英:《南北极·改订本题记》,《南北极》,上海:现代书局,1933年版,第4页。
④ 穆时英:《公墓·自序》,《穆时英小说全集》,北京:中国文联出版公司,1996年版,第148页。

的文学。现代市民小说是建立在商业繁荣基础之上的,它改变了传统文学的生态环境和价值取向,展示了文学从政治辐射中解脱出来而卷入经济轨道后呈现的文学图景。市民社会的商业消费导向使得现代市民小说与过去的权利符号分离。陈晓明指出,消费社会使得作家不完全背靠意识形态来进行写作,而是主要根据个人经验来写作。"他们的写作资源、价值取向、美学趣味、文学的功能定位等等,都与消费社会结下了不解之缘,而与过去的符号权力轴心相分离"。① 三四十年代的现代市民小说就典型地具有这种受经济影响的消费特征。在这种个人经验的引导下,文学的叙事方式发生了巨大的转变,以前背靠意识形态的"那种宏大的民族—国家语言式的叙事,明显转向了个人化的、私人性的小叙事;对那些悲天悯人的命运的关怀,转向了感觉、体验和想象;厚重的深度感变成了轻薄的平面感"。② 随之而来的,"个体生命的经验在写作中起了决定性的作用,生活的日常性在文学文本中得到最大程度的呈现,日常生活的意义被放大为文化的中心,在现代性的宏伟叙事中被忽略和被压抑的日常生活趣味现在成了文学想象的中心,被赋予了不同寻常的价值和意义而神圣化,而昔日宏伟叙事的神圣价值被日常化"。③

四、自由主义小说与现代市民小说:从审美现代性到日常现代性

自由主义小说的代表作家流派主要包括20年代末的"新月派",30年代初的"自由人"、"第三种人",以及30年代中期

---

① 陈晓明:《现代性对后现代性的反拨》,载《文学自由谈》,2003年第1期,第24页。
② 陈晓明:《现代性对后现代性的反拨》,载《文学自由谈》,2003年第1期,第25页。
③ 让·波德里亚著:《消费社会》,刘成富、全志钢译,南京:南京大学出版社,2001年版,第14页。

的"论语派"、"人间世派"等。自由主义小说和现代市民小说的创作都不避日常生活,关注现实人生。不同的是,自由主义小说借助日常生活描写表达高蹈的精神追求,而现代市民小说则直接表现了日常生活与大众价值认同。

　　自由主义小说是以校园文化为核心,坚持高蹈的精神立场。它具有超政治、超功利色彩,专注于人性探索与审美创造,对文学与社会现实、人生、政治等的关系进行深层次思考,显示出巨大的精神力量。自由主义作家认为文艺来源于生活,反对"为艺术而艺术",如梁实秋认为"为文艺而躲避人生,这就取消了文学本身的任务"。① 自由主义小说作家和现代市民小说作家都关注日常生活,并且都描写城市市民的生活状态,如自由主义小说作家周作人、梁实秋、梁遇春等写作了大量描写日常生活的散文小品,沈从文也有大量描写城市市民生活的作品,而他们追求的则是附着在日常生活之上的审美主义情趣。林语堂说:"当一个人的名字半隐半显,经济在相当限度内尚称充足","生活颇为逍遥自在"时,"精神才是最快乐的"。② 自由主义小说作家面对严酷的现实,通过描写日常生活,谈古论今、品茶饮酒,从中追寻一种高蹈的精神气质与审美态度。自由主义作家对政治斗争采取贵族式的清高态度,他们坚决反对文学依附于政治,重视文艺的功利性与独立性,坚持文学的独立品格,主张文学为自我表现的性灵文学。梁实秋认为:"文学里面是要有思想的骨干,然后才能有意义,要有道德性描写,然后才有力量。"③沈从文总是用"人性"之神和古朴的"湘西世界"来对抗现代都市的黑暗与虚伪,周作人追寻自己的园地,林语堂创办

---

① 梁实秋:《文学与科学》,《梁实秋论文集》,台北:时报出版公司,1981年版,第373页。
② 林语堂:《生活的艺术》,哈尔滨:北方文艺出版社,1987年版,第130页。
③ 梁实秋:《文学与科学》,《梁实秋论文集》,台北:时报出版公司,1981年版,第373页。

《论语》、《人间世》、《宇宙风》，形成了一个自我表现的"性灵文学"的流派，朱光潜则提出"和平静穆"的美是"诗的极境"，"美的最高境界"也是人生哲理的"最高理想"。可以说，自由主义作家是在艺术中寻找自己精神的出路，具有审美现代性的特征。

与之相比，现代市民小说是从日常生活中得到生存的快乐，满足于世俗的立场，直接建构以日常生活为中心的美学世界。现代市民小说绝大多数是日常化写作，其特点就是把日常生活作为文学叙事和审美的主要对象，描述日常生活和经验，具有将日常生活转化为艺术的审美倾向。现代市民小说表现的对象是现实生活本身，主要包括公共空间的社交生活和日常空间的私人生活。以往这些琐屑的生活本身的审美意义是很少被发掘的，一定要负载某种价值才能获得独立的审美性。但是在现代市民小说中，日常生活中的阅读、吵架、饮食等都具有审美意义，成为文学表现的中心。穆时英等人的市民小说对物质细节的关注甚至超过了内容本身，张爱玲也一再在自己的文章中细致描绘上海公寓生活的碎片。这是一种"迥然不同于泛政治意识形态以及传统意识形态的另一种社会意识形态"，"二者之间的区别在于：前者关注终极意义和对终极价值的承诺，后者关注现实意义和对当下利益的获得；前者是理想主义的，后者是实利主义的；前者注重精神追求，后者注重物质消费；前者维护意识形态的纯洁性、正统性、神圣性，后者则表现出自己的杂糅性、中立性、大众性"。① 可以说，现代市民价值观彰显的是一种日常生活的现代性。

五、被主流文学遮蔽的现代市民小说

现代市民小说因其缺乏自上而下的系统理论引导与自觉的文学追求而被三四十年代的文学主流话语所遮蔽。现代市

---

① 王又平：《世纪性的跨越——近二十年小说创作潮流研究》，武汉：华中师范大学出版社，1998年版，第98页。

民小说作家在文学史上缺乏归属感,甚至对自身价值也没有明确的体认。

"五四"启蒙小说具有广义的反封建主题,其深层动机是以启蒙和"立人"为工具手段实现救亡、立国、强国的目的;政治化的革命文学和左翼小说承载了反帝反殖民的诉求;自由主义小说则以人性、自由、爱与美为旗号。这些文学类型往往是被动性的、工具理性的。"五四"启蒙小说、左翼小说,这些叙事流派都有旗帜鲜明的主张与自上而下的发展要求,在三四十年代的文坛中占据一席之地,争夺各自的话语空间。而现代市民小说却几乎没有提出任何纲领,也很少宣扬任何口号,在整个文学发展过程中,也没有形成流派、社团等一切引导性的组织。尽管穆时英、施蛰存、刘呐鸥、张爱玲、苏青、徐訏、无名氏等现代市民小说作家也曾经发表过自己对于物质欲望、日常生活、个人本位等问题的看法,但这些观点都是零散的、片断的、缺乏体系的,甚至连他们自身都没有意识到各自坚持的价值观之间具有一致之处,更不要说意识到这种价值观里面蕴含的现代性意义。可以说,现代市民小说是完全自发发展起来的,缺乏理论支持,也没有自觉的精神追求的文学流派。所以,在很长一段时间内,它被主流文学史所遮蔽。

现代市民小说到 40 年代末随着政治时局的变动而走向衰落。我们可以在它的文学道路上看到其价值选择与主流文化的背离。刘呐鸥在 1932 年水沫书店毁于"一·二八"战火后,便远赴日本,停止创作。穆时英 1933 年参加国民党政府的图书审查委员会,由于在政治上和生活上日益堕落,已没有像样的作品,甚至还创作了一些关于土匪、间谍等的低俗作品。1937 年,他离开上海去了香港。后来两人都死于政治斗争。两人不管是做人还是作文,都没有坚定的政治立场。他们本身都是政治意识相对淡薄的,其人生与文学选择具有鲜明的趋时求新的色彩。可以说,他们的创作只是在现代市民价值观的驱动下,不断寻求时代热点、确认自身的结果。而这种价值观在当时的社会环境下,必然是属于潜隐状态,是无法被认可的,甚至他们自身也无法确证。所以,他们在自己的人生选择上表现出极端追求摩登、与主流相背离的特征。其他一些作家,如叶灵凤、徐訏出走香港,张爱玲从香港移民美国,无名氏后来在台湾成名,他们重新获得自己文学生命的地方都是在都市化程度较高、城市文明发展较为成熟、政治控制较为宽松的地方。他们所具有的现代市民价值观只有在这些地方才能获得生存空间,现代市民小说的传统也因这些空间的存在得以曲折地保存下来。

同时,现代市民小说呈现出认同现实生活的特征,这与中国的文化传统紧密相连,在三四十年代向西方寻找启蒙资源的主流中,因表现出文学的保守主义而被遮蔽。现代市民小说对现实结构保持认同而非批判的状态。它保持了中国传统务实求生的世俗心态,没有深刻的理论与外来的思想。即使是穆时英、张爱玲等具有西方学识背景的作家,在落笔时,也早已把西方化为了自己心目中的东方。最明显的例证是《沉香屑·第一炉香》中在西方新派的派对上,主人的服饰与思想却是全然东方。现代市民小说的理论来自于生活,智慧来源于实践。穆时英等人的市民小说吸收了西方物质文明的外壳,却没有得到精髓。张爱玲利用西方的经验来讲述中国市民的故事,予且只关心日常生活中具体问题的排解,苏青的文章完全就是现实生活照相式的翻版。他们传达的都是为人处世的小道理,他们对生活的理解也是形而下的。朱光潜先生曾说过,中国"是一个最讲实际,最从世俗考虑问题的民族,他们不大进行抽象的思辨,也不想费力去解决那些和现实生活好像没有什么明显的直接关系的终极问题"。[①] 正如张爱玲所说:"极端病态与极端觉

---

① 朱光潜:《悲剧心理学》,北京:人民文学出版社,1983年版,第215页。

悟的人究竟不多。"①市民小说沉浸于个人的日常生活而不能自拔。这种认同现实结构的思维方式是保守主义的。德国思想家卡尔·曼海姆在分析意识形态和乌托邦时曾认为,在保守主义的体验方式中,众多俗人活动于中的现实世界,不再被视为邪恶,"而是被体验为最高价值和含义的体现"。②

虽然保守的文学姿态限制了现代市民小说的文学接受与发展,使它在革命与启蒙的文学大潮中不断被忽视、被遮蔽,但在众声喧哗的三四十年代叙事文学中,反而是富于世俗理性的现代市民小说与中国传统文化紧密相连,贴近市民心态,在乱世中抚慰人心。"五四"启蒙小说的基本主题是以西方现代性为价值标准,去批判传统、改造国民。但是,"五四"之后的社会状况与那些启蒙文人们的理想主义描绘有很大差别。"五四"的思想资源主要来自于西方,这种充满西方资产阶级理性色彩的启蒙主义在广大的普通民众心目中并未能够深入人心。接下来革命的左翼小说承载着反帝反殖民的精神诉求,这类文学叙事中的革命往往都是左翼知识分子视野里和想象中的革命,思想来自于苏俄革命,缺乏现实生活资源,带有很明显的观念性、抽象性和简化性。自由主义知识分子往往向西方学习,表现出举世混浊我独清的高洁姿态,在精神的高蹈中双脚已经远离大地。相反,现代市民小说作家既不以精英知识分子的批判态度介入现实生活,也不把日常市民生活上升到国家、民族、启蒙的高度来看,而是认同现实,流露出对普通生活的现实关怀与解决现实矛盾的努力。在他们的小说塑造的俗人世界中,占据主导地位的是四季轮回、生老病死、柴米油盐等日常的恒久景象,一切存在的都是合理的,市民作家们对此有一种深切的

---

① 张爱玲:《自己的文章》,《张爱玲文集》,第 4 卷,合肥:安徽文艺出版社,1992 年版,第 173 页。
② 卡尔·曼海姆著:《意识形态与乌托邦》,黎鸣、李书崇译,北京:商务印书馆,2000 年版,第 238 页。

认同之感。这种务实求生的心态正是现代市民价值观"生本位"追求的表现。现代市民价值观正是从传统文化中发展而来，紧贴市民生活。虽然没有严整的理论，也没有激昂的口号，但是它对现代市民生活理念的契合与体贴使它赢得了广大市民读者的支持。虽然与主流文学史相比，它一直处于边缘地位，但它顽强地描绘了我们民族在特定时段的内心图式。

现代市民小说"既不摆什么文学先锋主义的精英姿态，也没有当时左翼作品中常见的教诲式的政治姿态"。① 现代市民小说呈现出一种独立的文学风貌，和前面的鸳鸯蝴蝶派通俗市民小说相比，它在叙事技巧上具有先锋性，在观念上具有现代性。与同时期的左翼小说相比，它在观念上具有世俗性、物质性；和左翼小说的启蒙现代性相比，它彰显了日常现代性；在内容上，它关注城市居民日常生活，填补了左翼视阈中的空白。与同时期的自由主义小说相比，它在观念上的世俗性消解了自由主义小说的精神追求，提升了平凡人生的生存价值。现代市民小说建立在对人的欲望与要求的满足上，充分尊重个人生活，表现出一种基于日常生活的平民的个人主义追求，体现出世俗化与物质化的民间特色。表现出一种与惯常的"大历史"叙事不同的某种偏向，以及通过日常生活、世俗人生书写另外一种历史潜流的可能性。它既是三四十年代革命文学、左翼小说的重要补充，又是"五四"启蒙小说另一条路径的延续。它曾在文学史上被主流文学所遮蔽，但一旦有一定的社会经济条件，就会以现实关怀的立场重新焕发出自己的生命力。

---

① 李欧梵：《上海摩登——一种新都市文化在中国 1930—1945》，北京：北京大学出版社，2001 年版，第 206 页。

第二节 雅俗互渗：三四十年代上海现代市民小说的美学追求

市民文学习惯上被认为是不登大雅之堂的俗文学，但是，随着市民概念的更新，市民小说内涵与外延的重组，传统的雅俗定论开始逐渐模糊。一些习惯上被认为是雅文学、精英文学的作品划入了市民文学阵营，而一些习惯上认为是通俗文学的作品却因为其低俗性和小市民性被市民文学阵营清除出去。现代市民小说的美学格调逐渐让位于物质追求，雅、俗的最终目的都指向经济利益。本节将着重分析三四十年代上海现代市民小说的雅俗互渗与大众化追求，并指出现代市民价值观在其背后的驱动力。

一、雅俗概念辨析

传统的文学观认为市民小说是通俗文学，并且这个通俗的含义倾向于"俗"。事实上，市民小说与通俗文学的概念都需要整理。市民小说并不完全都是通俗文学，也包括具有新的精神内涵的先锋文学。市民小说本质上具有通俗性，但这里的通俗意在流行，而非品位上的低俗。

传统对"市民文学"的概念界定倾向于通俗性，抹杀市民小说的真正精神内核。谢桃坊先生在《中国市民小说史》中说："中国市民小说是在封建社会后期市民阶层兴起之后流行于都市的、通俗的、表现市民社会和市民喜爱的文学，它具有明显的商业性和娱乐性的特点，表达了市民的反封建的意识。"[①]这个定义代表了人们对于市民小说的一般性理解，认为市民小说的进步性在于反封建，而忽视了它自身包含的商业文明基础上的

---
① 谢桃坊：《中国市民文学史》，成都：四川人民出版社，1997年版，第30页。

价值取向;认为市民小说是迎合广大市民的通俗文学,从而使得市民小说被认为是通俗的,忽视了它的进步性和先锋性。

范伯群先生认为:"中国近现代通俗文学是指以清末民初大都市工商经济发展为基础得以繁荣滋长的,在内容上以传统心理机制为核心的,在形式上继承中国古代小说传统为模式的文人创作或经文人加工再创造的作品;在功能上侧重趣味性、娱乐性、知识性与可读性,但也顾及'寓教于乐'的惩恶劝善效应;基于符合民族欣赏习惯的优势,形成了以广大市民层为主的读者群,是一种被他们视为精神消费品的,也必然会反映他们的社会价值观的商品性文学。"①在这个界定中,市民精神被认为是以传统心理机制为核心的,并且在形式上、功能上和审美上都以传统模式、民族习惯为判断标准,实质上是以中国社会从农业社会向现代工商业社会转型期中的"小市民"的阅读趣味和审美取向为标准的。当中国城市工商业有了进一步发展,新型劳动力和新式教育不断推广,市民主体逐渐从"引车卖浆之流"转变为老板、会计师、经理、秘书、工程师、教师、编辑等新型市民时,原本的通俗文学已经不能满足现代市民读者求新求变的心理需求。所以在30年代的上海出现了满足新型市民阅读需求的市民小说样式——新感觉派小说。但由于传统上把市民小说定位为通俗文学,新感觉派一直无法进入市民小说的阵营。与之相反,缺乏现代市民精神、遵守传统道德的鸳鸯蝴蝶派小说,因其通俗性在市民中广为流传,一直被认为是市民小说的代表。

范伯群先生对通俗文学的写作视角也作了描述,认为"在中国通俗文学中主要是对中国市民阶层的心态作淋漓尽致的'平视'","作者是站在这些市民之中,以他们的喜怒哀乐去表

---

① 范伯群:《中国近现代通俗文学史》,南京:江苏教育出版社,1999年版,第19页。

现他们自己"。① 这一描述对于鸳鸯蝴蝶派小说等反映"小市民"的思想感情与精神状态的作品来说是非常贴切的,但是对于反映现代市民生活状态与思想意识的现代市民小说来说略有不足。现代市民随着都市生活体验的不断深入,教育水平的不断提高,对世界的认识水平与思维方式都在不断发生变化,作家们对于市民阶层的反映采取了不同的视角。如张爱玲、徐訏、无名氏等选择"从上面看"的视角,穆时英、予且、周天籁、苏青等人采取"平视"的视角,施蛰存等选择"从下面看"的视角。他们对于现代市民价值层面与精神向度的揭示都达到了一定高度,所采用的叙事技巧也颇为多样化,体现出较高的艺术水准。

二、市民小说的雅俗共享特征

雅俗没有明显的界限,用雅俗来划分文学是不科学的。市民小说中既可以有俗文学,也可以有雅文学。

首先,现代市民小说文本具有雅俗共享性。穆时英、张爱玲等人的现代市民小说经常在通俗层面与精英层面的相互指涉中,呈现出意义的不确定性,在故事与内涵之间延宕出丰富的意义,因此形成了文学雅俗界线上的模糊性。

现代市民小说具有新旧杂糅的叙事特质。张爱玲结合鸳鸯蝴蝶派小说技巧与西方小说叙事方式的"杂糅型文体"正是现代市民价值观的表现。张爱玲的市民小说故事开端与传统旧小说极为相似,之后全知叙事的"我"隐退,故事结束后,又悄然出现,与开端的全知叙述呼应。同时她又在文中加入了与西方现代小说接轨的限制视角。如《沉香屑·第一炉香》中,全知的"我"退场后,马上由薇龙的目光代替了叙述者的视角,打量梁府场景。叙述者不停游走在各种视角之间,叙述视角的混

---

① 范伯群:《中国近现代通俗文学史》,南京:江苏教育出版社,1999年版,第20页。

合、交叉,运用自如。徐訏、无名氏的小说,都习惯采用传统的才子佳人的叙事模式,但在写作中又广泛采用第一人称。在无名氏的小说文本中,更是有双重叙事者出现,表明现代市民小说介于雅俗之间的叙事手法已经相当熟练。现代市民小说改变了传统小说才子佳人大团圆结局的俗套,把曲折多变的情节与现代小说情节结构的开放性结合起来,在一定程度上与"五四"新文学的审美趣味相契合。现代市民小说作家没有高高在上的雅俗观念,只是把自己放在一个俗人的位置,根据自己的喜好选择创作的题材与方法。所以,鸳鸯蝴蝶派小说创作的套路、西方现代小说创作的技巧,他们都毫无成见拿来使用。

在意象的采用上,现代市民小说作家既充分继承了中国传统通俗小说的这一表现技巧,又积极借鉴西方现代主义文本赋予这些意象的意义。如张爱玲经常使用"月亮"、"鸟"等传统意象,但同时又大量使用具有现代意义的意象;徐訏《风萧萧》中三位美艳绝伦的女性是男性的理想,分别代表着银色的星光、火红的太阳和皎洁的月光。"我"在三者之间不断寻找,目标"灯"正是爱、美、理想的象征,具有现代主义的意味。

在语言上,现代市民小说既有日常生活的大众化特点,又具有文人雅趣,这在一些沟通雅俗的女作家笔下分外明显。苏青的市民小说中随处可见日常生活的琐碎细节,率性而谈,行文流利,浅白而不流于俚俗,容易与市民读者产生共鸣。张爱玲作为一位不避世俗的作家,对语言的通俗性更为重视,她积极借鉴新文学的语言形式,显示出驾驭语言的高超技巧。徐訏的作品则如同哲人书写奇幻风流的大众故事,采用纯正的汉语白话文,贴近大众日常生活的口语,平实流畅、通俗易懂,时而又以典雅的书面语插入议论,提升了作品的艺术价值。

其次,现代市民小说作家具有雅俗共享性。现代市民小说作家一般都具有写作雅文学的实力,却自觉降低姿态,向广大市民的阅读需求靠拢。他们往往同时进行雅、俗文学的创作,自由出入于通俗与高雅的不同文学领域间,表现出游刃有余的文学才华。而进行通俗小说的创作,追求作品的现实生命力,是他们自觉的文学选择,也是适应市场的现代市民价值观的表现。

张资平在创造社初期,写作了大量批判旧的家庭制度和教育制度的文章,与此同时,他也进行着通俗小说创作。特别是1928年之后,他源源不断地写作长篇性爱小说,被苏雪林讽刺为"通俗小说家"。叶灵凤既是中国心理分析小说的先驱之一,也是19世纪末英国唯美主义文学家王尔德的崇拜者,积极从事大众写作。1933年前后,他在《时事新报》上发表《时代姑娘》、《未完成的忏悔录》,1935年在《小晨报》上发表长篇小说《永久的女性》,已经完全表现出"大众小说"的特色。穆时英既有《上海的狐步舞》这样具有先锋性形式的市民小说,又有从传统汲取营养、营造浓厚古典抒情气息的《玲子》、《烟》等作品。

张爱玲等人作品的发表不避小报,也是缘于物质理性的现代市民价值观。只要发表,只要有读者、有市场,在什么地方发表并不重要。张爱玲的《沉香屑·第一炉香》发表在鸳鸯蝴蝶派杂志《紫罗兰》上,《创世纪》发表在《杂志》上,《华丽缘》、《多少恨》发表在《大家》创刊号上,《十八春》和《小艾》发表在《亦报》上,《郁金香》发表在典型的上海小报《小日报》上,这些刊物,或者是通俗刊物,或者是小报。在张爱玲的观念中,小报并不低俗。她从不讳言自己对小报文人的爱好,也从不讳言自己只是个俗人。她甚至刻意回避所谓的纯文学、雅文学。在《我看苏青》一文中,张爱玲表示:"如果必须把女作者特别分一栏来评论的话,那么,把我同冰心、白薇她们来比较,我实在不能引以为荣,只有和苏青相提并论我是心甘情愿的。"[①]可见她对自己的定位。如果说冰心、白薇的作品是雅的,那么可以说苏青是俗的。

---

① 张爱玲:《我看苏青》,《张爱玲文集》,第4卷,合肥:安徽文艺出版社,1992年版,第225页。

张爱玲以这种方式宣布了自己对俗文学的爱好。在张爱玲的价值观里,"俗"是值得肯定的,世俗化、物质化、商业化都是正常的,她对于日常生活与世俗情怀有一种天然的认同感。

予且是早期圣约翰大学的学生,但他并没有因为自己接受过高等教育而看不起通俗创作,反而经常在《万象》、《杂志》、《小说月报》(顾冷观主编)上发表小说,《大众》连续两三年都将其短篇小说放在首篇位置。无名氏也是一位具有高雅情调的小说家,但是他自觉选择通俗作品领域进行创作以获得市场肯定。司马长风认为无名氏"用一种新的媚俗手法来夺取广大的读者"。徐訏则在一个通俗故事的外衣里,思考一些关乎精神的问题,让每个人的"心灵有一种陶醉与升华的快乐","从一件小事里看到一个永恒的真理"。①

现代市民小说的雅俗共享性的根源在于现代市民价值观本身就是雅俗同构。现代市民价值观指向大众趣味,而精英价值观指向文人趣味。大众趣味与文人趣味具有同等的价值,区别仅仅在于一个指向日常现代性、世俗现代性,而另一个指向启蒙现代性、审美现代性。他们分别满足了读者不同的精神需求,都应该获得社会的认可和尊重。

现代市民价值观以广大市民以人为本思想的觉醒为中心,将个体的物质欲望与世俗追求合理化。小说家们在这种观念的指导下,让文学迎合广大市民阅读趣味,反映广大市民的价值观念,形成了注重表现日常生活与世俗欲望的现代市民小说,体现了一种彰显日常价值观的市民理念。汤哲声认为中国现代雅俗文学应以文化标准加以辨别。从文化人性的角度看,20世纪的雅文学表现更多的是社会人性,俗文学表现更多的则是自然人性。② 值得指出的是,并非自然人性就是低人一等

---

① 徐訏:《风萧萧》,上海:怀正文化社,1946年版,第470页。
② 汤哲声:《20世纪中国文学的雅俗之辨与雅俗合流》,载《学术月刊》,2006年第3期,第105页。

的。从世俗化潮流的立场来讲,对自然人性的表现,对神圣精神的消解,正是中国文学的发展方向。现代市民价值观秉承的立场就是认同自然人性,肯定凡俗人生的意义。这一点往往被认为是"俗"的追求,其实是不确切的。大众文化使得"每个人一般的文化偏好都潜在地像传统精英们的偏好一样有价值,一样值得受尊重并应当实现"。① 现代市民价值观彰显的是一种日常生活的现代性,不管是30年代穆时英等人的都市市民小说,还是40年代张爱玲、苏青、予且等人的日常市民小说,他们都不是以一种精英知识分子的批判或启蒙态度介入现实生活,把日常市民生活上升到国家、民族、启蒙的高度来看,而是反映当时的日常生活状况、流露出对普通生活的现实关怀。

三、现代市民小说的大众性

现代市民小说的通俗性主要在于它的大众性。这种大众性并没有艺术水平高低的分别,而是从读者接受角度来讲,证明了市民小说具有广泛的覆盖面。

大众通俗文学(popular literature)的"通俗",本意即是通俗的,也含有大众的、流行的之意。现代通俗文学中的"通俗"强调的实质是大众性,侧重于它的功能性,而并非指涉艺术水平的高下。但我们传统的文艺理论往往直接把通俗文学等同于艺术水平低、缺乏审美品位与思想内涵的文学,这是一种片面的看法。李俊国在都市文学研究中也指出了这个问题:"工业文化色彩,都市社会特质与大众传媒作用,既是现代通俗文学的生存背景,也是通俗文学现代文化精神与审美品格的价值参照。所以,我们不同意将传统文学中的'通俗'性,替代我们亟待评说的通俗文学的现代性。事实上,不少的通俗文学理论与批评文字早已混淆了这两者间的符码意义。这不仅造成对

---

① 叶志良:《大众文化》,上海:上海文艺出版社,2003年版,第38页。

通俗文学理论研讨的意义混乱，而且助长了中国通俗文学品性的低俗气与陈旧性。"①

郑振铎在《中国俗文学史》中说："何谓'俗文学'？'俗文学'就是通俗的文学，就是民间的文学，也就是大众的文学。换句话说，俗文学就是不登大雅之堂，不为学士大夫所重视，而流行于民间，成为大众所嗜好、所喜悦的东西。"②郑振铎把俗文学说成是与文人学士对立的不登大雅之堂的文学，其实与文学产生的社会条件有密切的关系。古代教育发展水平比较低下，除了少数人可以熟读经书、吟诗作画之外，大部分平民没有机会接受良好的教育，因此适应他们阅读水平的浅易平直的文学就成为不登大雅之堂的文学，并且也因其民间性与低俗性，被打上"通俗"的标签。但是随着生产力的发展，广大市民教育水平、阅读水平的提高，这种不登大雅之堂的文学日益不能满足他们的需求。方志远也有同样的看法："在城市流行的通俗文学都可视为市民小说。市民的主题是那些没有政治权力、生活较为贫困或不甚富裕、社会地位较低的城市平民。"但事实上"市民小说不完全等同于通俗文学。因为在市民小说中，还应包括部分文人文学。"③真正能够获得现代市民认可的作品是能反映现代市民的个人追求、情感取向、利益选择的作品。只要能符合现代市民的精神需求，获得市场效益，都是现代市民小说，雅俗已经不再是重要的分野。

现代市民小说更适合说是一种大众文学，而不能说是一种通俗文学。大众性，是指现代市民小说拥有广泛的读者群，并且它本身的职能也是适应广大市民读者的审美需求与阅读口味。在这一点上，它和通俗文学是相似的。但它和通俗文学的

---

① 李俊国：《中国现代都市小说研究》，北京：中国社会科学出版社，2004年版，第205页。
② 郑振铎：《中国俗文学史（上）》，上海：上海书店出版社，1987年版，第4页。
③ 方志远：《明代城市与市民文学》，北京：中华书局，2004年版，第17页。

不同之处在于,通俗文学在精神和技巧上都是指向传统的,是滞后的,具有旧的道德观。现代市民小说在精神上则是全新的。它遵守商业社会原则,坚持物质理性,尊重日常生活,崇尚以人为本。这种全新的价值观并非一种先验的或者嫁接的文学理论,而是现代市民在城市生活中逐步自发形成的。在技巧上,出于物质理性的趋时求新,现代市民小说往往采用一些先锋性的叙事技巧,比如穆时英、张爱玲、徐訏、无名氏等人对西方现代派叙事手法的吸收。在作品的精神意蕴上,传统理解上的通俗文学只有一个精神层次,就是它在文本表层表现出来的精神层次。现代市民小说则表现出丰富的审美层面。鲁迅曾经说过:"俗文之兴,当兴二端,一为娱心,二为劝善。"[1]传统通俗文学的"娱心",就是指文本的娱乐功能,"劝善",则是通俗文学的传统道德取向。现代市民小说的"娱心"功能与通俗文学是一致的,为了适应读者的审美要求,满足读者的好奇心理,现代市民小说往往向俗文学学习,设计传奇化的情节,或者形成某种模式化的叙述格局,采用童话结构和华丽语言让读者在轻松浪漫的气氛中进入阅读语境。"劝善",是现代市民小说中体现出来的全新的价值观取向,它以消解理性权威的方式,在放逐各种形而上思考的同时,肯定了人生意义的平凡性与世俗欲望的追求。在张爱玲、徐訏、无名氏等人的文本中还表现出对个体的追求、生命的思考这一哲学色彩。文本自身的审美价值是由文本的召唤结构所决定的。召唤结构有深层和浅层,我们称之为"外形式"和"内形式"。读者对一个文本的领悟可能是出于不同形式层面的体悟与接受。现代市民小说由于其层次的丰富性,满足了不同层次读者的阅读需求。

现代市民小说兼顾雅俗,同时满足艺术追求与市场需求,在左翼小说不断寻求"大众化"的过程中,现代市民小说却从来

---

[1] 鲁迅:《鲁迅全集》,第9卷,北京:人民文学出版社,1982年版,第110页。

没有为此问题困扰过。在风生水起的三四十年代文坛,安稳守住了自己的一方天地,建立起了一种相对稳定的叙事系统。

反观中国20世纪文学发展史,文学"大众化"是一个在中国现代文学史上一直为人们所关心,但是没有完全处理好的问题。左翼小说提倡大众化是出于政治启蒙的目的,现代市民小说提倡通俗化是基于市场考虑。但是由于左翼大众启蒙的启蒙者与对象脱节,无法得到广大读者的回应,针对普通劳苦大众的左翼小说只能在有限的知识分子圈子里流行;与之相反,在文学发展的过程中,现代市民小说表现出顽强的生命力,拥有良好的群众基础。其不避俗的品格使它可以采取灵活的写作手段,吸收古典的、现代的、通俗的、审美的等各种文学营养,并在写作中坚持以人为本的立场,形成了真正符合现代市民阅读品味的文学。

文学大众化的思潮的接受者应该主要是普通大众,但是在现代中国,普通大众却并不能成为真正的文学接受者。"五四"新文学革命虽然以最快捷的"欧化"方式使得中国新文学获得了现代身份,但同时也使中国文学远离了中国最广大的下层民众。在西方,"近代文学之繁荣,似乎不能不归功于资本主义之发展和教育之普及。因为资本主义之发展,文学之欣赏增加了大量的群众"。[①] 因此,西方的文学与读者是彼此协调进入现代社会的,但是中国并没有经过资本主义充分发展的阶段,社会上绝大多数民众仍然处于文盲状态。因此,当中国文学由传统转向现代时,就发生了文学与普通大众彼此分离的现象。"就中国新文学的传统而言,它并没有彻底地……解决好与读者大众的关系问题,政治解放和文化启蒙的需要,使中国新文学一直以非文学的因素为最高目标,启蒙而不是生活本身,成为了作家们创作的基本原则。因此,在普通大众阅读和新文学追求

---

① 施蛰存:《文学之贫困》,《施蛰存七十年文选》,上海:上海文艺出版社,1996年版,第406页。

之间存在着很宽的裂隙"。①

　　市民小说本质上要求具有强烈的"读者意识"。在中国人口中农民占绝大多数,市民占有的比例并不大,然而在当时的中国,真正能读文识字的也只是市民阶层,他们的人数虽少,却是文学作品的主要读者群。这一读者群,被新文学作家认为是"小资产阶级"、"封建意识的小市民"、"游离不定的小市民以及一般闲者"。② 现代市民小说的物质理性使它在产生之初,就以市场为导向,以广大市民读者为衣食父母,表现广大市民的思想感情与价值选择。现代市民小说作家对于物质至上观念的认同是与他们写作本身的经济目的紧密相连的。"文人在上海,上海社会的支持生活的困难自然不得不影响到文人,于是在上海的文人,也像其他各种人一样,要钱。再一层,在上海的文人不容易找副业(也许应该说'正业'),不但教授没份,甚至再起码的事情都不容易找,于是在上海的文人更急迫的要钱。这结果自然是多产,迅速的著书,一完稿便急于送出,没有闲暇搁在抽斗里横一遍竖一遍的修改。这种不幸的情形诚然是有,但我不觉得这是可耻的事情"。③ 这种强烈地为市场服务,顺应市民阅读需求的意识也使得现代市民小说能够更好地反映现代市民的情感状态与价值选择,正如郑振铎所说,它们的"第一个特质是大众。它是出生于民间,为民众所写作,且为民众而共存的"。④

　　在20世纪现代文学发展史中,我们可以看到"五四"文学、左翼文学出于"大众化"的考虑向现代市民小说的位移。由于我国城市发展的不充分与文学对社会功能的刻意强调,现代市

---

① 贺仲明:《中国心像——20世纪末作家文化心态考察》,北京:中央编译出版社,2002年版,第221页。
② 沈雁冰:《封建的小市民文艺》,载《东方杂志》,1933年,第30卷第3期。
③ 魏京伯:《海派与京派产生的背景》,载《鲁迅风》,1936年,第16期。
④ 郑振铎:《中国俗文学史》,上海:上海书店出版社,1987年版,第4页。

民小说在很长时间以内都处于边缘地位。但现代市民小说却一直有一个巨大的自发形成的读者市场,并且延绵不绝。而一直占据主流位置的"五四"启蒙文学与左翼小说,却由于与大众生活的隔膜,在实际发展中遭受冷遇,所以它们也有几次向现代市民小说的靠拢。首先,从1928年"革命文学"之争开始,由于无产阶级价值观的强劲介入,使"五四"新文学作家的社会启蒙主体身份发生了变化,他们不再是现代意识的启蒙者,而是作为现代政治革命意识的被启蒙者而存在。当作家创作不再是依照自己内在的生命激情与精神追求,而是为外部社会、文学时尚所左右时,这样的精英文学也开始逐渐向市民小说靠拢,在写作中流露出在左翼面孔下的潜隐的现代市民精神。1942年,上海文坛展开了有关通俗文学的讨论。中国现代文学界围绕文艺大众化、文艺的民族形式所发生的论争再次表明了通俗化问题的重要性。赵树理的通俗叙事的出现,也是启蒙文艺大众化的一种表现。

  从文学创作的角度来讲,文学大众化问题也是非常重要的。文本和读者的关系密不可分。姚斯认为:"一部文学作品的历史声明如果没有接受者的积极参与是不可思议的。因为只有读者的传递过程,作者才进入一种连续性变化的经验视野。"① 从文学的接受者和创造者之间的双向转化和发展过程来看,只有达到两者的持续平衡与深化,才能使得文学与读者得到真正的结合。"雅俗共享"已经成为当代文学发展的一个定势,只雅不俗,太过于阳春白雪,脱离群众;只俗不雅,也难以适应素质越来越高的读者,更难以登上艺术殿堂。时代性、世俗性、审美性、可读性相结合,正是文学发展的一条可行之路。在这一点上,现代市民小说是将二者结合得较为成功的一个文学流派。

---

① H·R·姚斯、R·C·霍拉勃:《接受美学与接受理论》,沈阳:辽宁人民出版社,1987年版,第340页。

第三节 道德反思：三四十年代上海现代市民小说的当代意义

90年代以来，我国的都市物质文化语境又重现了三四十年代的风华，解放后一度被政治话语遮蔽的现代市民小说传统又重获生机。但是，由于50年代以来政治语境的强大力量，现代市民价值观一时还难以被认识或接受，以至于在中国当代文学领域中出现了种种诠释的偏差。其主要表现有二：一是城乡道德判断的偏差，一是当代市民道德判断的偏差。而现代市民小说的当代意义，也正表现在这种纠偏与反思之中。

一、城乡道德反思

三四十年代现代市民小说的当代意义在城乡价值判断的角度上有重要表现。我国乡土文化力量强大，乡土价值观根深蒂固。中国的都市在不断发展，但即使到了当代，文学创作还一直眷恋着乡村。即使是描写城市、描写市民的文学作品，也表现出浓厚的乡土价值观念。这是我国城市文学发展的一个特殊的图景，同时，也是制约我国当代城市文学、市民小说发展的一个瓶颈。怎样突破这种因袭的传统观念，给市民文学、城市文学更大的发展空间，上海三四十年代的现代市民小说给当代市民小说发展提供了有益的价值参照。

在中国的当下语境中，都市是一个不断被言说的对象，但令人不解的是，都市在当代作家的笔下依然代表了一种负面的价值倾向。"物质的都市"、"罪恶的都市"、"冷漠的都市"，种种说法都表现出对都市的一种隔膜态度。他们虽然身在都市，享受都市提供给自己的种种便利，但在精神上却时刻保持一种逃离的姿态，其精神支柱依然是几千年封建社会的传统道德观念。在中国当代文学中，描写城市的小说很多，但并非所有描写城市的小说都是城市小说。贾平凹的《废都》、《白夜》，王小鹰的《丹青引》等都是具有传统乡土文化情结的作品，虽站在历史性的民间立场，但并不能深入到都市的本真地带，而张承志、张炜等人也不断在小说中表现城乡价值的冲突与矛盾。城乡文明的对立，实质上是城乡价值观的对立。现代市民作为城市生活的感受主体，已经逐渐自发形成了与他们的经济生活相适应的价值体系，但由于乡村记忆的顽固与传统乡民价值观的惯性，他们的文学作品往往还是从传统乡民价值观的角度看现代都市生活，从而站在乡村的立场上对现代都市产生了批判性思维。所以，邱华栋等人展现都市物质力量与欲望狂欢的作品不断受到研究者质疑，有的研究者认为邱华栋小说的欲望生活场景与庸俗的价值观使他的创作进入了自我书写的困境。① 对于具有物质理性和欲望本质的现代城市，却一味用精神信仰与道德立场来要求，从而造成了文学批评的偏差状态。

　　事实上，都市的发展带来了新的意识形态、新的心理结构和新的价值观念。"当代的都市意识自然不是对都市的沉迷，更不是对都市的拒绝，它必须从人类历史进程无法阻挡的角度首先投入对都市和工业化社会的都市化进程的热爱而非厌恶，对都市生活方式（如繁忙、喧嚣、复杂、流动等）的理解而非抗拒，然后才能在此基础上显示作家应有的价值选择……而恪守传统的农业社会和非都市社会的价值立场去评价当代的都市生活，则不是隔靴搔痒，就是盲人摸象"。② 相对于保持传统道德观念的城市小说，现代市民小说则是真正具有现代气质的城市小说。不管是穆时英等人对城市公共空间的超越性想象，还是苏青、予且等人对日常生活的世俗描写，都表现出一种真正

---

① 贾丽梅：《自我书写的困境——邱华栋小说的叙事批判》，载《南京师范大学学报》，2004年第6期，第91页。
② 杨苗燕：《摇动的风景——都市文学与都市意识随想》，载《特区文学》，1996年第2期。

的"城市之子"的城市立场。他们的城市书写给当代城市文学的发展提供了有益的价值参照与文学资源。

二、市民道德反思

新时期以来,特别是 90 年代以来,具有和 20 世纪三四十年代近似的物质文化语境。这两个时期分别是中国现代化社会进程快速发展的两个阶段,在经济和文化上有明显的相似性。随着社会向市场经济的迅速转型,弥漫于全社会的商业性气氛,以及新近出现的经济生活和现代市民生活方式,导致了新的消费文化环境的形成,从而出现了一批具有全新市民道德的作家与作品。我们的文学在经历了建国以后几十年理想主义的道德洗礼之后,忽然出现了像卫慧、棉棉这样大胆张扬个人欲望、歌颂物质力量的作家。王安忆《长恨歌》这样具有恢宏的世俗力量和绵密的日常情怀的小说,必然会带来价值观念的震荡。卫慧、棉棉的小说一度不被接受,而王安忆的上海书写最初也没有引起足够的重视。

事实上,卫慧、棉棉对新生都市的欢欣鼓舞,对欲望的张扬与个性的解放,对物质的无所顾忌的赞美都可以在三四十年代的上海现代市民小说中找到相似的表达。卫慧宣称"上海是座寻欢作乐的城市",正如穆时英在《上海的狐步舞》中反复强调:"上海,造在地狱上的天堂!"相隔数十载,卫慧和穆时英,有着同样的对崭新的现代都市体验的惊异、赞叹和沉醉。而王安忆在《流逝》、《长恨歌》中表达出的日常生活的绵密情怀,也被相当多的研究者认为具有张爱玲的世俗立场。邱华栋的都市欲望叙事继承了穆时英等人的现代市民精神,致力于表现都市的繁荣表征,把握都市的动感脉搏。在当代政治意识力量日益薄弱、经济杠杆作用日渐显著的环境下,这种对物质力量的认同与对日常生活的感性情怀是值得认可的,并且在一定程度上具有正面的意义。

在当代的物质语境中,用传统乡民价值观的观念去解读卫慧、棉棉是不恰当的,用现代市民价值观去观照贾平凹、张承志也是不合适的。如何理解这些作家、作品,不妨回到上海三四十年代的现代市民小说,重新去辨认这些作品中流露出来的价值观念和道德选择,这对于我们更进一步认识当代作家的精神谱系可能具有深远的意义。"上海在城市发展的历史上,有两个发展的高峰,一个是20、30年代,一个是90年代至今"。① 这两个高峰中都产生了典型的现代市民小说,并且这两段历史以其惊人的相似给我们提供了比较印证的可能。从张爱玲到王安忆,从穆时英到邱华栋,从苏青到卫慧……重新理解三四十年代的上海现代市民小说,对我们重新认识90年代以来的市民思潮有重要的参考价值。他们的区别与联系、产生背景与价值立场等问题仍有较大的研究空间,值得我们去进一步发掘。

---

① 孙逊主编:《都市文化史:回顾与展望》,上海:生活・新知・读书三联书店,2005年版,第227页。

结　语

　　安东尼·吉登斯在《现代性与自我认同》一书中认为,现代性的追求者往往会通过两条不同的政治途径而抵达同一目标,一条称为"解放政治",一条称为"生活政治"。他把"解放政治"定义为:"力图将个体和群体从对其生活机遇有不良影响的束缚中解放出来的一种观点。解放政治包含了两个主要的因素,一个是力图克服某些人或群体支配另一些人或群体的非合法性统治。"① 从"五四"启蒙到左翼革命,从民族救亡到文化革命,都是一种解放政治行为。它的目的在于"把无特权群体从它们所不幸的状况中摆脱出去","减轻或消灭剥削、不平等或压迫"。它是一种国家政治力量,也是一种鼓励现代性的正面动力。而"生活政治",吉登斯则解释为"一种生活方式的政治",或"生活决策的政治"。吉登斯引用桑多·罗扎克的话说:"我们生活在这样一个时代,个人认同的找寻及个人命运定向的私人体验本身,都变成是一种主要的颠覆性政治力量。"它是一种"靠完全改变日常生活模式来威胁国家权力的行为"。② 与"五四"小说、左翼小说、自由主义小说等不同,现代市民小说从"生活政治"的角度入手,通过在现代市民价值观下的种种市民想

---

① 安东尼·吉登斯:《现代性与自我认同》,上海:生活·读书·新知三联书店,1998年版,第248页。
② 安东尼·吉登斯:《现代性与自我认同》,上海:生活·读书·新知三联书店,1998年版,第246、253页。

象和都市物质文化符号的重新组合实现了一种全新叙事方式的构建,试图从经济生活的角度突围,实现现代性的追求。

和中国主流文学史意识形态划分的方式不同,现代市民小说是一种从经济角度切入的叙事形态。它是基于三四十年代上海工商业经济的发展,市民社会的逐步成型而形成的一种天然具有经济属性的文学。现代市民小说以现代市民价值观为中心,通过市民想象的建构与都市符号叙事策略的熟练运用建立了一种全新的叙事景观,并呈现出独特的女性化的阴柔气质。

中国现代文学一直坚持"人"的发现。"五四"时期个性解放是文化改革的一面旗帜,郁达夫声称:"五四运动最大的成功,第一要算'个人'的发见。"① 现代市民小说延续并发展了这种"以人为本"的思想,并在经济发展的基础上,持久而缓慢地改变了现代市民的价值秩序,自发形成了关注自我、叙述"个人"的叙事传统,将世俗平民纳入了叙述的中心,真正实现了对普通人内心的关注。

现代市民小说远离宏大的"民族/国家"话语模式,侧重于对个人、两性关系与日常生活作生活化的表述,从不同角度建构了现代市民想象。相对于关注英雄与非日常生活的重大事件的左翼革命叙事,在政治主流话语之外,现代市民小说发展了日常生活叙事传统;在叙事策略上,现代市民小说也构建了以都市物质文化符号为中心的叙事手法,与传统叙事方式形成了鲜明的区别。

与具有某种男性气质的主流的"民族/国家"叙事相区别,现代市民小说关注两性关系与家庭生活,叙事结构呈现"女强男弱"特点,思维也具有感性特征,总体上呈现出具有阴柔气质的女性化倾向。现代市民小说与20世纪上半叶感时忧国的男

---

① 郁达夫:《〈中国新文学大系·散文二集〉导言》,《中国新文学大系导论集》,上海:良友复兴图书印刷公司,1940年版,第205页。

性主流话语相疏离,虽然一方面使得它一直被主流话语所遮蔽,但另一方面也确立了其关注平民大众日常生活的非主流的女性化姿态,形成了可以与主流叙事话语相抗衡的叙事模式。

如果说,以"五四"和左翼革命叙事为代表的叙事形态是现代文学的主流,它们通过"民族/国家"想象的建构表达了启蒙现代性的企图,以对一个新国家、新民族的呼唤向中国的现代化目标推进。那么,现代市民小说就是现代文学中一种被遮蔽的文学形态,它通过现代市民想象的建构表现了日常现代性的追求,以对市民生活与世俗欲望的关注,在经济生活层面上逐渐向现代化目标推进。

在中国的现代化进程中,现代市民小说不但没有中断,反而随着经济的发展,市民生存环境的改变,而重新延续并不断发展。它在主流文学的边缘提供着一种新的思路,与主流文学形成互补的态势。特别是20世纪90年代以来,随着社会现代化进程的重大调整,社会的物质化、世俗化转向已经成为不可逆转的现实潮流。在这个大的社会背景下,重新反思20世纪三四十年代上海现代市民小说,梳理整个20世纪的现代市民小说发展史,具有积极而深远的意义。

主要参考文献

[1] 阿格妮丝·赫勒著:《日常生活》,衣俊卿译,重庆:重庆出版社,1990年版。

[2] 霭里思:《性心理学》,上海:生活·读书·新知三联书店,1987年版。

[3] 安东尼·吉登斯:《现代性与自我认同》,上海:生活·读书·新知三联书店,1998年版。

[4] 白吉尔:《中国资产阶级的黄金时代(1911—1937)》,上海:上海人民出版社,1994年版。

[5] 包亚明主编:《现代性与空间生产》,上海:上海教育出版社,2003年版。

[6] 本雅明:《发达资本主义时代的抒情诗人》,上海:生活·读书·新知三联书店,1989年版。

[7] 陈平原:《20世纪中国小说史》第1卷,北京:北京大学出版社,1989年版。

[8] 陈平原:《中国小说叙事模式的转变》,上海:上海人民出版社,1988年版。

[9] 陈晓兰:《文学中的巴黎与上海》,桂林:广西师范大学出版社,2006年版。

[10] 陈晓兰:《文学中的巴黎与上海》,桂林:广西师范大学出版社,2006年版。

[11] 陈晓明:《驿动的边界——多元文化与欲望表达》,武

汉：湖北教育出版社，2000年版。

［12］程季华主编：《中国电影发展史》，北京：中国电影出版社，1980年版。

［13］戴安娜·克兰著：《文化生产：媒体与都市艺术》，赵国新译，南京：译林出版社，2001年版。

［14］戴维·哈维：《后现代的状况》，上海：商务印书馆，2003年版。

［15］丹尼尔·贝尔：《资本主义文化矛盾》，上海：生活·读书·新知三联书店，1989年版。

［16］丁玲：《丁玲选集》，成都：四川人民出版社，1984年版。

［17］范伯群：《中国近现代通俗文学史》，南京：江苏教育出版社，1999年版。

［18］方志远：《明代城市与市民文学》，上海：中华书局，2004年版。

［19］费孝通：《乡土中国》，上海：生活·读书·新知三联书店，1985年版。

［20］费正清主编：《剑桥中华民国史（第二部）》，章建刚等译，上海：上海人民出版社，1992年版。

［21］葛红兵主编：《城市批评·上海卷》，北京：文化艺术出版社，2002年版。

［22］贺仲明：《中国心像——20世纪末作家文化心态考察》，北京：中央编译出版社，2002年版。

［23］黑格尔，范扬、张企泰译：《法哲学原理》，上海：商务印书馆，1995年版。

［24］亨利·列斐伏尔：《空间政治学的反思》，包亚明主编，《现代性与空间的生产》，上海：上海教育出版社，2003年版。

［25］胡兰成：《今生今世》，呼和浩特：远方出版社，1990年版。

[26] H·R·姚斯、R·C·霍拉勃:《接受美学与接受理论》,沈阳:辽宁人民出版社,1987年版。

[27] 吉利恩·比尔著,肖遥、邹孜彦译:《传奇》,北京:昆仑出版社,1993年版。

[28] 贾植芳主编:《现代都市小说专辑》,上海:上海书店出版社,1988年版。

[29] 贾植芳主编:《中国现代文学的主流》,上海:复旦大学出版社,1990年版。

[30] 卡尔·曼海姆:《意识形态与乌托邦》,黎鸣、李书崇译,上海:商务印书馆,2000年版。

[31] 卡尔·曼海姆:《意识形态与乌托邦》,上海:商务印书馆,2000年版。

[32] 卡西尔:《人论》,上海:上海译文出版社,1987年版。

[33] 孔另境:《现代作家书简》,广州:花城出版社,1995年版。

[34] 乐正:《近代上海人社会心态(1860—1910)》,上海:上海人民出版社,1991年版。

[35] 李洁非:《城市像框——九十年代都市文学研究》,太原:山西教育出版社,1999年版。

[36] 李今:《海派小说与现代都市文化》,合肥:安徽教育出版社,2000年版。

[37] 李俊国:《中国现代都市小说研究》,北京:中国社会科学出版社,2004年版。

[38] 李楠《:晚清、民国时期上海小报研究》,北京:人民文学出版社,2005年版。

[39] 李欧梵:《上海摩登——一种新都市文化在中国》,北京:北京大学出版社,2001年版。

[40] 李书磊:《都市的迁徙》,长春:时代文艺出版社,1994年版。

[41] 李天纲:《海派文化和都市文化》,《文化上海》,上海:上海教育出版社,1998年版。

[42] 李天纲:《人文上海——市民的空间》,上海:上海教育出版社,2004年版。

[43] 李永东:《租界文化与30年代文学》,上海:生活·读书·新知三联书店,2006年版。

[44] 李长莉:《晚清上海社会的变迁》,天津:天津人民出版社,2002年版。

[45] 刘呐鸥:《都市风景线》,上海:水沫书店,1930年版。

[46] 刘心皇:《抗战时期沦陷区文学史》,台北:台北成文出版社,1980年版。

[47] 卢汉超:《霓虹灯外——20世纪初日常生活中的上海》,段炼、吴敏、子羽译,上海:世纪出版集团,上海古籍出版社,2004年版。

[48] 卢卡契:《审美特性》第1卷,北京:中国社会科学出版社,1986年版。

[49] 鲁湘元:《稿酬怎样搅动文坛——市场经济与中国近现代文学》,北京:红旗出版社,1998年版。

[50] 鲁迅:《鲁迅全集》,北京:人民文学出版社,1981年版。

[51] 罗钢、王中忱主编:《消费文化读本》,北京:中国社会科学出版社,2003年版。

[52] 罗兹·墨非:《上海——现代中国的钥匙》,上海:上海人民出版社,1986年版。

[53] 马·布雷德伯里、詹·麦克法兰著:《现代主义》,胡家峦等译,上海:上海外语教育出版社,1992年版。

[54] 马尔库塞:《爱欲与文明》,上海:上海译文出版社,1987年版。

[55] 马逢洋主编:《上海,记忆与想象》,上海:文汇出版社,1996年版。

[56]《马克思恩格斯选集》,中共中央马、恩、列、斯著作编译局编,北京:人民出版社,1972年版。

[57] 茅盾:《茅盾全集》,北京:人民文学出版社,1984年版。

[58] 穆时英:《穆时英小说全集》,上海:学林出版社,1997年版。

[59] 帕克等著:《城市社会学》,宋俊岭等译,北京:华夏出版社,1987年版。

[60] 盘剑:《选择、互动与整合——海派文化语境中的电影及其与文学的关系》,杭州:浙江大学出版社,2006年版。

[61] 钱理群、温儒敏、吴福辉:《中国现代文学三十年》,北京:北京大学出版社,1998年版。

[62] 乔·艾略特等:《小说的艺术》,北京:社会科学文献出版社,1999年版。

[63] 乔安妮·恩特维斯特尔著、郜元宝等译:《时髦的身体——时尚、衣着和现代社会理论》,桂林:广西师范大学出版社,2005年版。

[64] 秦林芳编译:《现代小说中的空间形式》,北京:北京大学出版社,1991年版。

[65] 邱明正:《上海文学通史》,上海:复旦大学出版社,2005年版。

[66] 让·波德里亚:《消费社会》,刘成富、全志钢译,南京:南京大学出版社,2001年版。

[67] 荣格:《心理学与文学》,戴维·洛奇编,《二十世纪文学评论》,上海:上海译文出版社,1987年版。

[68] 上海通社《上海研究资料》,上海:上海书店出版社,1884年版。

[69] 施蛰存:《灯下集》,北京:开明出版社,1994年版。

[70] 石元康:《从中国文化到现代性》,北京:人民出版社,1972年版。

[71] 石元康:《从中国文化到现代性》,北京:人民出版社,1972年版。

[72] 苏青:《苏青文集》,上海:上海书店出版社,1994年版。

[73] 素素:《前世今生》,上海:远东出版社,1997年版。

[74] 孙逊:《都市文化史,回顾与展望》,上海:生活·读书·新知三联书店,2005年版。

[75] 汤哲声:《流行百年》,北京:文化艺术出版社,2004年版。

[76] 汤哲声:《流行百年》,北京:文化艺术出版社,2004年版。

[77] 唐振常:《近代上海探索录》,上海:上海书店出版社,1994年版。

[78] 田中阳:《百年文学与市民文化》,长沙:湖南教育出版社,2002年版。

[79] 汪民安:《身体、空间与后现代性》,南京:江苏人民出版社,2006年版。

[80] 王德威:《想象中国的方法》,上海:生活·读书·新知三联书店,1998年版。

[81] 王文英主编:《上海现代文学史》,上海:上海人民出版社,1999年版。

[82] 王晓明主编:《批评空间的开创,20世纪中国文学研究》,上海:东方出版中心,1998年版。

[83] 维特根斯坦:《哲学研究》,上海:商务印书馆,1996年版。

[84] 魏绍昌:《鸳鸯蝴蝶派研究资料》,上海:上海文艺出版社,1984年版。

[85] 魏绍昌主编:《海派小说专辑》,上海:上海书店出版社,1989年版。

[86] 沃思:《社会学教程》,北京:北京大学出版社,1987年版。

[87] 吴福辉:《都市漩流中的海派小说》,长沙:湖南教育出版社,1995年版。

[88] 吴福辉:《二十世纪中国小说理论资料》,北京:北大出版社,1997年版。

[89] 吴秀明:《文学中的历史世界》,长春:吉林教育出版社,1994年版。

[90] 西美尔:《金钱、性别、现代生活风格》,顾仁明译,上海:学林出版社,2000年版。

[91] 西蒙娜·德·波伏瓦著:《第二性》,陶铁柱译,北京:中国书籍出版社,2004年版。

[92] 夏志清:《中国现代小说史》,北京:友联出版社有限公司,1979年版。

[93] 谢桃坊:《中国市民文学史》,成都:四川人民出版社,1997年版。

[94] 忻平:《从上海发现历史——现代化进程中的上海人及其社会生活》,上海:上海人民出版社,1996版。

[95] 徐德明:《中国现代小说雅俗流变与整合》,北京:社会科学文献出版社,2000年版。

[96] 许道明:《海派文学新论》,上海:复旦大学出版社,1999年版。

[97] 许道明:《中国现代文学批评史新编》,上海:复旦大学出版社,2002年版。

[98] 严家炎:《论现代小说与文艺思潮》,长沙:湖南人民出版社,1987年版。

[99] 严家炎:《新感觉派小说选》,北京:人民文学出版社,1985年版。

[100] 严家炎:《中国现代小说流派史》,北京:人民文学出版社,1989年版。

[101] 杨东平:《城市季风——北京和上海的文化精神》,北京:东方出版社,1994年版。

[102] 杨义:《中国现代文学流派》,北京:人民出版社,1998年版。

[103] 姚玳玫:《想象女性——海派小说(1892—1949)的叙事》,北京:中国社会科学出版社,2004年版。

[104] 叶灵凤:《灵凤小品集》,上海:现代书局,1933年版。

[105] 叶灵凤:《灵凤小说集》,上海:现代书局,1931年版。

[106] 叶志良:《大众文化》,上海:上海文艺出版社,2003年版。

[107] 叶中强:《从想像到现场——都市文化的社会生态研究》,北京:学林出版社,2005年版。

[108] 伊恩·P·瓦特:《小说的兴起——笛福、理查逊、菲尔丁研究》,上海:生活·读书·新知三联书店,1992年版。

[109] 应国靖:《现代文学期刊漫话》,广州:花城出版社,1986年版。

[110] 郁达夫:《中国新文学大系·散文二集导言》,上海:上海良友图书印刷公司,1935年版。

[111] 张爱玲:《张爱玲散文全编》,杭州:浙江文艺出版社,1992年版。

[112] 张爱玲:《张爱玲文集》,合肥:安徽文艺出版社,1992年版。

[113] 张晓春主编:《天地》,上海:上海社会科学院出版社,2004年版。

[114] 张仲礼主编:《近代上海城市研究》,上海:上海人民出版社,1990年版。

[115] 赵稀方:《小说香港》,北京:北京三联书店,2003年版。

[116] 赵园:《北京,城与人》,北京:北京大学出版社,2002年版。

［117］郑振铎:《中国俗文学史》,北京:作家出版社,1954年版。

［118］《中国新文学大系导论集》,上海:良友复兴图书印刷公司,1940年版。

［119］周介人、陈保平主编:《几度风雨海上花》,上海:上海三联出版社,1996年版。

［120］周天籁:《亭子间嫂嫂》,北京:学林出版社,1997年版。

［121］朱光潜:《悲剧心理学》,北京:人民文学出版社,1983年版。

［122］邹依仁:《旧上海人口变迁的研究》,上海:上海人民出版社,1980年版。

［123］Burton Pike, The Image of the City in Modem Literature (Princeton, N.J, Princeton University Press, 1981.

［124］Gary Smith (ed.) On Walt Benjamin, Critical Essays and Recollections, Cambridge, The MIT Press, 1995.

［125］Matei Calinescu, Five Faces of Modernity. Durham, Duke University press,1987, p48.

［126］George Simmel, The Metropolis and Mental Life, in David Frisby and Mike Featherstone (eds.), Simmel on Culture, Selected Writings, London, Sage,1997.

［127］James, William. The Principles of Psychology. Vol. 1. Cambridge, Harvard University Press,1981.

［128］Lasch Christopher. The Culture of Narcissism, American Life in an Age of Diminishing Expectation. New York, Norton,1991.

后　记

硕士期间,我师从王吉鹏教授,主攻鲁迅的《野草》。虽出版有专著一部,但内心深知未有建树。受鲁迅灵魂感召,自己曾臆想能"化身为蛇","抉心自食",然终究太过年轻,无法参透生命。当时即立誓,上博期间,学问要关乎心灵。后从大连一路南下,投于杨洪承教授门下,蒙恩师不弃,纳为弟子。惭愧的是,我没有扎实的学问根底,也缺乏甘坐冷板凳的勇气,只是把青春当作一场盛宴,把学术当作化解自己内心困境的一个出口。

从西安到南京,从济南到上海,从哈尔滨到太原,我在不同城市行走,也感受着海派文化与内陆文明的差别。虽然我从未尝试过飞离自己的身体,在空中俯瞰自己所在的城市,但是我接触的每寸土地都有温度,我与它同声共息。盘根错节的地铁是城市最有力的心跳,五光十色的橱窗是城市最生动的表情,日常的柴米油盐里有最贴心贴肺的温暖,大街小巷中有最绵长细密的人生。正因为对城市的认同,我偏爱阅读30年代具有独特都市气质的上海小说。穿越时光的尘埃,历史的脚尖轻轻点地,70年前的人物依然活色生香、呵气如兰。我同情白流苏、葛薇龙的物质选择,理解予且、苏青对日常人生的喜悦情怀,懂得黑牡丹、Crave A 飞扬跋扈的个性追求。一些在文学史上灰头土脸的作品,在我心里,却是流光溢彩。阅读中,我日益困惑,为何现代市民价值观在现实中有如此广泛的回应,在文学史解读中却屡被遮蔽;为什么一些作家在大陆隐名埋姓,到港台地点却如鱼得水;文学史对待一些作家、作品是否公正;我们对城市、对市民是否有足够准确的领悟。于是,我提出了"现代市民"的概念,试图通过价值观重构探索城市和文学的秘密。可惜我才疏学浅,愚顽不灵,从有最初的想法到形成框架,经历了漫长的挣扎与怀疑。我想要表达的内容,就如同面目模糊的未来,我坚信它的存在,却无从把握、无可触摸。整个写作过程也如同"这样的战士",行走于"无物之阵",不断被"鬼打墙"式的梦魇所追逐。幸好在这个过程中,得到了杨洪承恩师的不断敦促与点拨;丁帆教授、吴功正教授、谢昭新教授、朱晓进教授、何言宏教授、高永年教授等都在开题和答辩之时对我的论文提出了中肯的意见;南大丁帆教授的讲课与讲座屡屡令我醍醐灌顶;杨老师几次带我参加学术会议,在会议上,我有幸结识在海派文学和城市文学研究领域的前辈吴福辉先生、李今老师、张鸿生老师和李楠老师。与他们的交流让我受益颇深,坚定了对这一选题的信心;在论文写作过程中,思路常陷入山穷水尽之绝境,每每乞灵于学友,方维保老师、蒋俊老师和赵普光师弟的指正与建议常让我有柳暗花明之快感;同门徐仲佳、季桂起、温潘亚、席建斌、王力、范卫东、时国炎、杨启平、初清华、李良、孔令云等给了我精神支持,让我感受到杨门温暖,朋友王莉、熊艳娥、杨小明、巫小黎等人给予了我无私的帮助。最难忘的是师母田桦老师在生活中给我诸多照顾,在校期间三个生日均与师母一起度过,有幸品尝杨老师亲手烧的饭菜,让我一个异乡的孩子感受了亲人般的温暖。

　　毕业之后,有幸来到东南大学,忝列中文系一员。所幸新集体每个人都集才华与学识于一身,共有善良与热心之本色。刚刚参加工作,对高校教学的模式全然不知。院长樊和平教授不顾自己科研、教学的繁忙,关心我们青年教师的教学、科研状况,对我们的课题设计亲自审核,提出中肯的修改意见;第一次申报国家社科基金项目，系主任乔光辉先生几次帮我修改润色，在京出差时还帮我设计课题。后来我的课题"二十世纪中国现代市民小说价值重构"获得 2010 年教育部人文社会科学研究青年基金项目，对乔老师的感情之情难以名状；在我怀孕期间，白朝晖老师、李玫老师、刘占召老师都伸以援手，帮我调课、上课，以解我后顾之忧；王步高老师、张天来院长、王华宝老师、田兆耀老师、邵文实老师、黄旭老师等诸位老师的学识和人格魅力让我折服。同时也要感谢孙爱琪、叶菁、马欢等同学，她们在本书稿校对等方面也做出了不少努力。

从博士学位论文完成到本书付印，我也经历了人生最重要的一次成长。我在南京定居，结婚生子，并有了可爱的小天使徐浩博。这些上帝的礼物从无到有，他们给我的不仅仅是惊喜，还有支持和力量。从怀孕到生育，爱人徐建平、公公徐钧、婆婆齐敬国给了一个远嫁他乡的女子温暖与包容，父亲张福珍从小到大给我大山一样的精神支持，而母亲刘爱香为了照顾我和宝宝，辗转两地，几次卧床。生育之痛，真正让我成长，乃至成熟，开始懂得父母的辛苦与不易，懂得他们常年见不到自己女儿的牵挂与不舍。2011 年的冬天，我在南京过年，没有故乡熟悉的鞭炮声，也没有记忆里扑鼻的饺子香，已是除夕，但仍忙着国家社科基金项目的申报，深夜 10 点驱车归家，一路灯光流转，忽然间明白，其实像我这样的"异乡人"在中国有万万千千，我们每天都擦肩而过，漂泊在不同都市，为了自己的梦想而努力，离别亲人是为了让亲人过得更好，我们在陌生的城市发芽、生根、长叶、开花，直到有一天把这个陌生的城市变为自己的另一个家乡。伴随着中国都市化的进程，也许"在路上"是我们这代人的宿命，而用自己的文字和思考写下这些"在路上"的忧伤与思考，也是我们的使命。

在文稿即将付梓之际，这些感动过我、帮助过我、扶植过我的人，忽然一下子映入眼帘。西塞罗在《面孔》中说"此间一切尽在脸上",虽然我的脸依然不动声色,内心却充溢无限深情与感激。十年前我的第一本的书也是在冬天出版,那时,我只有二十出头,感谢王吉鹏教授,他指引我这个懵懂姑娘走上这条路,更感谢杨洪承教授,他是我学术之路的领路人与护航者。转眼八年,由于自己的贪玩与愚钝,我依然徘徊在学术门槛。由于时间与书稿篇幅所限,很多想法与观点未能展开,只能向诸位师友呈交一份粗陋的答卷,内心不胜惶恐。汉学家斯蒂芬·阿伯特所说:"时间总是不间断地分岔为无数个未来。"在这一时间的节点,我清楚意识到,这并非谢幕,而是启程。生命的意义总是在时光中水落石出,未来通向多种可能,而我还将努力探索,把自己对现代城市文化与市民价值变迁的思考推向深入。

张　娟

2012 年于南京